中原楚文化研究

马世之 著

楚学文库

张正明 主编
刘玉堂 执行主编

长江出版传媒
湖北教育出版社

图书在版编目（CIP）数据

中原楚文化研究 / 马世之著. -- 武汉 : 湖北教育出版社, 2024.5
（楚学文库）
ISBN 978-7-5564-4385-7

Ⅰ. ①中… Ⅱ. ①马… Ⅲ. ①楚文化—研究—河南
Ⅳ. ①K871.34

中国国家版本馆CIP数据核字(2023)第112249号

中原楚文化研究 ZHONGYUAN CHUWENHUA YANJIU

出品人	方　平	责任编辑	朱思思
封面设计	蔡立国	责任校对	李庆华
美术编辑	李　枫　何亦明	责任督印	刘牧原

出版发行	长江出版传媒	430070　武汉市雄楚大道 268 号
	湖北教育出版社	430070　武汉市雄楚大道 268 号
经　销	新　华　书　店	
网　址	http://www.hbedup.com	
印　刷	湖北新华印务有限公司	
地　址	武汉市硚口区长风路 31 号	
开　本	787mm×1092mm　1/16	
印　张	16.25	
字　数	226 千字	
版　次	2024 年 5 月第 1 版	
印　次	2024 年 5 月第 1 次印刷	
书　号	ISBN 978－7－5564－4385－7	
定　价	86.00 元	

总　　序

光阴荏苒，岁月不居，弹指间《楚学文库》初版问世已近三十个春秋。蓦然回首，当年的盛况仍历历在目：《楚学文库》甫一亮相，即在北京召开了出版座谈会与楚学研讨会，著名学者季羡林、张岱年、何兹全、任继愈、邹衡、庞朴、黄展岳、俞伟超、黄景略、瞿林东、刘梦溪、王渝生、徐敏、白翠琴和主编张正明等先生欣然赴会，畅所欲言，对《楚学文库》给予了高度评价，称其“是本世纪楚文化研究成果的一次重要总结和集中展示”，为“区域文化研究树立了里程碑”，“对其他地域文化的研究必将产生强大的推动作用”，《光明日报》以《光彩神州，丰润中华》为题，整版刊发了与会学者的精彩发言。李学勤先生因故未能莅临盛会，特意致函主编张正明先生，盛赞《楚学文库》“不愧为楚文化研究的集大成之作”。社会反响异常强烈，文化史学界更是好评如潮，虽多次重印，某些专著仍一书难求。

然而，自《楚学文库》出版以来，有关楚文化的考古发现层出不穷，出土文献联翩而至，相关研究成果亦如雨后春笋，学术界对楚文化的认知已由量的积累上升到质的飞跃，加之初版《楚学文库》已难以购全，因此，增补、修订《楚学文库》成为学术界和广大读者的共同心愿。湖北教育出版社审时度势，毅然决然对《楚学文库》进行增修，堪称远见卓识之举！

相较于原版《楚学文库》，增修版至少有如下优长。

一是体量增大，即所收专著数量增加。初版《楚学文库》共有专著18部，除《楚人的纺织与服饰》尊重作者意愿未纳入外，其他17部全部纳入增修版，并在此基础上增加了3部专著，即张正明先生的《楚文化史》，刘彬徽、刘长武先生的《楚系金文汇编》和宋公文先生的《楚令尹制研究》，共计 20 部。其中，《楚系金文汇编》弥补了初版有简帛文字研究而无铜器铭文研究的缺憾，与原《楚系简帛文字编》可谓珠联璧合，便于人们在一套丛书中得窥楚文字之全豹；《楚令尹制研究》不仅填补了楚令尹制度研究的空白，还为楚官制研究向纵深推进提供了有益的借鉴，二书的重要意义不言而喻。尤其值得关注的是张正明先生《楚文化史》的收入，该书堪称海内外第一部全面、系统、深入研究楚文化的精品力作，不仅在楚学界具有开榛辟莽之功，而且在中国区域文化乃至中华传统文化研究领域享有盛誉，其影响力并未因时光流逝而消减。回想起 1987 年《楚文化史》横空出世，旋即在历史文化学界掀起一股先睹为快的热潮，书中锦句如"从楚文化形成之日起，华夏文化就分成了北南两支：北支为中原文化，雄浑如触砥柱而下的黄河；南支即楚文化，清奇如穿三峡而出的长江……"等，一时为楚文化研究者和爱好者广泛征引传诵，几近"有井水处皆歌柳词"之情状。正是由于《楚文化史》一书思接千载，视通万里，新意纷披，文采斐然，故虽屡屡再版，依然洛阳纸贵。此次其被纳入增修版，与初版中的《楚史》相映生辉，更利于人们对楚国历史文化的全面认识和整体把握。

二是内容增加，即每部专著都增添了新的内容。近 30 年间，随着湖北枣阳九连墩楚墓、河南新蔡葛陵楚墓、湖北宜昌万福垴遗址等的发掘，尤其是湖北荆门郭店楚简和上海博物馆、清华大学、安徽大学珍藏的战国竹简等出土文献陆续问世，极大地丰富了楚文化的内容。各位作者秉持精益求精的态度，对新资料悉心梳理、精细甄别，进而充实到原书相关部分，从而使原著更加丰满。

三是精度更高，即匡谬正误，推陈出新。随着新材料的出现、新方法的运用和新技术手段的推广，楚文化研究高潮迭起。增修版各位作者在充分吸收最新研究成果的基础上，提出了一系列新的见解，纠正了原著中存在的谬误，廓清了初版中某些模糊的认识，调整了不甚合理的结构，文字表述也更加准确、精炼和畅达。

人们常常以章太炎先生的"前修未密，后出转精"来形容作品的初版和修订版的差别，我们虽不敢如此自诩，但增修版的质量超越初版则是毋庸置疑的。时值《楚学文库》初版问世29周年和主编张正明先生仙逝18年之际，湖北教育出版社历经9年艰苦细致的工作，郑重推出《楚学文库》增修版，充分体现出该社对学术的尊崇、对事业的执着和对楚文化研究一如既往的关心与支持，其中也饱含着对张正明先生的敬重和缅怀。

作为忝列张正明先生门墙的弟子，我承蒙湖北教育出版社真诚而盛情的邀请，有幸主持了《楚学文库》的增修工作。受命之日，我即摒弃其他琐务，全身心恭奉其事，未敢有丝毫懈怠。因为从某种意义上说，我把这项工作当作是恩师张正明先生布置的一次特殊作业，只不过评判这次作业的不再是恩师，而是广大热心的读者。

因我学识浅陋和能力有限，各位作者增修的时间也较为仓促，增修版错讹之处在所难免，诚望读者诸君不吝指正。

刘玉堂

2024年4月28日

于武汉东湖之滨

编者献辞 *

楚学是一个正在开拓中的学术园地，从初辟草莱到蔚成气象，还不满半个世纪。

楚学的任务是对楚国的历史和文化做多层面的、全方位的研究，需要众多志士仁人为它献出智慧和辛劳。

楚学的对象自成一个博大精深的体系，从神话、传说到信史，从石器时代、铜器时代到铁器时代，从天文、历法到地理，从物质形态的、精神形态的到制度和风俗，从民族、语言到文字，到玉帛到干戈，从科学到巫术，从老、庄的“玄览”到屈、宋的“流观”，从事象到模式，等等，凡上古文化涉及的一切，无所不包。只靠一个学科或者几个学科的力量，断难窥其堂奥而得其神髓。

中国的古代文化是多元复合的，它的主体华夏文化是二元耦合的。所谓二元，就方位来说是北方与南方，就流域来说是黄河与长江，就代表性的始祖来说是黄帝与炎帝，就象征性的灵物来说是龙与凤，就学术的主流来说是儒家与道家，就风格的基调来说是雄浑、谨严与清奇、灵巧。早在先秦，就形成了这样的格局。春秋战国时代的华夏文化，北方以晋（韩、赵、魏）为表率，南方则由楚独领风骚。近数十年来，学术界论及中国古代文化，大抵重北轻南，重河轻江，重黄轻炎，重龙轻凤，重儒轻道，总之，不免失之偏颇。要全面地认识中国古代文化，不可不研究楚学。

世界的古代文化更是多元复合的，它的主体即旧大陆的古代文化也是二元耦合的。这个二元，简单地说来，就是西方与东方。从公元

* 本文系 1995 年版《楚学文库》编者献辞。

前6世纪中到公元前3世纪中，西方的希腊与东方的楚竞辉齐光，宛如太极的两仪。然而，近百余年来，学术界论及世界古代文化，往往重西轻东，也不免有偏颇之失。要全面地认识世界古代文化，也不可不研究楚学。

我们奉献给读者的这套《楚学文库》，结集了晚近的楚学专著，总计有书18部。出齐之后，则非仅一斑，而足使读者获睹楚国历史文化的全豹。

对于学术问题，见仁见智是正常的现象。我们的编纂宗旨是择善而取，不拘流派，不分门户，不求千口一腔。各部专著分开来看，都自成一家言。整套文库合起来看，则可谓："纷总总其离合兮，斑陆离其上下。"

《楚学文库》编委会

目　　录

第一章　楚文化的历史渊源

文化是一个在特定的空间发展起来的历史范畴，它包含着极其广泛的内容。美国人类学家艾尔弗雷德·克罗伯（A.L.Kroeber）和克莱德·克拉柯亨（Clyde Kluckhohn）在《文化：概念和定义的批判性回顾》一书中指出：文化是包括各种外显或内隐的行为模式，它借符号之使用而被学到或传授，并构成人类群体的出色成就；文化的基本核心，包括由历史衍生及选择而成的传统观念，尤其是价值观念；文化体系虽可被认为是人类活动的产物，但也可被视为限制人类作进一步活动的因素。克拉柯亨还曾把文化界定为“历史上所创造的生存的式样系统”。据此而论，所谓“文化”，可以囊括人类群体的一切物质文明、精神文明及社会关系等各个方面的特征。楚文化主要是由我国历史上楚人所缔造的一支具有鲜明特色的古代生存的式样系统，它同中原文化有着千丝万缕的联系，被誉为“华夏文化的南支”，又同邻近的百濮、吴越、巴蜀诸文化有着渗透和融合关系，因而在体现其区域性同时，又呈现出多元和综合的色彩。中原楚文化是楚人在中原地区进行历史活动的产物，它是楚文化不可分割的一部分，同江汉地区的楚文化相比，无论在发展阶段还是文化特征方面，虽大体类似却又不尽相同，对其进行认真剖析，必将有助于揭示整个楚文化的“庐山面目”。

第一节　中原地区的远古文化

中原是一个地域概念。在古代，它与中国、中州是同义语，指我国黄河流域中下游地区，主体即今河南省境，具有“天下之中”的涵义。中原地域辽阔，北、西、南三面，太行、伏牛、熊耳、外方、桐柏、大别诸山环抱，巍峨峻峭，雄伟壮观，妩媚多姿，气象万千。中部和东部，沃野千里，是一望无际的黄淮大平原。境内江河纵横，淮、洪、汝、沙、洛、卫、白、沁、丹等水，风光旖旎，景色宜人。被誉为中华民族文化摇篮的黄河自西而东，穿境而过，以其百折不回、汹涌澎湃的气势，以及“三门峡”和“地上河”的特有景观名扬天下。中原地区自古号称“咽喉”要地，被视作“中国之处而天下之枢”。

中原地区的广袤平原，本是古代黄河河水冲刷的泥沙堆积而成。这里的冬季虽受西伯利亚高压的影响，大刮西北季风，天气干燥少雨。但夏季又受太平洋高压的影响，从太平洋刮来的东南季风，带来了温热湿润的空气，能够在一定程度上弥补赤道西北风逐渐南移所产生的不良影响。距今 8000—3000 年，黄河流域中下游一带，年平均气温比现在高出 2—3 度。[①] 疏松而肥沃的土壤，温和而湿润的气候，培植了古老的农耕文化，带来了历史上“黄土地区的繁荣”。按照传统的说法，公元前 4000—前 2000 年，埃及的尼罗河流域，美索不达米亚的幼发拉底河和底格里斯河流域，印度的印度河流域，以及中国的黄河流域，出现了人类历史上最早的几个奴隶制国家，因而中国被称为“世界四大文明古国”之一。有人把世界上七个古代文明称作现代文明母体的“母文明”，这些“母文明”即古埃及文明、苏美尔文明、密诺斯文明、玛雅文明、安底斯文明、哈拉巴文明和中国文明，它们是各自独立发生的。在这些文明中，只有中国文明一直持续了四千多年。中国文明的重要发祥地之一，就是黄河流域的中原地区。

中原地区具有悠久而丰富多彩的古文化。根据调查发掘获得的考古资料可知，远在更新世时期，中州大地已是史前居民活动的历史舞台。在著名的河南南召云阳镇杏花山遗址发现了距今四五十万年左右的“南召人”的右下第二前臼齿化石。2012 年，在栾川孙家洞遗址，发现了“栾川人”的 6 颗古人类牙齿化石，栾川人所处的年代，与北京猿人相

① 浦庆余．三万年来我国气候变迁的研究［J］．自然杂志，1980（3）．

近。2006年，在许昌灵井遗址发现了“许昌人”的头骨化石，距今已有10多万年。此外，在淅川和卢氏境内，都出土过古人类牙齿化石。其他旧石器时代遗址，还有荥阳织机洞、三门峡会兴镇、安阳小南海等。此外，在新蔡诸神庙、陕县张家湾、赵家湾、侯家坡、灵宝孟村、朱阳、邢家庄、函谷关等地，也发现过旧石器时代的石器或动物化石。仅郑州市境内就已发现398处旧石器地点。从小南海文化遗物中保存的相当数量大石片石器来看，已经孕育着中原以农业为主的新石器时代文化的胚胎。

2009年，在新密市岳村镇李家沟村西的李家沟遗址，发现了距今10500—8600年连续的史前文化堆积。堆积下部出土有细石核与细石叶等典型的细石器遗存，上部则有含绳纹及刻划纹等装饰的粗夹砂陶及石磨盘等。其早晚不同时期堆积的埋藏特点与文化内涵，以及共生的脊椎动物骨骼遗存等，均表现出明显的阶段性特点。早期尚属旧石器时代末期的典型细石器文化，晚期则已经具备新石器时代的文化特征。这一新发现清楚地展示了中原地区从旧石器时代之末向新石器时代发展的历史进程。

中原地区新石器时代的文化发展序列为裴李岗文化——仰韶文化——龙山文化。裴李岗文化距今8000余年，最早发现于河南新郑裴李岗，它以嵩山附近为中心，分布于黄河两岸广大地区：东到山东西部，西到豫西一带，南抵淮河之滨，北达太行山麓，在新密、登封、巩义、长葛、中牟、鄢陵、郑州、郏县、尉氏、项城、潢川等地，发现同类文化遗址五六十处。这类遗址出土的器物有石磨盘、石磨棒、两端圆刃的长条形石铲、带锯齿刃石镰以及陶器中的小口双耳圜底壶、大口深腹罐、圜底钵、三足钵、椭圆形碗、假圈足碗和瓢形器等，显示了这种文化的独特风格。少量的打制石器、陶器均系手制，其胎质极不坚实，表明它们具有早期新石器时代文化的特征。裴李岗文化遗址出土了砍伐树木的石斧、铲除杂草和翻土耕作的石铲、收割庄稼的石镰、加工粮食的石磨盘及棒等大量农业生产工具，表明当时已经进入耕作农业阶段。

农业的出现是人类历史上最重要的革命之一，社会生产力发展的第一次大飞跃，对人类社会历史进程产生过极为深远的影响。黄淮平原西部边缘地带的裴李岗文化遗址，足以同两河流域新月形地带的农业村落遗址相媲美。“西亚的新月形地带和中国的嵩山东麓，好像东西并列的两座灯塔，远在八千年前，同时出现在亚洲的两翼，标志着东半球进入了‘农业革命’新时代的黎明时期。”①

继裴李岗文化之后，兴起的是彩陶和磨光石器为标志的仰韶文化。仰韶文化因最早发现于河南仰韶村而得名，它分布的范围很广，东起豫东平原，西到青海、甘肃，南至鄂北，北达晋北、内蒙古，而其中心地带是黄河中游地区。迄 21 世纪初为止，这种文化遗址已经发现 1000 多处，河南境内的仰韶文化，可分为庙底沟、阎村、大河村（或称秦王寨）、后冈、大司空村、下王岗诸类型。仰韶文化的年代距今 7000—5000 年。这时期农业更加发达，农作物以粟为主，并已植稻和养蚕。蔬菜种类甚多，有白菜、芥菜和莲菜等。仰韶文化中后期，有的地区可能已经跨入父系氏族公社的门槛。仰韶文化晚期，郑州西山和淅川龙山岗等地发现了距今 5000 多年的城址，标志着中原地区已经进入文明时代的初期阶段。

龙山文化因最早发现于山东章丘龙山镇城子崖而得名。它分布的范围相当广泛，由于地域上的差异，又可划分为山东龙山文化（典型龙山文化）和中原龙山文化等。中原地区河南境内的龙山文化又可分为造律台（或称王油坊）、后冈、孟庄、王湾、煤山、下王岗等类型。龙山文化距今 4700—3800 年，持续时间近 1000 年之久。它是以体形匀称、厚薄均等、形式多样的精制陶器和磨光石器为标志的一种新石器时代晚期文化，或谓龙山文化时期先民们已经步入铜石并用时代。文字、城堡和青铜器均已出现，标志着文明时代的来临。

创造中原远古文化的先民们，犹如划破夜空的流星，虽然曾经光

① 赵世纲. 关于裴李岗文化若干问题的探讨［J］. 华夏考古，1987（2）.

照寰宇，但却骤然而逝，以至连其姓名都湮没在历史尘埃之中，使我们不得不用今日地名来作为远古文化之名。根据古史传说和文献记载，新石器时代是氏族、部落林立的时代，其中少典、黄帝、炎帝、颛顼、祝融、尧、舜诸族脱颖而出，先后成为中原地区部落或部落联盟的核心力量，它们的酋长同时成为彪炳史册的历史巨人。大体而论，裴李岗文化相当于少典时期，仰韶文化相当于黄帝、炎帝时期，龙山文化相当于颛顼、帝喾、祝融及尧、舜时期。《国语·晋语四》云：“昔少典娶于有蟜氏，生黄帝、炎帝。黄帝以姬水成，炎帝以姜水成。成而异德，故黄帝为姬，炎帝为姜。”炎帝号称神农氏，《春秋元命苞》说：“少典妃安登游于华阳，有神龙首感之于常羊，生神子，人面龙颜，好耕是谓神农。”《帝王世纪》亦载：“有蟜氏女名女登，为少典妃，游华阳，有神龙首感女登，生炎帝。”新郑市观音寺镇唐户村的唐户裴岗文化遗址，是一处面积达 30 万平方米的大型环壕聚落，被认为是“少典之都”。炎帝生地华阳，在今河南新郑市北 20 千米的郭店镇华阳寨村。黄帝因居于轩辕之丘，故称轩辕氏，轩辕丘在今新郑市北关。黄帝长于姬水，姬水又称溴水，在今新郑市西南 12.5 千米处。少典及炎黄部落以中原为历史舞台，颛顼及祝融诸族也活动在这一带。根据历史文献记载，颛顼、祝融同楚族之间存在着明显的渊源关系，楚对中原远古文化的承袭，当是不言而喻的。

第二节　颛顼部落的活动地域

楚文化的特征之一，就是它具有多元色彩，从其族源与谱系等多方面考察，均能窥见其对中原地区颛顼文化承袭的蛛丝马迹。颛顼号称高阳氏，楚国伟大诗人屈原在《离骚》中追述楚国统治者的先祖时曾说：“帝高阳之苗裔兮，朕皇考曰伯庸。”屈原是和楚王同宗的贵族，史称楚武王熊通生子瑕，受封于屈，遂以屈为氏，屈原即其后。屈子既自称为高阳苗裔，表明楚之公族确认颛顼为其远祖。此外，《史记》《大戴礼记》《世本》诸书，载及楚之谱系时，无不从颛顼写起。将这三种文献记载加以对比研究，可知屈子《离骚》之不谬。《史记·楚世家》记述楚族的来源，从帝颛顼高阳氏写起，直到熊绎受封建国为止，脉络清晰，确凿可信：

楚之先祖出自帝颛顼高阳。高阳者，黄帝之孙，昌意之子也。高阳生称，称生卷章，卷章生重黎。重黎为帝喾高辛居火正，甚有功，能光融天下，帝喾命曰祝融。共工氏作乱，帝喾使重黎诛之而不尽，帝乃以庚寅日诛重黎，而以其弟吴回为重黎后，复居火正，为祝融。吴回生陆终，陆终生子六人，坼剖而产焉。其长一曰昆吾；二曰参胡；三曰彭姓；四曰会人；五曰曹姓；六曰季连，芈姓，楚其后也。昆吾氏，夏之时尝为侯伯，桀之时汤灭之。彭祖氏，殷之时尝为侯伯，殷之末世灭彭祖氏。季连生附沮，附沮生穴熊。其后中微，或在中国，或在蛮夷，弗能纪其世。周文王之时，季连之苗裔曰鬻熊。鬻熊子事文王，蚤卒。其子曰熊丽。熊丽生熊狂，熊狂生熊绎。熊绎当周成王之时，举文、武勤劳之后嗣，而封熊绎于楚蛮，封以子男之田，姓芈氏，居丹阳。

《大戴礼记·帝系》亦有类似的记载：

黄帝居轩辕之丘，娶于西陵氏之子，谓之嫘祖氏，产青阳及昌意。青阳降居泜水，昌意降居若水。昌意娶于蜀山氏，蜀山氏之子谓之昌濮氏，产颛顼。颛顼娶于滕氏，滕氏奔之子谓之女禄氏，产老童。老童娶于竭水氏，竭水氏之子谓之高緺氏，产重黎及吴回。吴回氏产陆终。陆终氏娶于鬼方氏，鬼方氏之妹谓之女隤氏，产六子，孕而不粥，三年，启其左胁，六人出焉。其一曰樊，是为昆吾；其二曰惠连，是为参胡；其三曰籛，是为彭祖；其四曰莱言，是为云郐人；其五曰安，是为曹姓；其六曰季连，是为芈姓。季连产付祖氏，付祖氏产内熊，九世至于渠娄，鲧出。自熊渠，有子三人：其孟之名为无康，为句亶王；其中之名为红，为鄂王；其季之名为疵，为戚章王。昆吾者，卫氏也。参胡者，韩氏也。彭祖者，彭氏也。云郐人者，郑氏也。曹姓者，邾氏也。季连者，楚氏也。

据《史记集解》《史记索隐》《山海经·大荒西经》郭注引文及《尚书·序》正义，《楚世家》及《大戴礼记》当本自《世本》。秦嘉谟辑补《世本》"帝系"篇云：

黄帝生昌意，昌意生高阳，是为帝颛顼。……颛顼娶于滕坟氏，谓之女禄，产老童。老童娶于根水氏，谓之骄福，生重黎及吴回。吴回氏产陆终，陆终娶于鬼方氏之妹，谓之女隤，是生六子，孕三年，启其左胁，三人出焉；破其右胁，三人出焉：其一曰樊，是为昆吾；二曰惠连，是为参胡；三曰籛铿，是为彭祖；四曰求言，是为郐人；其五曰安，是为曹姓；六曰季连，是为芈姓。季连产什祖氏，什祖氏产内熊，九世至于渠娄，鲧出。自熊渠有子三人，其孟子名为无庸，为句袒王；封其中子红为鄂王；其季子名为疵，为就章王。昆吾者，卫是也；参胡者，韩是也；彭祖者，彭城是也；郐人者，郑是也；曹姓者，邾是也；季连者，楚是也。

上述三种记载基本一致。相比之下，《史记》的史料价值又高于《世本》及《大戴礼记》。[①] 司马迁在《史记·太史公自序》中，追叙司马氏族谱，曾上溯至颛顼。《史记·楚世家》集解引刘氏曰："楚及司马

① 雷学淇校辑《世本》的"帝系"篇中关于楚谱系注云："《戴记》此节，上有'季连产付祖氏，付祖产穴熊，九世至于渠娄，鲧出。自熊渠……'四句。前二语，《史记》当亦有之。后二语，《史》与之异，谓穴熊以后中微，或在中国，或在蛮夷，弗能纪其世。周文王之时有鬻熊，又九世至于熊渠，此与《戴记》不同。盖《史记》是也。汉初《世本》已残缺，至戴氏时尤甚，故穴熊至渠千有余年，谓止九世，此因穴、鬻声相近，误合为一，不如史迁之记远矣！"

氏皆重黎之后。”太史公司马迁既与楚同宗，《史记》中对楚人谱系的记载应属信史，因而楚人源于颛顼之族则毋庸置疑。1998年，新蔡葛陵楚墓出土的甲三11、甲三24两段残简拼接后的简文，可释为“昔我，先出自颛顼”，跟传世文献能互相印证，可见楚人是颛顼后裔的说法确实渊源有自。楚之历史，应从颛顼写起。自颛顼至楚立国这一历史阶段，可以算作楚文化的渊源期。

“颛顼”名称的由来，也是一个千古不解的史谜。东汉学者许慎所著《说文解字》一书，释颛为头颛颛谨貌，顼为头顼顼谨貌。中外学人大都将许说奉为圭臬，无不在“头”字上大做文章。有的说颛顼之得名肯定与头形有关，在这个部落里存在着“变头形”的奇俗。[①]或谓颛是指左右平均、颛正的头，顼是像玉一样精密的头，颛顼就是“头脑精密优秀”的“贤者代表”。[②]另有人从“顼”字的结构出发，认为颛顼族是“以瑞玉作图腾的民族”。[③]上述推测仅仅触及了字义的表象。东汉史学大师班固在《白虎通》中进行了更深层次的剖析：“颛者专也，顼者正也，能专正天人之道，故谓之颛顼。”是说其具有“专正天人之道”的伟大业绩。今人或释为荆楚方言，认为颛顼即“始君”“始后”[④]，乃是楚人对其始祖的美称。这种说法或许符合颛顼命名的本意。

颛顼部落的原始居地，古本《竹书纪年》《大戴礼记·帝系》《史记·五帝本纪》都说是若水。《帝王世纪》也说：“帝颛顼高阳氏，黄帝之孙，昌意之子，姬姓也。母曰景仆，蜀山氏女，……生颛顼于若水。”《吕氏春秋·古乐》除若水外，又提到空桑：“帝颛顼生自若水，实处空桑，乃登为帝。”由于在若水、空桑地望认识上的歧见，因而学者对颛顼活动地域的看法颇不一致。归纳起来，有如下诸说：

①西方说。此说最主要的依据是北魏郦道元的《水经注》。《水经

① 萧兵．楚辞与神话［M］．南京：江苏古籍出版社，1986：247.
② ［日］藤堂明保．汉字与文化．东京：德间书店，1993：84.
③ 詹鄞鑫，徐莉莉．神秘·龙的国度［M］．郑州：中州古籍出版社，1990：20.
④ ［日］森安太郎．黄帝传说［M］．京都：京都女子大学人文学会．1970：61.

注·若水》："若水出蜀郡旄牛徼外，东南至故关，为若水也。……黄帝长子昌意，德劣不足绍承大位，降居斯水，为诸侯焉。娶蜀山氏女，生颛顼于若水之野，有圣德，二十登帝位。"《后汉书·西南夷传》注，认为若水就是泸水："泸水一名若水，出旄牛徼外。"古代泸水，指今川西雅砻江下游和金沙江会合雅砻江以后一段。姜亮夫据此而论："（若水）即今雅砻江，源出巴颜喀拉山东，南流入金沙江。……是颛顼之为楚人先，而发祥自昆仑若水之间，了无疑义矣。"[①] 徐嘉瑞也主张："颛顼生于若水（在雅砻江入金沙江处），正是在西昌会理附近。则夏民族文化，沿金沙江向南发展。"[②] 因而有的学者将颛顼定为"西方之人物"。[③]

②东方说。此说主要依据《左传》和《淮南子》对空桑的记载和注释。《左传·昭公二十九年》："少皞氏有四叔：曰重、曰该、曰修、曰熙，实能金、木及水。使重为句芒，该为蓐收，修及熙为玄冥。世不失职，遂济穷桑。"杜预注："地在鲁北。"《淮南子·本经训》："共工振滔洪水，以薄空桑。"高诱注："空桑，地名，在鲁也。"穷桑即空桑，有人认为是山名，即山东曲阜南14千米的女陵山。[④] 颛顼生长于此，原是东方系统的祖先神。[⑤]

③南方说。此说源于《山海经·大荒南经》："南海之外……有国曰颛顼。"颛顼又号高阳。文崇一采葛兰特（M. Glanet）的"圣地"（Holy Place）说，以为高阳即高唐，"为楚人的圣地，传说中从地名转变

① 姜亮夫．楚辞学论文集［M］．上海：上海古籍出版社，1984：70-71.

② 徐嘉瑞．大理古代文化史稿［M］．北京：中华书局，1987：14.

③ 岑仲勉．两周文化论丛［M］．北京：商务印书馆，1960：60.

④《括地志辑校·兖州·曲阜县》："女陵山在兖州曲阜县南二十八里。干宝《三日纪》云，征在生孔子空桑之地，今名空窦，在鲁南山之空窦中。无水，当祭祀时洒扫以告，辄有清泉自石门出，足以周用，祭讫泉枯。今俗名女陵山。"

⑤ 劳思光．论中国古文化传统之形成［C］．香港中文大学《中国文化研究所学报》："颛顼为少昊所养育，则又应当属于东夷集团矣。"

为神名，然后又转变为祖先名”。[①] 也就是说，颛顼部落最早活动于“南海之外”的高阳一带，楚人禘祀颛顼的高唐观，在鄂西宜昌、重庆奉节之间。

④北方说。此说源于《山海经·大荒北经》：“西北海外，流沙之东，有国曰中辐，颛顼之子。”闻一多《伏羲考》据此认为“颛顼是北方之神”。顾颉刚《史林杂释·颛顼》云：“盖颛顼者，北方之上帝，犹今民间所祀之玄天上帝，故北维为其所建，玄宫为其所居。”傅斯年《夷夏东西考》指出：“颛顼氏正是东北方部落之宗神。”所谓“东北方”，指今辽东半岛、渤海湾两岸。[②]

上述诸说大都牵强附会，除个别传说中的地名人名外，无有其他史迹可据，其可信条件并不具备。关于西方与北方说，从《山海经》的记载里，至多只能反映出当时人对川西、辽东等地已经有了认识；南方与东方说，时间可能更晚。如果若水在川西，空桑在鲁西南，从雅砻江畔到女陵山麓，东西相距数千里，在交通极不发达的远古时代，一个原始部落跋山涉水，于此间作大规模的迁徙活动，绝非轻而易举之事。那么颛顼部落的原始居地究竟在何处？我们认为当于中原求之。不少学者从古音韵学研究，指出“若水即河南汝水”。[③] 孙华《蜀族起源考辨》对此问题谈得比较详尽：

> 据《山海经·海内经》“昌意降居若水……”当然昌意所降居的若水也应在东方。《吕氏春秋·古乐篇》言：“帝颛顼生自若水，实处空桑。”空桑又名穷桑。关于空桑……虽不止一处，但其地望却不出黄河中下游地区，与空桑有密切关系的若水之所在，也应在此范围内。我认为，昌意和颛顼所居的若水，即为古之汝水。汝、若音同属日母，汝属鱼部韵，若属铎部韵，铎为鱼部之入声，鱼铎

① 文崇一. 楚文化研究［M］. 台北：“中央研究院”民族学研究所，1967：140.
② 萧兵. 楚辞与神话［M］. 南京：江苏古籍出版社，1987.
③ 田昌五. 夏文化探索［J］. 文物，1981（5）.

二部本可对转。《庄子·渔父》“吾语汝”，《人间世》又作“吾语若”，若汝在上古音俱通，汝水即若水。

汝水的地望在河南省中部。《水经注·汝水》：“汝水出河南梁县勉乡西天息山，东南过其县北，又东南过颍川郏县南……南入于淮。”梁县即今河南汝州市，郏县即今河南郏县。汝水是发源于伏牛山而流经汝州、郏县等地的一条大河。

或谓若水即洧水：“案若水即弱水，据此似洧盘之水即弱水。”[①] 郑杰祥《夏史初探》根据甲骨文“若”字的写法与“右”同，古右字与有、侑并通。甲文所载，无若水，有洧水。“有与右既同字，是洧水也当即若水。……洧与若二字同源，洧水与若水应是一水而异名。因此昌意、颛顼所居若水实即新郑和密县之间的洧水沿岸，这里正是相传的黄帝族的故墟。”[②] 洧是豫中的一条古水名。《水经注·洧水》：“洧水出河南密县西南马领山，水出山下，亦言出颍川阳城山，山在阳城县之东北，盖马领之统目焉。……洧水又东迳新郑故城中……《竹书纪年》：晋文侯二年，同惠王子多父伐郐，克之，乃居郑父之丘，名之曰郑，是曰桓公。皇甫士安《帝王世纪》云：或言县，故有熊氏之墟，黄帝之所都也。郑氏徙居之，故曰新郑矣。”阳城即今河南登封市告成镇；新郑即今河南新郑市，古称轩辕丘。洧水现称双洎河，发源于新密市西南、新郑市西北的山区，东南流经今新郑市境，又东入于颍水。古“若”字之所训，究竟是“汝”还是“洧”，有待进一步探讨，但大体而言，不出今河南中部汝州至新郑一带。

空桑地望也在豫中一带，而不可能远在鲁西南地区。《吕氏春秋·本味》云：

① 闻一多．天问疏证［M］．北京：生活·读书·新知三联书店，1980．

② 郑杰祥．夏史初探［M］．郑州：中州古籍出版社，1988：12–13．

有侁氏女子采桑，得婴儿于空桑之中，献之其君。其君令烰人养之，察其所以然。曰，其母居伊水之上，孕，梦有神告之曰：“臼出水而东走，毋顾。”明日，视臼出水，告其邻，东走十里，而顾其邑尽为水。身因化为空桑，故命之曰伊尹，此伊尹生空桑之故也。

这个关于伊尹出生的传奇故事，发生在今河南嵩县纸房镇龙头村的空桑涧，其地望距汝州、新郑不远。因而，颛顼部落早期活动的地区不可能在四川或山东，应在豫中汝州至新郑、郑州一带。

随着时间的推移，颛顼部落不断发展壮大。并向东南方迁徙。颛顼号称高阳氏，东南迁徙所经过的地方，多以“高阳”命名。《水经注·济水》：“黄水又北迳高阳亭东，又北至故市县，重泉水注之。水出京城西南少陉山，东北流，又北流迳高阳亭西，东北流注于黄水。”此高阳在今河南荥阳县境，南望嵩山，地近新郑。《汉书·高帝纪》云：“沛公西过高阳。”文颖曰：“聚邑名，属陈留圉。”《史记·郦生传》：“郦生食其者，陈留高阳人也。”《索隐》案：“高阳属陈留圉县。高阳，乡名也。”《水经注·睢水》：“睢水出陈留县西蒗荡渠，东北流……又东迳高阳故亭北，俗谓之陈留北城，非也。苏林曰：高阳者，陈留北县也。按在留，故乡聚名也。”《太平寰宇记》：“高阳城在（雍丘）县西二十九里，颛顼高阳氏佐少昊有功，受封此邑。”圉县或雍丘，即今河南杞县，县城西南 11 千米有高阳乡，即高阳故亭所在地。《新蔡楚简》中有楚先祖“出自雍丘，宅兹沮漳”的记载，说明杞县高阳城确为颛顼部落东渐的首府。

杞县东南的淮阳、虞城一带，亦为颛顼部落的居地。《左传·昭公八年》云：“陈，颛顼之族也。”《山海经·大荒南经》载颛顼国有“陈州之山”。春秋时期的陈侯因資敦铭：“其惟因資扬皇考，绍緟高祖黄帝。”《国语·鲁语上》：“有虞氏禘黄帝而祖颛顼，郊尧而宗舜。”陈国在今河南淮阳一带，《初学记》卷八引《帝王世纪》云：“神农初都陈。”

陈作为地名，起源甚早。作为族称，陈是颛顼及有虞氏的后裔，有虞氏曾活动于虞，即今河南虞城一带，因而颛顼部落有可能东徙至虞城县境。

颛顼部落在以高阳为首府的豫东地区活动期间，同东夷集团不断接触，并进行了广泛的文化交流，后来又向东迁至东夷文化的中心穷桑。穷桑在今山东曲阜。《左传·昭公二十九年》云："少皞氏有四叔：曰重、曰该、曰修、曰熙，实能金、木及水。使重为句芒，该为蓐收，修及熙为玄冥，世不失职，遂济穷桑。"杜预注："地在鲁北。"《淮南子·本经训》谓："共工振滔洪水，以薄空桑。"高诱注："空桑，地名，在鲁也。"《括地志辑校·兖州·曲阜县》："女陵山在兖州曲阜县南二十八里。干宝《三日记》云，征在生孔子空桑之地……在鲁南之空窦中。……今俗名女陵山。"曲阜之空桑，被认为是远古东夷圣地，东夷集团的首领少昊曾居住在这里。文献记载，颛顼同少昊之间又有密切的关系。《山海经·大荒东经》说"东海之外大壑，少昊之国，少昊孺帝颛顼于此"。《帝王世纪》又说颛顼"生十年而佐少昊，十二年而冠，二十年而登帝位"。曲阜空桑是颛顼再迁之地。颛顼从河南嵩县一带，初徙陈留雍丘，再迁至曲阜投靠少昊部族时，很可能将"空桑"的地名又搬到这里。《九歌·大司命》云"逾空桑兮从女"，"导帝之兮九阬"。闻一多指出此帝即颛顼："司命就是帝颛顼之佐，玄冥。"《左传·昭公二十九年》确实说过："修及熙为玄冥，世不失职，遂济穷桑。"此空桑或曰穷桑，应指山东曲阜而言。

颛顼在辅佐少昊期间，功绩卓著，众望所归，逐渐成为华夏集团的盟主，定都于华夏与东夷两大文化体系交会地区的帝丘，帝丘在今河南濮阳，是颛顼离开穷桑后的居地，被称为"颛顼之虚"。《史记·五帝本纪》载："帝颛顼高阳者。"《集解》引皇甫谧曰："都帝丘，今东郡濮阳是也。"今本《竹书纪年》载："帝颛顼高阳氏……元年，帝即位，居濮帝丘。"《帝王世纪》说颛顼"始都穷桑，后徙商丘"。商丘也是帝丘。《春秋·僖公三十一年》载："卫迁于帝丘。"杜预注："帝丘，今东郡濮阳县，故帝颛顼之虚，故曰帝丘。”《左传·昭公十七年》载：“卫，颛顼之虚也。故为帝丘。”杜预注：“卫，今濮阳县。”《汉书·地理志下》云：“故《春秋经》曰‘卫（迁）于帝丘’，今之濮阳是也，本颛顼之虚，故谓之帝丘。”《水经注·瓠子河》“河水旧东决，迳濮阳城东北，故卫也，帝颛顼之虚。昔颛顼自穷桑徙此，号曰商丘，或谓之帝丘。”南朝梁元帝《金缕子》谓：“帝颛顼高阳氏，黄帝之孙，昌意之子。……始都穷桑，徙帝丘。”《唐会要》载：“麟德二年十月丁卯，帝发东都赴东岳，至濮上问丞相窦德元曰：‘濮阳爽垲信良邑也，古谓之帝丘何也？’德元不能对。礼部尚书许敬宗策马前曰：‘臣能知之。昔者颛顼实居此地，其后昆吾氏因之。故谓之帝丘。’”宋司马光《稽古录》云：“高阳氏以水德王天下。都濮阳。”王应麟《通鉴地理通释》卷四引《世纪》云：“颛顼氏自穷桑徙帝丘，于周为卫。”综上所述，帝丘又称商丘或濮，在今河南濮阳市境。

综上所述，颛顼为楚族之远祖，其部落最早活动在河南嵩山地区，其后逐渐扩展，东下杞县、虞城，经曲阜而至濮阳。在漫长的历史阶段内，主要以中原为其活动舞台。换言之，楚族最早兴起于中原，黄河南岸的嵩山周围，是其发迹起家之地。

第三节　颛顼的史迹与文化

颛顼既是部落的名字，又是部落首领的称号。作为部落首领或若干代首领的总和，实为功高德劭的里程碑式人物。在我国先秦典籍中，记述颛顼事迹的，除《世本》《史记》《大戴礼记》等书外，还屡见于《山海经》一书。如：

汉水出鲋鱼之山，帝颛顼葬于阳，九嫔葬于阴，四蛇卫之。（《海内东经》）

有鱼偏枯，名曰鱼妇。颛顼死即复苏。风道北来，天乃大水

泉，蛇乃化为鱼，是为鱼妇。颛顼死即复苏。（《大荒西经》）

大荒之中，有山名曰大荒之山，日月所入。有人焉三面，是颛顼之子，三面一臂，三面之人不死，是谓大荒之野。（《大荒西经》）

大荒之中，有山名曰衡天。有先民之山。有槃木千里。有叔歜国。颛顼之子，黍食，使四鸟：虎、豹、熊、罴。有黑虫如熊状，名曰猎猎。（《大荒北经》）

迄今所知，被视作“古之巫书”的《山海经》是先秦古籍中保留原始资料最多的著作。经文中的篇章，起初可能是各地氏族部落的“族谱”之类，记载着各氏族部落所在的山川河流、物产、习俗，尤其是所奉神灵、祖先及代代相传的重大事件，用图画、符号形式表现，后来在统一政权出现后，由一个大的中央组织——巫师集团，从各地搜集资料，然后编纂而成。《山海经》中有关颛顼的记载，有重要的史料价值。据此可对其谱系、居地、生活习俗和图腾信仰等有个概括的了解。《世本》诸书均载，黄帝生昌意，昌意生颛顼，明白无误地说颛顼属于华夏部落集团中的黄帝文化系统。颛顼部落是黄帝支族，曾同共工作战。《淮南子·兵略训》说：“共工为害，故颛顼诛之。”在炎帝与黄帝的斗争中，颛顼立下了赫赫战功。

颛顼作为部落领袖，他是军事首长兼宗教领袖。《大戴礼记·五帝德》说他：“洪渊以有谋，疏通而知事，养材以任地，履时以象天，依鬼神以制义，治气以教民，洁诚以祭祀。乘龙而至四海……”由此可知，作为部落首领的颛顼，为人很有谋划，通晓道理，勤于耕作，在地上养出材货。他顺从自然规律，在四季的作为是按照天象行事，虔诚祭祀，秉承鬼神意志制订出一套管理方案。作为一个巫师，他像“乘龙”的仙人一样遨游四方。关于他的业绩，《国语·楚语下》载观射父对楚昭王问时说道：

> 及少皞之衰也，九黎乱德，民神杂糅，不可方物。夫人作享，家为巫史，无有要质。民匮于祀，而不知其福。烝享无度，民神同位。民渎齐盟，无有严威。神狎民则，不蠲其为。嘉生不降，无物以享。祸灾荐臻，莫尽其气。颛顼受之，乃命南正重司天以属神，命火正黎司地以属民，使复旧常，无相侵渎，是谓绝地天通。

颛顼之世，时值九黎乱德，祸灾荐臻，民不聊生。面对危局，他力挽狂澜，进行一次宗教改革，秩序井然，充分表现了大无畏的英雄气概。这次宗教改革也推动了社会制度的变革，由于人神分开，“有人专管社会秩序方面的事，又有人专管宗教方面的事。劳心者与劳力者日益分化，氏族社会解体，特权阶级产生”。[1]这种意义深远的政治影响，恐怕是出乎改革者意料之外的。

颛顼对中国古代历法和音乐也有很大贡献。《史纲评要》说：“帝作历，以孟春之月为元，是岁正月朔旦立春，五星会于天历营室，故颛顼为历宗。又作承云之乐。”历法的发明，同农事有关，标志着当时农耕文化已经发展到一定水平。《吕氏春秋·古乐》云：“帝颛顼生自若水，实处空桑，乃登为帝，惟天之合，正风乃行，其音若熙熙凄凄锵锵。帝颛顼好其音，乃令飞龙作（乐），效八风之音，命之曰承云，以祭上帝。乃令鱓先为乐倡，鱓乃偃寝，以其尾鼓其腹，其音英英。”颛顼受风声启迪而令飞龙作乐，在中国音乐史上写下了极其璀璨的篇章。历法与音乐的出现，是当时人们对文化生活需求的结果。

颛顼之世处在我国哪个历史时期？学术界没有统一的认识。大体而言，有如下几种意见：

一是仰韶文化到龙山文化的过渡期或屈家岭文化中期：“颛顼处于父系氏族社会的末期，当新石器时代晚期即中原仰韶文化晚期过渡到龙

① 徐旭生．中国古史的传说时代［M］．北京：文物出版社，1988：11.

山文化的中间阶段，亦即南方的屈家岭文化中期。”①

二是仰韶文化到龙山文化的过渡期或龙山文化早期：“颛顼、帝喾大概属于仰韶向龙山过渡时期，或者说属于龙山文化早期阶段。”②

三是龙山文化时期：“颛顼部落族属关系的复杂性，它所具有的黄帝族与东夷族两个方面的来源，至少可与中原龙山文化后冈类型中含有东方典型龙山文化因素这一重要类型相联系。”③

此外，还有认为颛顼部落集团属于仰韶文化中期。④

上述诸说，大都是根据中国古代星岁纪年而推测出来的。据裴松之《三国志·魏志》注引苏林、董巴上表，《左传》及杜预注，过去均认为颛顼以岁在豕韦之年受命，岁在鹑火之年卒灭。不过“是项传说之来历及其虚实，虽似已经荒邈无考，但据星名‘豕韦’见于《左传·昭公十一年》，而《左传》所载岁星岁次，出自刘歆伪托，而苏、董表称，已属末世之文，而《左传》及《志》《注》所见颛顼受命及其卒灭之星次，并不足征”⑤。综合各家观点，我们认为，颛顼之世约当于龙山文化后冈类型。以后冈遗址为例，其早期的绝对年代距今 4700—4500 年（公元前 2700—前 2500），中期距今 4500—4300 年（公元前 2500—前 2300），晚期距今 4300—4100 年（公元前 2300—前 2100），整个后冈类型延续有五六百年。

后冈类型的主要遗迹有房基、窖穴、水井、墓葬与城址。

后冈遗址发现的房基以圆形为主，多为地上建筑，墙壁用黄黏土、土坯或木棍夹黄泥筑成。居住面上抹白灰防潮，中间有一圆形灶坑，墙基外筑有散水或堆放石块。在一些房基的居住面上发现成层的树枝、植

① 张正明．楚文化志［M］．武汉：湖北人民出版社，1988：119．

② 许顺湛．中原远古文化［M］．郑州：河南人民出版社，1983：225．

③ 王震中．略论“中原文化”的统一性与多样性［C］// 田昌武，石兴邦．中国原始文化论集．北京：文物出版社，1989．

④ 濮阳西水坡遗址考古队．1988 年河南濮阳西水坡遗址发掘简报［J］．考古，1989（12）．

⑤ 刘坦．中国古代之星岁纪年［M］．北京：科学出版社，1957：126．

物茎根痕迹，有的上面还覆盖有草拌泥，这应是房顶塌毁的遗迹。推测房顶应为圆锥形或尖锥形。在建房过程中，往往以儿童作奠基牺牲，埋在房基下，或在房基下及其附近埋完整的河蚌，并且多个重叠。属于中晚期的7号房基（F7），圆形，外径4.9米，内径4.3米，墙宽26—36厘米。门向东南，门道内有黄黏土门槛。居住面上整齐地铺放一层木板，木板表面经过加工，板面整齐。这种木板系用原材劈削而成，劈削面朝上，未加工的弧面向下，窄端在内，宽端朝外。除东南角部分木板是南北向平行铺设外，其余都围绕中央灶面呈辐射状铺放。中央有一个近圆形的灶面，表面呈烟黑色。房基下，偏北处埋一堆河蚌，蚌竖立，重叠数层。居住在这种木板地面房内的居民，身份不同一般，其社会地位似应高于普通房子的居民。

发掘的龙山文化墓葬全为儿童墓葬。死者多为1—5岁的幼童，这些儿童墓与房屋建筑有密切关系，分别埋在房址下、墙基下、泥墙中、室外堆积或散水下。这些儿童是在建房过程中进行宗教活动时的牺牲。

后冈遗址还有一些重要发现，如人工烧制石灰技术的发明，土坯等新型建筑材料的出现，白灰面防潮设施的广泛使用，墙基外侧构筑散水和室外普遍使用擎檐柱等，反映出房屋建筑技术的提高和进步。①

在后冈类型文化区域内，已经发现多座龙山文化城址。

1931—1934年间，中央研究院历史语言研究所在安阳后冈发现一座龙山文化城址。尹达在《新石器时代》一书中把其城垣称之为“龙山文化遗迹中的版筑围墙”。他说：“后冈的龙山文化遗存的周围也有这样版筑围墙，它恰恰围绕着这高冈上的龙山文化遗址；在墙土的里面我们只见到了仰韶文化遗物，从不见有龙山式遗物。这证明在龙山文化的人们刚来到此地居住时，即在仰韶文化的废墟上建筑起自己村落的围墙。”②版筑围墙就是夯土城垣，它围在龙山文化遗址的西、南两面，长70余

① 中国社会科学院考古所安阳工作队．1979年安阳后冈遗址发掘简报［J］．考古学报，1985（1）．

② 尹达．新石器时代［M］．北京：生活·读书·新知三联书店，1979：54–55.

米，宽 2—4 米。[①] 这是河南境内首次发现的龙山时代古城。

2008 年至 2014 年间，在濮阳市华龙区古城路与京开大道交会处西南角的戚城遗址上，发现了一座龙山文化城址。戚城龙山文化城址平面呈圆角近方形，方向 20°，与晚期城址大体重合，略有错位，东西长约 420 米，南北宽约 400 米，面积近 17 万平方米（含城垣）。

依据勘探情况，城墙一般残高 1—5 米，局部被破坏殆尽，残高不足 0.5 米。从发掘情况看，以东城墙南段 TG1 北壁为例，顶部残宽约 14.3 米，底部残宽约 28 米，残高约 3.05 米；西城墙北段 TG2 南壁，顶部残宽约 5.55 米，底部残宽约 22.4 米，残高约 4.7 米。从考古发掘地层层位及遗迹的叠压打破关系来看，龙山文化城墙之下叠压有龙山文化层和灰坑；其上又被多层龙山层叠压和龙山文化灰坑打破。因而该城址的时代应为龙山时代。城墙修筑过程中，使用了版筑、夯筑和堆筑等多种筑造方法。其中版筑法是当时比较先进的筑城方法。城墙外围有城壕围绕，形成了双重防卫体系。

城内发现东西向干道 2 条，南北向干道 1 条，呈“工”字形分布。城内还发现了大面积的夯土基址。夯土基址主要集中在城内的中部偏东处，部分则分布于城内西南部。戚城城址是豫东北地带首座经过考古发掘证实了的龙山文化城址。[②]

2005 年 4 月至 2006 年 5 月，在濮阳五星乡高城村南，发现了高城城址。高城村原称高阳城村，是传说中颛顼故都帝丘所在地。考古发现的城址平面形状大致为长方形，北城墙长约 2 400 米，其中部偏东内收，形成一个近 90° 的折角，其他几面城墙较为平直。西城墙长约 3 986 米，南城墙长约 2 361 米，东城墙长约 3 790 米，城址面积 916 万平方米。四面城墙顶部多被厚 3—5 米的晚期淤沙层覆盖。城墙外有一周护城壕。城壕和城内的文化层被汉代及其以后历史时期的淤水层所叠压。

① 胡厚宣．殷墟发掘［M］．北京：学习生活出版社，1955：72.

② 方燕明．2014 年度河南省五大考古新发现［J］．华夏考古，2015（2）.

多数地段城墙保存的高度为6—9米。城墙基础宽约70米，顶部宽20—30米。该城址的时代为春秋战国时期，在汉代被黄河洪水冲毁。由于地下水位较高，对城墙的解剖仅限于其顶部约2米厚，目前考古资料还无法确定城址最早的建筑年代。T2中分布于最内侧的黄褐色花夯土内包含有较多龙山文化早期或仰韶文化晚期陶片，而不见晚于龙山文化的陶片，可以初步判断该探方内的夯土时代最早，具体早到何时，因发掘面积所限，目前还无法确认。在此城墙西北拐角处，西城墙北部、南城墙及中部T1、T2、T3等探沟内都出土过较多龙山文化陶片，表明这里曾经存在一处面积较大的龙山文化遗址。① 目前，许多学者都认为高城城址就是卫国都城帝丘，该城在春秋之前应已开始使用。从城址下部大型龙山文化遗址来看，不能排除龙山时代已有城垣存在，很有可能就是颛顼之都帝丘。

根据后冈类型龙山文化区域内的考古资料，已经使用土坯垒砌的木板地面房屋，建房时还要举行奠基仪式等宗教祭祀活动，特别是大型城址的发现，说明颛顼之世已经进入华夏文明早期阶段。

第四节　祝融八姓的分布区域

在楚人史前谱系中，除颛顼外，最为重要的是祝融。关于祝融传说最早的文献，是《国语·郑语》所载西周王室的史官史伯于周幽王末年和司徒郑桓公的一段对话。其中史伯云：

> 且重、黎之后也，夫黎为高辛氏火正，以淳耀敦大，天明地德，光照四海，故命之曰“祝融”，其功大矣。……祝融亦能昭显天地之光明，以生柔嘉材者也，其后八姓，于周未有侯伯。佐制物

① 河南省文物考古研究所，首都师范大学历史学院，濮阳市文物保护管理所．河南濮阳县高城遗址发掘简报［J］．考古，2008（3）．

于前代者，昆吾为夏伯矣，大彭、豕韦为商伯矣，当周未有。己姓昆吾、苏、顾、温、董，董姓𩵃夷、豢龙，则夏灭之矣。彭姓彭祖、豕韦、诸、稽，则商灭之矣。秃姓舟人，则周灭之矣。妘姓邬、郐、路、偪阳，曹姓邹、莒，皆为采卫，或在王室，或在夷狄，莫之数也，而又无令闻，必不兴矣，斟姓无后。融之兴者，其在芈姓乎！芈姓夔越，不足命也，闽芈蛮矣，惟荆实有昭德，若周衰，其必兴矣。

此外，《世本》《大戴礼记》《史记》均有记述。《世本·帝系篇》："颛顼娶于滕坟氏，谓之女禄，产老童。老童娶于根水氏，谓之骄福，生重黎及吴回。吴回氏产陆终……"《大戴礼记·帝系》："颛顼娶于滕氏，滕氏奔之子谓之女禄氏，产老童。老童娶于竭水氏，竭水氏之子谓之高緺氏，产重黎及吴回。吴回氏产陆终。"均未提及祝融。其实重黎、吴回即祝融。关于这个问题，《史记·楚世家》叙述得极其清楚："高阳生称，称生卷章，卷章生重黎。重黎为帝喾高辛居火正，甚有功，能光融天下，帝喾命曰祝融。共工氏作乱，帝喾使重黎诛之而不尽。帝乃以庚寅日诛重黎，而以其弟吴回为重黎后，复居火正，为祝融。"对于先楚历史作最早最系统研究的，恐怕要数太史公司马迁了。《史记·太史公自序》云："昔在颛顼，命南正重以司天，北正黎以司地。唐虞之际，绍重黎之后，使复典之，至于夏商，故重黎氏世序天地。其在周，程伯休甫其后也。当周宣王时，失其守而为司马氏。"《索隐》云："案，彪之序及干宝皆云：司马氏黎之后是也。"彪即《续汉书》作者晋秘书监司马彪。《史记正义》引司马彪序云："南正黎，后世为司马氏。"史迁与彪均为一代史家，都认为司马氏与楚同宗，为祝融之后。故而《史记》中所载祝融之事，应为信史无疑。

除文献记载外，中华人民共和国成立前，湖南长沙子弹库战国墓中出土过一幅帛书，1970 年澳大利亚国立大学巴纳编了帛书彩色幻灯片，1973 年出版了《楚帛书译注》，附有图像清晰的帛书红外线照片。李学勤据此将帛书分为《四时》《天象》《月忌》三篇。帛书《四时》篇云："炎帝乃命祝融，以四神降，奠三天，□□思敦，奠四极，曰：'非九天则大侧，则毋敢睿天灵（命）。'帝允，乃为日月之行。"这里颂扬了祝融奠定了三天四极，为日月之行的功绩，这个传说正体现了楚人的古史观。[①] 早在北宋末期，在今湖北嘉鱼出土过楚公逆镈，镈铭云："唯八月甲申，楚公逆自作吴雷钗（镈）。"作器者楚公逆，即周宣王时的熊咢，"吴雷"即吴回。由此可知，楚君确以吴回即祝融为其先祖。1987 年发掘的湖北荆门包山 2 号楚墓，墓主人楚左尹邵𬀩，系战国中晚期人。出土竹简文云："䢅祷楚先老僮、祝融、鬻熊。"也承认祝融为楚先祖。另据《左传・僖公二十六年》载："夔子不祀祝融与鬻熊，楚人让之。对曰：'我先王熊挚有疾，鬼神弗赦，而自窜于夔，吾是以失楚，又何祀焉？'秋，楚成得臣、斗宜申帅师灭夔，以夔子归。"杜预注："祝融与鬻熊皆楚之先祖，而夔为楚之别封。"夔乃楚之别支，因不祀祝融而受到楚的指责，后派师灭夔。可见祝融在楚人心目中的崇高地位。祝融为楚之嫡远祖乃世所公认。

祝融这个大的部落联盟，主要分布在中原一带。据《竹书纪年》载："夏道将兴，草木畅茂，青龙止于郊，祝融之神降于崇山。"是说夏王朝将兴之时，在崇山举行过大规模的祭祀活动，以祝融后裔担任火正之类的神职官员，主持巡守之事，最后请得"祝融"尊神降临崇山，成为夏朝兴起的标志。《国语・周语上》亦云："昔夏之兴也，融降于崇山。"韦昭注曰："融，祝融也。崇，崇高山也。夏居阳城，嵩高所近。"《说文》云："崇，嵬高也。"《尔雅・释诂》曰："崇，高也。"《释文》亦曰："崧，又作嵩。崧即嵩也，俱是高大之貌。"崇，崧古通，崇山即嵩山。章炳麟《神权时代居山说》谓："古无嵩字，但以崇字为之。"嵩山属伏牛山系北支外方山脉的一部分，本名太室。天亡簋铭："王祀于

① 李学勤．帛书中的古史与宇宙观［C］// 张正明．楚史论丛：初集．武汉：湖北人民出版社，1984.

天室。”天、太古本一字，故天室即太室。《左传・昭公四年》载：“周幽为大室之盟。”杜预注：“大室，中岳也。”大，通太。《左传・昭公四年》正义：“《释山》云：‘嵩高为中岳。’”郭璞云：“大室山也，别名外方。”《汉书・郊祀志》曰：“太室，嵩高也。”嵩高即嵩山，位于今河南省中部，郑州市南登封一带。属伏牛山系北支外方山脉的一部分，西接熊耳山脉，东临豫东平原，北近伊洛盆地。迤逦于伊川、登封、偃师、巩义、荥阳、新密之间，东西绵亘，长约100千米。其主体部分为太室山和少室山，太室山屹立于登封城北面，山势异常雄伟。

祝融之神既降临崇山，其早期居地亦当于崇山附近求之。《左传・昭公十七年》载：“郑，祝融之虚也。”杜预注：“祝融，高辛氏之火正，居郑。”《汉书・地理志》云：“今河南之新郑，本高辛氏火正祝融之虚也。”《毛诗谱》曰：“溱水在郐，祝融之墟。”郐国故城在今河南新密一带，《路史・国名纪己》云：“今郑州有祝融冢。”新郑、新密、郑州均距嵩山不远。历史文献揭示，远古祝融部落的早期居地，在今河南嵩山地区双洎河（溱水）流域一带。

祝融部落联盟下属八个大的部落。《世本》《大戴礼记》《史记》均称，吴回氏产陆终，陆终娶于鬼方氏之妹，谓之女隤，是生六子。这六子是己姓昆吾、董姓参胡、彭姓彭祖、妘姓求言、曹姓安和芈姓季连。《国语・郑语》则称其后八姓，除“六子”六姓外，还有秃姓舟人及董姓豢龙。祝融八姓的传说虽带有神话色彩，在古史研究上却是十分重要的。他们经过悠久的历史，分散到各地，形成一系列大小国家。祝融八姓的分布情况如下所述。

1. 己姓昆吾

《史记・楚世家》集解引虞翻：“昆吾，名樊，为己姓，封昆吾。”昆吾氏是以樊作为始祖的部落。《墨子・耕柱》云：“昔者夏后开使蜚廉折金于山川，而陶铸之于昆吾，……以祭于昆吾之虚。”夏后开即夏启，所都夏邑在今河南新密新砦。昆吾之居距之一定不会太远。《吕氏春秋・君守》：“昆吾作陶。”昆吾部落以制作陶器著称。河南新郑裴李岗和新密莪沟遗址发现了八千多年前的原始陶器。后世居住于这一地区的昆吾部落亦擅长制陶，人们便以为昆吾是始作陶者。如是，则昆吾之居当在今新郑、新密一带。新郑古称“祝融之虚”，昆吾是陆终的第一子，按古代长子继承习惯，祝融的直接继承者首先应为昆吾，其居地亦应在“祝融之虚”。

昆吾部落不断发展壮大，一支沿大河北下，徙居于颛顼之墟的帝丘。《左传·哀公十七年》云：“卫侯梦于北宫，见人登昆吾之观，被发北面而谍曰：‘登此昆吾之墟’……”北宫是卫侯的寝宫，昆吾之观必在北宫之南，筑于昆吾废址之上。《括地志·濮州》载：“濮阳县，古昆吾国也。（昆吾）故城在县西三十里。昆吾台在县西百步颛顼城内，周回五十步，高二丈，即昆吾墟也。”《春秋释例》云：“颛顼之虚，故曰帝丘，昆吾氏因之，故曰昆吾之虚。”《汉书·地理志》谓：“濮阳本颛顼之虚，夏后氏之世昆吾居之。”《后汉书·郡国志》载：“濮阳，古昆吾国也。”濮阳县东南的五星乡高城村发现一座春秋城址，该城址建在龙山文化遗址上，很有可能上溯到龙山时代与夏代，即为颛顼与昆吾之墟。夏代末年，昆吾氏举族南徙，迁至河南许昌一带。

己姓原先仅昆吾一个部落国家，后来又出现苏、顾、温等，皆昆吾之后别封的小国。

苏即有苏氏。《竹书纪年》载夏帝芬三十三年，“封昆吾氏子于有苏。”苏的封地在今河南辉县西郊的苏门山。商灭夏，苏人北迁至今河北临漳西。周武王伐纣，苏忿生为司寇，受封于温，其地在今河南温县西南的招贤乡古城村，史称“苏城”。河南三门峡上村岭虢国墓地出土有苏氏媵女之器，女姓作己。墓与铜器的时代为春秋时期，当时与温县的苏接近。传世的虢国铜器中还有带铭文的鼎、鬲等，方濬益《缀遗斋彝器考释》云：“虢妃当是有苏氏之女。以虢文公子瑕（应作钕）鼎及此鬲证之，是虢恒娶于己氏。盖苏国于河内之温，与北虢大阳、东虢荥阳地皆相近，世为婚媾，因其宜也。”由此可见，苏为己姓无疑。

温，因境内有温泉而得名，在今河南温县西南的古城村一带。早在夏代，居住于温泉之地的一支昆吾人，便以温为部落国家名。《竹书纪年》载：帝癸二十六年，“商灭温”。从此温成了商的与国。据殷虚卜辞记载，商朝立国后，与温一直保持着异常密切的关系。如：“翌日壬，王其遂（游）于温，亡哉（灾）。”（《前》一・五一・一）又，“左告曰：有往刍自温，十人又二。”（《菁》三・一）又，“□未卜，穷贞，令⊠往温。”（《后》下・三〇・一三）西周初年，温成为苏忿生的封邑。

顾，《诗・商颂・长发》：“韦、顾既伐，昆吾、夏桀。”顾为夏的部落国家，与昆吾为邻。《元和郡县图志》“范县”条：“故顾城在县东二十八里，夏之顾国也。”《读史方舆纪要》“濮州范县”条载，顾城在县东五十里处。顾城属今河南台前县。顾的一支南徙于今河南原阳县西南。王国维《观堂别集・殷虚卜辞中所见地名考》云：“雇字古书多作扈。《诗・小雅・桑扈》《左传》及《尔雅》之‘九扈’，皆借雇为扈。然则《春秋》庄二十三年盟扈之扈，殆本作顾。杜预云：‘荥阳卷县北有扈亭（今怀庆府原武县）。’”陈梦家《殷虚卜辞综述》和李学勤《殷代地理简论》根据卜辞地名排比，都认为雇是滨于黄河的地名，近于沁水，与王说吻合。由此可见，顾即有扈氏，其地在今河南原阳西南。

2. 董姓鬷夷、豢龙

《国语・郑语》云：“己姓昆吾、顾、温、董；董姓鬷夷、豢龙。”北宋刘恕《通鉴外纪》引文中顾、温之后无董。认为己姓之董是下面的董字的重写，后人断句时推上去的，此说可从。董是祝融后裔惠连之姓。《大戴礼记・帝系》云：“其二曰惠连，是为参胡。”参胡为惠连之名。《帝系》又说：“昆吾者，卫氏也。参胡者，韩氏也。”这是以周代地理来记述祝融各姓居地的。由于卫国后来迁都于昆吾之墟的濮阳一带，以及参胡最早居住地为后世韩国的封地，故而《帝系》的作者方才做了这样的记载。参胡所居的韩地，在今山西芮城。其后裔有鬷夷、豢龙。

鬷夷，《左传・昭公二十九年》载蔡墨对魏献子说的一段话：“昔有飂叔安，有裔子曰董父，实甚好龙，能求其耆欲以饮食之，龙多归之，乃扰畜龙，以服事帝舜，帝赐之姓曰董，氏曰豢龙，封诸鬷川，鬷夷氏其后也。”鬷川又称“三鬷”，今山东定陶东北有三鬷亭，鬷夷最早的居地就在这里。

豢龙，《世本·氏姓篇》云：“龙氏，董父既赐姓曰董，又易氏曰豢龙，其后亦为龙氏。”《读史方舆纪要》“解州闻喜县”条载：“董泽，县东北三十五里……一名董氏陂，又名豢龙池，即舜封董氏豢龙之所。其地出泉，名董泉。”在今山西曲沃县东北。鬷夷、豢龙，大约在夏代末年先后灭亡。

彭姓彭祖　彭祖名籛，在祝融八姓中占重要地位。《国语·郑语》：“大彭、豕韦为商伯。”韦昭注云：“大彭，陆终第三子，曰籛，为彭姓，封于大彭，谓之彭祖，彭城是也。”彭城即今江苏徐州。彭在商代为侯伯，商代末年灭亡。彭姓原先只有大彭一个部落国家，后来又出现豕韦和诸稽。

豕韦，《国语·郑语》云：“彭姓，彭祖、豕韦、诸稽。”豕韦或简称为韦。豕韦的所在地，据《后汉书·郡国志》载，东郡“白马（县）有韦乡”。陈奂《毛诗传疏》卷三十：“今河南卫辉府滑县东南五十里有废韦城。”韦城在今万古乡中妹村。

诸稽，诸稽的居地称“诸”。《尔雅·释地》云：“宋有孟诸。”《周礼·夏官·职方氏》作“望诸”。在今河南商丘东北。被商灭。

3. 秃姓舟人

《国语·郑语》云：“秃姓舟人。”韦昭注曰：“秃姓，彭祖之别。”舟人的始居地在今河南新郑洧水流域，因擅长作舟而得名。它是一个农业部落，因而以秃即禾来命名姓氏。关于舟人之族姓，共有二说：除秃以外，还有姜姓。《姓源》说：“姜姓，炎帝之裔有舟国，因氏。”这大约是由于秃姓舟人后来迁至姜姓之地，故有此说。舟人之国被周灭。

妘姓郐人　《史记·楚世家》云：“陆终生子六人……四曰会人。”《大戴礼记·帝系》曰：“其四曰莱言，是为云郐人。”《国语·郑语》韦昭注：“陆终第四子曰求言，为妘姓，封于郐。郐，今新郑也。”由此可知，郐人又名莱言、求言。郐是一个古老的部落国家，其最早居地在今河南新密、新郑、郑州一带。郐于春秋初年为郑所灭。

妘姓原先只有一个郐国，后来又出现了鄔、鄢、路、偪阳。

鄔在郐的西边。《左传・隐公十一年》：“（周）王取鄔、刘、苏、邘之田于郑。”杜预注：“在河南缑氏县西南，有鄔聚。”即今河南偃师西南。后为郑国所灭。

鄢亦妘姓，原在今河南鄢陵西北的前步村。郑灭鄢后，将部分鄢人迁至新郑附近，称“衍”。鄢、衍古通，其地在今河南郑州北，至秦汉时仍为邑镇。鄢和郐、鄔均被郑所灭。

路，《礼记・月令》云：“乘鸾路。”《释文》：“路，本作辂。”可知路即辂，亦即大车。路人因善于造车而得名。路国在今山西潞城东北，系由郐地迁去的。

偪阳，《左传・襄公十年》载：“晋荀偃、士匄请伐偪阳。”杜预注：“今彭城傅阳县。”在今江苏沛县境。另据《山东通志》卷三十五载：“峄县有偪阳君墓，在县南五十里，偪阳城东，旧传为偪阳君求言葬处。”沛、峄两县，紧相毗邻。

曹姓安　《世本》及《大戴礼记》记述祝融的裔嗣时，均说：“其五曰安，是为曹姓。”安即晏安，陆终第五子，其早期居地在今河南灵宝东，史称“曹阳”。安的后裔有邾和莒。

邾，《大戴礼记・帝系》谓：“曹姓者，邾氏也。”《史记・楚世家》曰：“五曰曹姓。”《索隐》引《系本》云：“五曰安，是为曹姓。曹姓，邾是。”《国语・郑语》：“曹姓邹、莒。”邾、邹古通。邾城在今山东邹城东南，俗称“纪王城”。

莒，《说文》：“莒，齐谓芋为莒。”莒人大约最初以芋为图腾，以后形成部落，并逐渐发展成国家。《春秋・隐公二年》：“莒人入向。”注：“莒国，今城阳莒县。”可知莒人的居地在今山东莒县。

斟姓斟寻、斟灌　斟姓是曹的分支，斟灌、斟寻皆系祝融系斟团与夏系灌、寻结合而成的新部族。

斟寻，《汲冢古文》云：“太康居斟寻，羿亦居之，桀又居之。”太康、羿、桀所居都邑，大约是因袭斟寻氏故居，或者建于斟寻氏方国之内。今河南巩义西南的烧柴遗址，可能是斟寻氏的故居。斟寻之“寻”或加邑字旁，写作斟鄩。

斟灌，《竹书纪年》云：“斟灌之墟，是为帝丘。”又《读史方舆纪要》卷三十四“山东省濮州观城县”条：“古观城，在县西，古国也。”帝丘在今河南内黄，观城在今河南范县，斟灌的早期居地在今河南濮阳、内黄、范县一带，其后逐渐东徙至山东寿光，今山东寿光南的边线王龙山文化城堡，可能就是早期的“斟灌之墟”。

4. 芈姓季连

《史记·楚世家》提到陆终六子时说：“六曰季连，芈姓，楚其后也。”《索隐》：“《系本》云：‘六曰季连，是为芈姓。季连者，楚是。’宋忠曰：‘季连，名也。芈姓所出，楚之先。’”楚又称荆，俞樾在《释荆楚》中说：“荆之与楚，乃古今之异言，因其荆而荆之，因其楚而楚之。”季连所在部落因最初处于荆棘楚木茂密之地而得名。甲骨卜辞提到芈的，有“戊戌卜，又伐芈”（傅斯年《新获卜辞写本后记》）。提到楚的多处，如：

> 岳于南单，岳于三门，岳于楚。（《粹》七三）
> 于楚又雨。（《粹》一五四七）
> 刚于楚。（《粹》四五〇）
> 甲申卜，舞于楚亯。（《粹》一三一五）

“芈”与“楚”大约就是指这个部族或方国而言的。甲骨文中的“亯”字，一般释为“丘”。楚丘大约是楚人曾经居住过的地方，有两处。《春秋·隐公七年》：“戎伐凡伯于楚丘以归。”杜预注：“楚丘，卫地，在济阴城武县西南。”《汉书·地理志》载，山阴郡城武县有楚丘亭，位于今山东曹县东南四十里，此为南楚丘。《春秋·僖公二年》：

“王正月，城楚丘。”杜预注：“楚丘，卫邑。”据《水经注·瓠子水》：“京相璠曰：濮阳城西南十五里，有沮丘城。”沮，楚古音近通假，沮丘即楚丘。其地在今滑县东，是为北楚丘。战国初期的屭羌钟铭中提到的“楚京”或为南楚丘。《诗经·鄘风·定之方中》：“升彼虚矣，以望楚矣。”所望之“楚”应是北楚丘。南北二楚丘距濮阳、内黄不远，均属颛顼旧壤。这一带可能是芈姓楚人的早期居地。

芈姓季连的后裔，除楚外，尚有夔、越、蛮芈。《国语·郑语》云：“芈姓夔、越，不足命也。蛮芈蛮矣……”韦昭注：“夔越，芈姓之别。”

夔，《史记集解·楚世家》引服虔的话说：“夔在巫山之阳，秭归乡是也。”其地在今湖北秭归夔城。

越即越章，《潜夫论·志氏姓》云：“芈姓之裔，……或封于夔，或封于越。”越的居地在今湖北安陆境。

蛮芈，据《国语·郑语》韦昭注：“蛮芈，谓叔熊在濮从蛮俗。”其地在今湖北枣阳境桐柏、大洪两山脉的山区丘陵地带。

综上所述，祝融八姓的分布，北起黄河中游，南至湖北北部，东到鲁西、苏北，西迄晋南，可以说是环处中原。史称豫中新郑为“祝融之虚”，表明这一带是祝融八姓的中心。祝融八姓早期社会形态已经进入了父系氏族社会。“但‘祝融八姓，中的‘姓’，却是母系氏族制的遗留，是该母系氏族的女性祖先的代称或帜别；昆吾氏及其以后别封的苏、顾、温、董，都是父系氏族部落的标志，是该氏族的男性祖先的代称或帜别。相对地看，昆吾氏为‘主’；苏、顾等氏为‘别’，即由‘主’所裂变和分化而来。……每次人为地分化裂变，古称‘别封’。祝融八姓之后，可能在殷周之际，有些已由部落联盟进入国家。”[①] 根据最新考古资料，其进入国家的时间应该更早，有可能在夏商之际。

① 唐嘉弘．释“祝融八姓”［J］．江汉论坛，1981（3）．

第五节　祝融的史迹与文化

先秦典籍记述祝融有关事迹的，除《世本》等书外，屡见于《山海经》一书。如：

南方祝融，兽身人面，乘两龙。(《海外南经》)

颛顼生老童，老童生祝融，祝融生太子长琴，是处榣山，始作乐风。(《大荒西经》)

颛顼生老童，老童生重及黎，帝令重献上天，令黎邛下地。(《大荒西经》)

戏器生祝融，祝融降处于江水。(《海内经》)

洪水滔天，鲧窃帝之息壤以堙洪水，不待帝命。帝令祝融杀鲧于羽郊。(《海内经》)

此外，《大荒西经》还说："有人名曰吴回，奇左，是无右臂。"吴回即祝融。祝融之号由重传至黎，又由黎再传至吴回，其后则无三传之事的记载。说明祝融称号在氏族部落内部的继承关系相对稳定后，已成为在吴回一系中世代相传的别号，并演为氏族部落的名称。

屈原《离骚》云："朕皇考曰伯庸。"《离骚》是一部带自传性质的长诗，其主人公的遭遇同屈原的身份完全一致。但它又不是直录现实生活里的事象，似乎一切都"虚化""美化"为既浪漫又现实的诗歌形象。试以人物而论，就没有一个使用真实姓名的。由于《离骚》潜藏着一个象征的系统，对人物只采用某种称号，这种称号又与原型的名字相对应，使人一见即知所指为谁。因而学术界多认为伯庸即指祝融。饶宗颐《楚辞地理考·祝融考》云：

融、庸音同，字通，《路史·后纪四》祝融，字正作"祝庸"。伯字，爵名。……《左·昭二十九年》传："火正曰祝融。"贾逵

注："祝，甚也；融，明也。"又《史记》注引虞翻曰："祝，大；融，明也。"又引韦昭曰："祝，始也。"是"祝"即甚大之意，《楚世家》所谓"甚有功，能光融天下"，即其取名之意。……观《离骚》伯庸之与高阳并提，其为楚远祖之"祝融"，非无据矣。

"伯"当训为大，"融"，冬部喻纽，"庸"，东部喻纽，冬东二部古音为旁转，因而融、庸古通。"庸"前冠以"伯"字，就跟把鲧叫"伯鲧"、禹称"伯禹"一样，乃是对部落或部落联盟首领的尊称。"祝融"还有巫祝祷告神明之意。《诗经·小雅·楚茨》"祝祭于祊""工祝致告"。《说文》："祝，祭主之赞词者。"大约祝融的身份也是巫觋一类。祝融的职务为火正。《史记·楚世家》云："重黎为帝喾高辛居火正。"把重黎作为一人，这是说法之一；《史记索隐·楚世家》云："重氏、黎氏二官代司天地，重为木正，黎为火正。"《国语·楚语》韦昭注："颛顼受之，乃命南正重司天以属神，火正黎司地以属民。"均以重、黎为二人，这是另外一种说法。造成这两种截然不同说法的原因，是由于重黎是部落名，传说将部落名演化为人名，需经历数代。祝融部落首领重黎在部落联盟中世袭担任火正职官的称号，部落内部代有分合，故关于重黎的传说纷纭，而楚先祖中则多号祝融。

同"火正"有关，不少学者主张祝融就是太阳神。杨宽《中国上古史导论》云：

《山海经》谓重、黎在日、月山，黎之子噎（嘘）又能行日月星辰之行次。案《白虎通》云："炎帝者，太阳也，其神祝融。"则祝融，重黎之为日神可知。祝融为日神，故《郑语》云："夫黎为高辛氏火正，以淳耀敦大，天明地德，光照四海，故命之曰祝融，其功大矣。"非日神夫谁能"光照四海"耶？此亦神话之润饰未尽者也。日为阳火之精（《淮南子·天文训》），故日神亦兼火神。《世本》谓"祝融作市"，盖以"日中为市"，而祝融为日神，因谓祝融作市耳。

史称祝融能“光照四海”和“光融天下”，除了太阳之外，还有什么能够做到呢？

“火正”的职责为取火、出火、纳火、改火和保留火种，被尊为“火神”。“火正”同时是司天人员，负责观察天象，研究星历，组织耕耘，不违农时，光融天下，又是太阳神的化身。祝融“火正”的神圣职务，世代相传，逐渐演进为氏族、部落和部落联盟。“祝融，亦即重黎、吴回兄弟，是这个集团最高的领袖。其次的一级就是以昆吾、彭祖等为首的八姓。在八姓的每一姓之下，有一两个以至四五个氏族。……从已知的氏姓集团来看，其联合的顺序是先从某些家族结合成为己、董、彭、妘等姓。后又从这八姓结合成为祝融为首的集团。”①

祝融部落或部落联盟的来源与组成，是一个十分复杂的问题。据史书记载，它渊源于黄帝支族颛顼部落是没有问题的，但在发展过程中，受到西部炎帝族文化及东部东夷文化的影响，融入东西两大部落集团的因素。其文化内容呈现出综合多元的色彩。

祝融部落起源甚早，但其兴盛时期则大体上在帝喾高辛氏之世。祝融是高辛的火正，高辛与祝融之间传说的君臣关系，是分别奉高辛和祝融为始祖的两个部落集团之间主从关系的神话投影。

从考古学文化来讲，将祝融部落活动的主要时间定为龙山晚期与夏代为宜，逮至商和西周，祝融集团逐渐走向衰败。有关祝融的物质文化遗存，学界众说纷纭。20 世纪 90 年代末，河南新密古城寨城址的发现，破解了“祝融之虚”的千古史谜。

古城寨遗址位于新密东南 35 千米的曲梁乡大樊庄村古城寨周围，地处嵩山东麓的丘陵地带，向东面对辽阔的黄淮平原。遗址位于溱水东岸的河旁台地上，溱水自北而南注入颍河支流双洎河（古洧水），古城

① 顾铁符．楚国民族述略［M］．武汉：湖北人民出版社，1984：10.

寨村东、北两面皆为新郑市境，东南距新郑市区约 10 千米，正值新密与新郑交界的溱、洧二水汇流处。1997—1999 年，在此发现一座龙山文化晚期城址。

古城寨遗址总面积约 27.65 万平方米，龙山文化城址在遗址西部，平面呈东西长方形，迄今仍较好地保存着南、北、东三面城墙和南北相对的两个城门缺口。经对城墙解剖获知，北城墙长 460 米，南城墙长 345 米，东城墙长 345 米，西城墙被溱水冲毁，复原长度为 370 米。三面城墙存高 7—16 米。墙基宽 42—102 米。南城门缺口因西侧城墙起土破坏，宽 18.7 米，北城门缺口宽 10.7 米。城址面积 17 万余平方米。城外南、北、东三面有壕沟环绕，壕沟宽 34—90 米，深超过 4.5 米。城西是溱水，水宽而沟深，成为自然屏障。

城址西北部地势较高，东南部原为低洼地带，筑城时为扩大面积，不惜调用大批人力物力，垫土夯筑东城墙和南城墙东段墙基。所以这里的墙基深 10 米左右，宽 60—100 米。地势较高的西北部，即北城墙西段的筑法，是先挖 1 米余深的基础槽，以生土为底，在基础槽上打一层薄薄的坐底夯，然后直接在基础槽内分层分段夯筑。每层版筑墙高约 1 米，宽 1—1.3 米，长 1.4—2 米。顺墙体的夹板都用木板，横墙体的挡头有的用木板，也有用竹编和小木棍编绑在一起来代替木板的现象。城内发掘面积近千平方米，发现的重要遗迹为两座龙山文化晚期建筑基址。

1 号建筑基址（F1）位于城内中部略偏东北处，坐西朝东，南、北、东三面有回廊，为夯筑高台建筑，方向 281°，南北长 28.4 米，东西宽 13 米，面积 269.2 平方米。房基的建筑方法是：先按其大小挖基础坑，房内的承重屋架立柱和四周木骨泥墙立柱都是在普遍打夯之前立好的。柱洞内大都不见柱础石，唯有房内各排的中心柱有石柱础，大概是因为承重的特殊需要而专门设置的。房基上的 6 排柱洞把房屋分成 7 间。在房基围墙的位置上发现小型柱洞数十个，这应是木骨泥墙的主体立柱和辅助立柱。在房基南、北、东三面还发现有廊柱础 19 个。南北两侧的柱础呈现均匀分布。唯东面的廊柱础是三个一组，这样的廊柱布局展现了它的建筑艺术。

4 号建筑基址（F4）位于 F1 以北 7.4 米处，是一座廊庑式建筑，东起 F1 的东北由三道墙基槽、门道、门卫房和众多的柱洞组成。房址方向 281°，现已发现长 60 余米，基宽 4 米，三道墙基槽南北并列，每道宽 30—35 厘米不等。南北两基槽内有较多的柱洞，应是用来放置木骨泥墙的主体立柱。中槽内柱洞较大，间距较远，应是承托房脊的中心柱的遗留，而且可能是明柱。说明 F4 的廊庑是封闭式的。在 F4 的中间略偏东，有 1.1 米的门道，进门后面在南北两墙之间，又有两道南北向的横墙，形成一间小房，可能是廊庑北门的门卫房。

从城墙和城内出土的龙山文化陶片来看，陶色以夹砂、灰陶、棕砂陶为主，泥质灰陶次之，并有少量磨光黑。纹饰以篮纹、绳纹为主，方格纹、附加堆纹次之。可辨器形有深腹罐、高领瓮、斝、鼎、折腹盆、浅腹盆、钵、碗、杯、澄滤器、甗、豆、壶、缸和器盖等。陶胎增厚，质地坚硬，折沿罐口沿上的凸棱不突出，腹宽近中部，小平底。斝为平底，分裆袋状足，多与河南龙山文化晚期特征相同。①

根据北京大学碳十四测试报告，古城寨城址从始建、使用到废弃，均在夏的纪年范围或前后。②

关于古城寨城址性质，应同祝融之族有关。《史记・楚世家》云："高阳生称，称生卷章，卷章生重黎，重黎为高辛氏居火正，甚有功，能光融天下，帝喾命曰祝融。"祝融系远古时代的"火正"，是部落或部族之名，其领袖也称"祝融"。《国语・周语上》云："昔夏之兴也，融降于崇山。"融即祝融，崇山即嵩山。古城寨城址地处嵩山东麓的丘陵地带，始筑于夏代初年，与文献记载的祝融的时代和地域大体一致或吻合。

《左传・昭公十七年》载："郑，祝融之虚也。"杜预注："祝融，高

① 蔡全法，马俊才，郭木森．河南省新密市发现龙山时代重要城址［J］．中原文物，2000（5）．

② 蔡全法．新密古城寨龙山文化晚期城址介论［J］．古都郑州，2016（1）．

辛氏之火正，居郑。”《汉书·地理志》云：“今河南之新郑，本高辛氏火正祝融之虚也。”郑即今河南省新郑市。《路史·国名纪》云：“今郑州有祝融冢。”新密市东邻新郑，北连郑州，正是古代祝融部族活动的重要区域。清道光九年（1829）密县（今新密市）老城南关《重修火神庙碑记》载：“密，故祝融墟也。其神之亨于兹土地，微（唯）独密之人祀之，将天下之人无不祀之，祀之皆宜也！”清嘉庆七年（1802）黑峪沟白衣观《创建火神庙碑记》云：“密本古郐地，高辛氏之火正祝融旧墟也。故火威之彰于密者为最显，而我密人之祀之者恒倍谨焉。”新密市境内，除古城寨外，还有程庄、苏沟、杨庄、新寨、马家村、五虎庙、洪山庙、关口等龙山文化遗址，其中只有古城寨为龙山文化城址，应是祝融之族的政治、经济、文化中心所在。

古城寨城址被发现后，受到学界的广泛关注。有人通过对其大型建筑基址的复原研究，认为 F1 基本具备了主体殿堂的要素，可能是城内最高统治者的施政场所。F4 的室内空间为狭长形，对 F1 有着屏蔽作用，与廊庑性质相同。从 F1 未被围墙完全包围，F4 有朝北、朝西的门等情况分析，本建筑组群可能不是孤立的建筑，在其附近还有其他建筑与之共存。易言之，这只是一个建筑中的一个院落而已。此组原始宫殿建筑具有多方面的创新性：第一，主殿与廊庑的结合，四合院的出现。就目前考古发现而言，这是我国现知最早的具有四合院特征的大型建筑。而这种建筑格局，奠定了此后我国数千年帝王宫殿建筑的基本格局。第二，擎檐柱的使用，回廊雏形的产生。第三，无堂室分隔大型厅堂的出现。F1 长度超过 38 米，宽逾 13 米，室内没有隔墙，形成一个 360 多平方米的空间，这是我国古代建筑史上的一个创举。第四，如果 F1、F4 只是某建筑群的一个院落中部分建筑，而 F1 的东面还有一个院落的话，它就开启了后世宫殿多进院落前后连缀的先河。总之，宫殿建筑的出现，应该作为人类社会文明的标志之一。古城寨原始宫殿建筑的出现，标志着当地居民已经迈入文明社会的门槛。①

根据新密古城寨城址的考古发现，我们知道夏代初年，祝融之族活动在中原地区嵩山一带。这里不仅找到了祝融部落或部落联盟的都城——“祝融之虚”，还发现了其在建筑文化方面的许多贡献，特别是四合院的产生，竟然奠定了此后数千年我国帝王宫殿建筑的基本格局。由此可见祝融文化的发达情况。

第六节　楚对颛顼祝融文化的承袭

楚为颛顼、祝融的后裔，其间存在着明显的渊源关系，在许多地方可以窥见楚对颛顼祝融文化承袭的痕迹。

一、图腾

图腾崇拜是最古老的宗教形式之一，它随着氏族社会的产生而出现。母系氏族社会是其繁荣昌盛时期，父系氏族社会逐渐进入衰落阶段。文明社会之初，虽说人们已不甚相信图腾了，但还能看到图腾时代留下的印痕。关于“图腾”一词的来源，学术界存在着两种截然不同的观点。多数学者往往引用美国著名人类学家摩尔根在《古代社会》一书中的说法，主张图腾（Totem）是北美印第安人鄂吉布瓦（Jibwas）族的方言，意为“他的亲族”，用作族徽标记。中国学者最早使用这个概念的是清末严复，他在翻译英人《社会通诠》时加按语说：

> 图腾者，蛮夷之徽帜，用以自别其众于余众者也。北美之赤狄，澳洲之土人，常画刻鸟兽虫鱼或草木之形，揭之为桓表；而台湾生番，亦有牡丹、槟榔诸社名，皆图腾也。由此推之，古书称闽为蛇种，盘瓠犬种，诸此类说，皆以宗法之意推言图腾，而蛮夷之

① 杜金鹏．新密古城寨龙山文化大型建筑基址研究［J］．华夏考古，2010（1）．

俗，实亦有笃信图腾为其先者，十口相传，不自知其怪诞也。

何光岳认为，图腾并非由海外传入的舶来品，而是中国原始社会的固有产物。他在《饕餮氏的来源与饕餮（图腾）图像的运用和传播》一文中指出：

> 图腾是中华民族上古时代的一支原始氏族的称号……图腾本系饕餮之翻音，饕餮氏乃戎夏族一支氏族所用的族徽。后来，饕餮氏在与其他各氏族争夺中原的肥沃平原中，遭到重大失败，部落分散，分别向四方逃避和迁徙，从而把饕餮氏的族徽也带到各地，甚至远布于印度支那半岛、南洋群岛以及南北美洲，形成了图腾的名称，成为研究世界原始民族的重要标志。……饕餮纹柱的分布，几乎遍及半个地球，这种文化的传布，原来的起源却是中国的中原地区。

图腾是对某一种特定的动植物或其他自然物的有目的崇拜。它已从盲目崇拜个别自然现象发展为综合的概括，这是人类思维的进步，也是原始宗教信仰的重要突破。颛顼是一个大族，其图腾有星、龟、鸟、鱼、龙、蛇、豕，此外，还有日、虎、桃等。[①] 祝融八姓的图腾有蛇、谷、云、枣、桑葚、羊、日、星、龙、凤等。颛顼与祝融八姓的图腾大都是远古楚人图腾崇拜的对象。颛顼号称高阳，“高阳，是为帝颛顼，无异说颛顼即是日神。……高阳，即是高明的太阳”。[②] 也就是说，颛顼的神格为日，是一个崇拜太阳的部落。萧兵在《〈楚辞〉民俗神话与太平洋文化因子》一文中指出：

---

① 许顺湛．中原远古文化［M］．郑州：河南人民出版社，1983：419-421.

② 丁山．中国古代宗教与神话考［M］．上海：上海文艺出版社，1988：364-365.

> 《楚辞》里潜在着一个太阳崇拜系统。《离骚》开章明义的“帝高阳之苗裔兮，朕皇考曰伯庸。摄提贞与孟陬兮，惟庚寅吾以降”，就充满着太阳崇拜的内容；也只能以“泛太阳教”或“太阳神文化”诸契机为钥匙，才能破译暗藏在屈原诗篇里环绕着“太阳崇拜”或“光明崇拜”的秘密编码。高阳氏帝颛顼本来是东北夷的始祖神兼太阳神，随着东方—南方文化的接触交流，被楚王族祀为先祖。《楚辞·大招》歌颂他“名声若日，照四海只；德誉配天，万民理只。北至幽陵，南交阯只，西薄羊肠，东穷海只”。他像高踞太空的骄阳一般把太阳神文化的光芒广照到四方，一直到海外。

祝融也是一个崇拜天体的部落，《国语·郑语》说其“光照四海”，《史记·楚世家》称其能“光融天下”，看来其神格也是非日莫属。楚人承袭了颛顼与祝融的衣钵，以日为图腾。楚字或可写成“阳”，荆楚在《盐铁论·通有》中即作“荆阳”。据周原甲骨卜辞，楚字字形作两木之间夹一倒三角形，这一倒三角形实际是“○”，原因是为便利契刻。所以楚公钟铭就写作两木中间夹一个圆圈，林间的“○”是太阳。小臣夌鼎铭中楚字的写法又变为：林中夹的圆圈中加一点，下加一短竖；有的短竖下还加一短横；其林间的♀、♀，表示从大地上东升的旭日，从日丁声，即旦字。《离骚》说楚人为“高阳之苗裔”，古楚字正是这种关系最形象最生动的象征。而在这图腾意识中，就是祖先和苗裔的血缘牵连。[①]

鱼，《山海经·大荒西经》说：“有鱼偏枯，名曰鱼妇。颛顼死即复苏。风道北来，天乃大水泉，蛇乃化为鱼，是为鱼妇。颛顼死即复苏。”这里颛顼的形象为人面鱼身，是化形为鱼的洪水之神。至于“死即复苏”，则反映对洪水袭击的恐惧以及制服洪水、夺取丰收的愿望，而且

① 朱俊明．楚人拜日说［J］．求索，1986（1）．

跟涨水、落水、播种、收成的季节变化有关。[①]从考古发现来看，楚人也曾以鱼为图腾。[②]

桃木，《史记·五帝本纪》载颛顼"东至于蟠木"。蟠木是中国古代神话里一种隐蔽形态的世界树和生命树。实际上就是蟠曲的桃树。《左传·昭公十二年》载楚君熊绎"辟在荆山，筚路蓝缕，以处草莽，跋涉山林，以事天子，唯是桃弧、棘矢以共御王事"。这里提到的桃弧就是用桃木制成的弓。蟠木与桃弧，都被蒙上了一层极其神秘的色彩。表明桃木是颛顼部落与楚人共同崇拜的图腾。

羊，芈姓季连。芈，金文作妳，从女，正是上古母系社会的姓，季连之姓乃是随其母族之姓。古代著作均以为芈与羊有关。《史记索隐·楚世家》云："芈，音弥是反。芈，羊声也。"《说文》："芈，羊鸣也。从羊，象气上出，与牟同意。"远古时代，羊和人类生活的关系十分密切，以养羊为主的畜牧部落，羊肉是重要的主食品，羊皮是衣着的重要原料。有的氏族还以羊乳哺育孩子。久而久之，人们便把羊当成自己氏族的保护神。季连之祖族曾与养羊的氏族部落通婚，因而承袭母族之姓并以羊为图腾，因季连是楚的嫡系祖先，故而"史载楚姓芈，以羊为图腾也"[③]。

龙，《山海经·大荒西经》提到"蛇乃化为鱼……颛顼死即复苏"。《大荒北经》载，颛顼死后所葬的鲋禺之山，有黄蛇等"出卫"。可知颛顼部落中有的氏族是以蛇为图腾的。蛇是龙的原初形态，故而颛顼乘龙游四海。祝融部落同龙的关系也很密切。《山海经·海外南经》云："南方祝融，兽身人面，乘两龙。"古代神话中神人的坐骑，往往就是其主人的动物化身。颛顼与祝融乘龙，其化身即为龙。楚人尚龙，其证甚多：

①《庄子·天运篇》载：孔子见老聃归，三日不谈。弟子问曰：

---

① ［日］白川静．中国的神话［M］．东京：中央公论社，1980：64.

② 马世之．略论楚族先民的图腾崇拜［M］//楚史与楚文化研究，北京：求索杂志社，1987.

③ 姜亮夫．三楚所传古史与齐鲁三晋异同辨［J］．历史学．1979（4）.

“夫子见老聃，亦将何规哉？”孔子回答道：“吾乃今于是乎见龙。龙，合而成体，散而成章，乘乎云气而养乎阴阳。予口张而不能嗋。予又何规老聃哉？”这就是许多李姓楹联中所谓“犹龙世泽”的来历。因为老聃是楚人，所以孔子称他为“龙”。

②《汉书·高帝纪》说汉高祖刘邦之母刘媪“尝息大泽之陂，梦与神遇。是时，雷电晦冥，父太公往视，则见交龙于上。已而有娠，遂产高祖”。又说刘邦“醉卧，武负、王媪见其上常有龙”。由于刘邦是楚人，故为龙种，其母和他本人也都是龙。

③刘向《新序·杂事五》载：“叶公子高好龙，钩以写龙，凿以写龙，居室雕文以龙。于是龙闻而下之……”叶公是楚公族，故而特别推崇龙。

④楚物多以龙命名，如郢都东门曰龙门。屈原《哀郢》说：“过夏首而西浮兮，顾龙门而不见。”盖指此。《淮南子·泰族训》：“阖闾伐楚，五战入郢，烧高府之粟，破九龙之钟。”所谓“九龙之钟”就是说楚钟之簴饰以九龙。从郢门之名及钟簴之饰来看，楚人颇崇尚龙。上述例子虽然均非氏族社会之事，但可以视作图腾崇拜的遗风。

凤，《山海经·大荒北经》云：“颛顼生驩头。”《大荒南经》说：“驩头人面鸟喙有翼。”颛顼族中有以鸟为其保护神的，鸟实即凤。祝融也是崇凤之族，屈原《远游》说：“祝融戒而跸御兮，腾告鸾鸟迎宓妃。”鸾鸟即凤。《白虎通·五行篇》说：“祝融者……其精为鸟，离为鸾。”更加明确指出祝融与鸾鸟乃是一码事。童书业《春秋左传研究》云：“楚之先祖为祝融，近人多以为即驩兜，亦即丹朱，本为日神，即‘日中之踆乌’，‘驩兜’与‘丹朱’亦鸟名，则楚人似本亦以鸟为图腾之族。”考古发现的楚文物中，经常能看到龙凤的图像，比较著名的有江陵雨台山楚墓出土的虎座鸟架鼓、寿县出土的龙凤相斗青铜塑像、长沙出土帛画上的凤龙相斗图像、江陵马山1号墓出土绣罗禅衣上的凤斗龙虎图像等。这些龙凤图像虽早已脱离了其原始躯壳，但仍可视为图腾的遗影。

二、崇巫

《大戴礼记·五帝德》称颂颛顼“履时以象天，依鬼神以制义，治气以教民，洁诚以祭祀，乘龙而至四海”。《国语·楚语下》说，颛顼之世，“民神杂糅，不可方物；夫人作享，家为巫史”。颛顼既是一位部落首领，也是一个威灵显赫的大巫，他所在的那个部落里，人人祭鬼神，家家有巫史。颛顼部落崇巫信神的习俗，被楚人承袭下来。《列子·说符》云：“楚人鬼，而越人禨。”《汉书·地理志》载：“楚地……信巫鬼，重淫祀。”东汉王逸《楚辞章句》说：“昔楚南郢之邑，沅、湘之间，其俗信鬼而好祀，其祀必使巫觋作乐，歌舞以娱神。”唐元稹《赛神》诗：“楚俗不事事，巫风事妖神。事妖结妖社，不问疏与亲。”《岳阳风土记》曰：“荆湖民俗，岁时会集或祷祠，多击鼓，令男女踏歌，谓之歌场，疾病不事医药，惟灼龟打瓦或以鸡子占卜，求祟所在，使俚巫治之。”湖南长沙等地出土的楚帛书和帛画，内容大都和天地神祇、人鬼占卜有关。楚人淫祀之俗由来已久，早在颛顼之世已开崇巫的先河。

三、尚钟

我国古代乐器，按制作材料分为八大类，名曰“八音”，即金、石、丝、竹、匏、土、革、木，其中金为八音之首，代表乐器就是钟。颛顼是一个崇尚音乐的部落，因为祭祀的需要而制作了钟。《世本·作篇》载：“颛顼命飞龙氏铸洪钟，声振而远。”传说最早铸钟的是黄帝的臣子伶伦与荣将。大约飞龙氏较伶伦、荣将在制钟技术上有了明显的提高，所以声闻远炽，特别洪亮清脆。楚人既为颛顼的后裔，以钟为群乐之首，崇尚之风甚盛。《楚辞·招魂》描绘楚国朝聘宴享时“铿钟摇簴”，直使“宫廷震惊”。王公贵族死后，以钟随葬，用以显示自己的显赫声威和文化素质，传世和零星出土的有楚公钟、楚公逆钟、楚王领钟、楚惠王钟等。出土成套编钟的有楚幽王墓、下寺春秋楚墓、信阳长台关楚墓、临澧 1 号墓等。楚人远思冥索，耽于玄想，偏于情感，倾向逸乐，崇乐尚钟，不仅仅是由于受到奇杰伟丽的荆山楚水激发，更有其悠久的文化传统与历史渊源。

四、历法

历法是人类根据农业生产的需要和长期对天象观察的结果而发明的。相传颛顼作历，被尊为“历宗”。系统的颛顼历完成于周代，它以一回归年为 $365\frac{1}{4}$日，一朔望月为 $29\frac{499}{940}$日，以立春为一年节气的计算起点，即以孟春之月为元。东周列国中周王室与鲁国以冬至所在之月为年首，称“周正”；齐、晋等以立春所在之月为年首，称“夏正”；只有秦、楚两国历法的年首在夏正十月，称“颛顼历”。楚历以夏正十月为首月，立冬、小雪就在这个月份，可见楚历对于农业生产似无多大意义。楚用《颛顼历》很可能出于宗教原因，大约与其始祖颛顼的传说有关。

第二章　楚人立国与建都

夏商时代，祝融八姓的分布呈星散之势，这个大的部落集团逐渐解体，如董姓中的鬷夷、豢龙，被夏兼并；彭姓中的彭祖、豕韦、诸稽，被商灭亡。只有芈姓季连部落实力较强，成为复兴祝融集团的中坚。诚如《国语·郑语》所云："融之兴者，其在芈姓乎？"芈姓季连部落在上古民族冲突的旋涡中，在敌对集团的逼迫和打击下，逐渐南徙，并于西周初年正式在丹阳建都立国，从此掀开了楚人历史上崭新的一页。

第一节　楚部族的南迁

季连是颛顼的后裔，属祝融集团中"八姓""六子"之一。《史记·楚世家》称："季连，芈姓，楚其后也。"表明季连部落以楚为号是后来的，起初只称"季连"，并不叫"楚"。

季连部落何时以楚命名，史无详载。据周原甲骨 H_{11}：83："曰今秋，楚子来告父后哉"的刻辞，以及《史记·楚世家》"熊绎当周成王之时，举文、武勤劳之后嗣，而封熊绎于楚蛮，封以子男之田，姓芈氏，居丹阳"等有关文献记载，可知楚人原是中原地区华夏集团的一支，其早期居地在今河南中部一带，考古资料表明，中原龙山文化就是早期华夏文化，约在仰韶文化晚期与龙山文化时代，中原地区的原始居民已经开始步入文明社会。夏商时期，祝融八姓大都为夏或商的方国，季连部落很有可能在这时期进入文明时代，在夏商王朝的威逼下，被迫南徙，并于商周之际，在丹阳地区建立了部落国家，这个部落国家的名字就叫"楚""荆"或"荆楚"。

"荆"与"楚"为同义语，本是一种植物的两种名称。《说文》：

“荆，楚木也。”《诗·小雅·渐渐之石》笺云：“荆谓楚也。”《左传·宣公十二年》杜预注：“荆，楚也。”《史记索隐·廉颇蔺相如列传》：“荆，楚也，可以为鞭。”《穀梁传·庄公十年》：“荆者，楚也。”《春秋·庄公十年》孔颖达疏曰：“荆、楚，一木二名。”可知荆乃指木，其意与楚相通。至于楚，《说文》：“楚，丛木，一名荆也。”《仪礼·士丧礼》和《礼记·学记》郑玄注以及《广雅·释木》并谓：“楚，荆也。”《周礼·春官》“序官”疏云：“楚即荆。”《淮南子·人间训》高诱注：“楚，大荆也。”《诗经·周南·汉广》：“言刈其楚。”《集传》：“楚，木名，荆属。”孔颖达《左传正义》云：“荆楚，一木二名，故以为国号，亦得二名。”俞樾《释荆楚》云：“楚之见于春秋也，始于庄公之十年，其称曰荆，至僖公之元年乃始以楚称。……荆与楚其意同，楚之为荆，犹田之为陈耳。荆者，楚之本号也，自楚之号盛行，而人之恒言亦或言楚而不言荆。……是故荆之与楚，乃古今之异言，因其荆而荆之，因其楚而楚之，乃临文之常例，后人因荆楚异文曲为之说，斯亦儒者之蔽也。”由此可知，荆与楚之间本是一而二，二而一的关系，原为木名，后来演化为季连部落的族名或国名。楚人立国之前，由于种种原因，曾经多次迁徙，其迁居的地点，有楚丘、荆山等，大约这些地方荆木丛生，可以用来编篮、织筚、做矢和钗，因其和人们关系密切，所以居住在这里的原始居民，便取荆楚为本族的名称。

“楚”字多见于甲骨文，从其结构来看，可分为四种不同类型①：

① A 型。所见三例，皆出自《殷契粹编》：

> 岳于南单，岳于三门，岳于“楚”。（粹·七三）
> 于“楚”又（有）雨。（粹·一五四七）
> 甲申卜，舞“楚”亯。（粹·一三一五）

① 王光镐．楚文化源流新证［M］．武汉：武汉大学出版社，1988：49-50．（原文所举甲骨文字形略，请参见原书。）

②B 型。其例有三：

妇“楚”。（丙·六三）
妇“楚”来。（缀合·二一九反）
辛卯妇“楚”。（虚·二三六四）

③C 型。共二例，出土于陕西周原：

曰今秋“楚”子来告父后哉。（H_{11}：83）
其微、“楚”□乎尞，师氏受尞。（H_{11}：4）

④D 型。仅见一例，亦出于周原卜辞：

“楚”伯迄今秋来，甶于王其则。（H_{11}：14）

上述四型无不从林，其所从之林，为林木或丛木之意；而所从之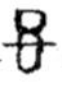，从口与从方同意，方即国家，殷代部族多称为方，口像国邑，即居邑之形，在口下，像足趾之形，有居留之意。引申而言则为居邑于林之中。殷墟甲骨文中所见“楚”皆地名之称，实则因为有人居邑于楚木丛林中之故。换句话说，人们便称那些居于荆楚丛林中的部族为楚，此即古人所谓“以居为氏”。“楚为丛木是人们早在甲骨文时代以前就已形成了的概念，因而在甲骨文中才会出现以楚命名的地名和族称。”[①]

至于荆字，甲骨文虽无，但屡见于铜器铭文。西周前期金文中的“荆”字，在贞簋、师虎簋、过伯簋、史前盘上，也分为四型。《说文》：“荆，楚木也，从艹，刑声。”金文荆字本不从艹，而“刑声”之

① 段渝．荆楚国名问题［J］．江汉论坛，1984（8）．

说亦难成立。强运开《古籀三补》谓荆字“盖从井得声”。所说比较合理。荆字所从之右半边“刂”，原是甲骨文和金文中的耒字。古代的耒最初是一尖头木棒，后来逐渐发展到下端歧出分杈的形制，取材于荆楚一类树枝丛木。由此看来，古代季连部落以荆楚命名的次序，大概是最初称“楚”，后又叫“荆”或“荆楚”，而非传统史学所主张的“先荆后楚”。

楚为“中原之旧族”，早在商代后期，楚之始祖季连就活动在今河南郑州附近地区。清华简《楚居》云：“季连初降于郻山，抵于穴穷。前出于乔山，宅处爰波。逆上汌水，见盘庚之子，处于方山，女曰妣隹，秉兹率相，詈胄四方。季连闻其有聘，从，及之泮，爰生郢伯、远仲。游湍洋，先处于京宗。”这里提到的郻山即大騩山，也就是具茨山，在今新郑市西南 20 千米，位于新密、新郑、禹州三市之间；“穴穷”或释为“穴熊”，当即文献记载的“有熊”，系黄帝所都的“有熊氏之墟”，位于今新郑市区；“乔山”或即鄗山，在荥阳市北黄河南岸，南距“穴穷”约 60 千米；“汌水”疑即“汜水”，在今荥阳市汜水镇附近；“方山”又称浮戏山，位于荥阳市南与新密市交界处；“京宗”即京地，位于荥阳市东南约 10 千米的豫龙镇京襄城村。京地之所以称“京宗”，可能是楚族聚居的中心聚落又是其宗庙所在地。[①] 由此可知，楚族的最早居地在今嵩山附近的郑州一带，后来又北徙至豫北、鲁西一带的楚丘。杜勇认为：“从（清华简《楚居》）騩山、乔山、京宗等第一组地名所涉地域看，基本集中在今河南洛阳附近，此即季连部落早期活动的地方，亦即楚人的族源地……楚人源于中原，地近洛阳，其后北迁殷商腹地，盘桓楚丘一带……待熊绎之时，楚人南迁丹水之阳，立国江汉。”[②] 如将“洛阳”改为“郑州”，这种说法就是更加使人信服。

季连部落从居楚丘时起，就不再称芈氏部族，而以所居之地楚丘，

① 郑杰祥．郑州商城与早商文明［M］．北京：科学出版社，2014：266–269．
② 杜勇．清华简《楚居》所见楚早期居邑考［J］．中国国家博物馆馆刊，2013（11）．

改名为荆楚部落了。《诗经·商颂·殷武》云：“维女荆楚，居国南乡。昔有成汤，自彼氐羌，莫敢不来享，莫敢不来王，曰商是常。”早在商汤时期，已有以“荆楚”命名的部落或方国存在。

楚人所居之地，或以“楚丘”命名。春秋之时，中原地区有两个楚丘。《春秋·隐公七年》：“戎伐凡伯于楚丘以归。”杜预注：“楚丘，卫地，在济阴城武县西南。”《汉书·地理志》载，山阳郡城武县有楚丘亭。顾炎武《日知录》卷三十云：“夫济阴之城武，此曹邑也，而言卫非也。”杨伯峻《春秋左传注》云：“楚丘当为戎州己氏之邑，地界曹国与宋国之间。据《一统志》，楚丘城在今山东省成武县西南、曹县东南三十里。杜注以为卫地，误，详《春秋大事表》。”此楚丘属戎非卫，杜预误以为卫地，乃南楚丘。《左传·僖公二年》：“诸侯城楚丘而封卫焉。”《水经注·瓠子河》引京相璠曰：“今濮阳城西南十五里有沮丘城，六国时沮、楚同音，以为楚丘。”其地在今河南滑县东，是为北楚丘。战国初期屭羌钟铭中的“楚京”或为南楚丘。《诗经·鄘风·定之方中》：“升彼虚矣，以望楚矣。”所望之楚应是北楚丘。南北楚丘距濮阳不远，均属颛顼旧壤，为楚人的早期居地。

历史上的楚人喜迁徙是其一个明显的特点。从始居楚丘到南徙丹阳，其间经过了一个漫长的历史阶段。关于其迁徙路线，何光岳考证荆楚部族在立国前，其居住和迁移地共有七处：一、最早为今滑县东的北楚丘。《路史·国名纪丁》所引“许氏叔重谓尧以楚伯受命”即在此处。二、不久，又迁到今山东曹县东南的南楚丘。三、其后向西南迁至熊。据《路史·后纪八》：“伯禹定荆州，季芈实居其地，生附叙，始封于熊，故其子为穴熊。”熊为黄帝有熊氏之墟，在今河南新郑。四、接着，向南迁至熊山，在今郾城东南三十五里。五、其后，又向西迁于荆山，在今河南禹州西北五十里。六、之后，西迁至今河南灵宝西南三十五里的荆山，又名覆釜山。七、以后，又迁至今陕西大荔朝邑镇西南的北条荆山。大约于商末，荆楚部族又由渭水以北的荆山，南渡渭水，经今西安市，再溯今灞水支流的荆溪河谷向东南迁，在今陕西商州的楚山和楚水之间立国建都，后又徙都于今河南淅川。[1] 这条迁徙路线先是自北而南，又折而西走，然后再向东南方向转移，曲折迂回，绕了一个大弯。若将楚的始都丹阳定在陕西商州，那么楚人南徙路线势必与此近似。这是荆楚迁徙西线说。

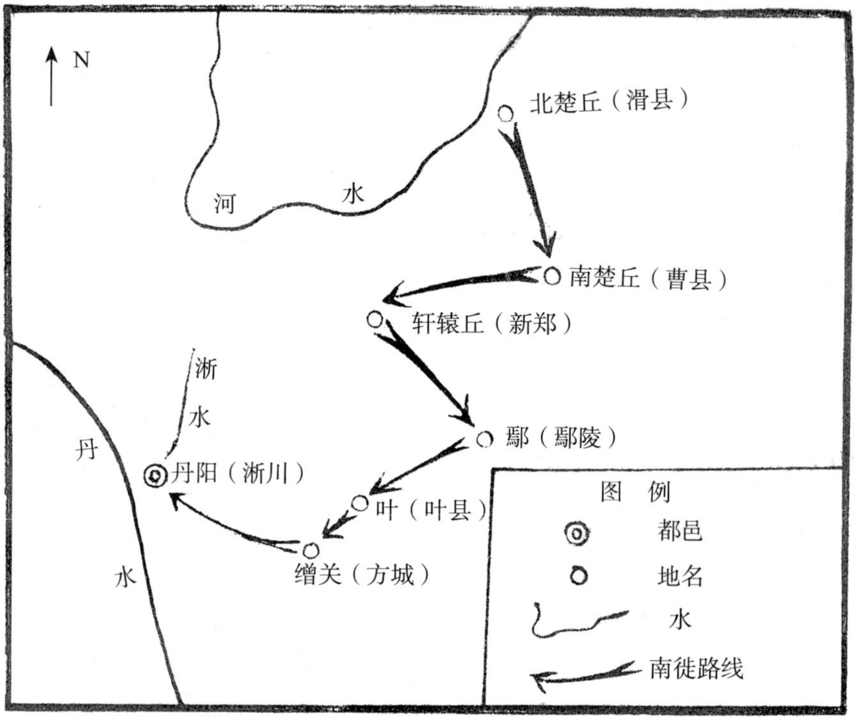

图 2-1　楚族南徙路线图

谭戒甫曾考证楚人初居今河南新郑，他说："考楚的先公中，初有穴熊，复有鬻熊，自后即以熊为氏。然则楚部落初居有熊氏故墟，即新郑之地，是没有疑问的。"[2] 但他在一次演讲中，却认为楚族的迁徙路线，是自西而东，然后折而南下，接着沿长江由东向西发展："楚到山

① 何光岳. 荆楚的来源及其迁移［J］. 求索，1981（4）.

② 谭戒甫. 周初夨器铭文综合研究［J］. 武汉大学人文科学学报，1956（1）.

东后，由于周族的发展，楚又被迫向南迁徙到今江苏的丹阳，丹阳这个名称也是楚迁移时带来的。”[①]此丹阳在今安徽当涂县境。郭沫若在《殷周青铜器铭文研究》《两周金文辞大系图录考释》中说：“淮夷即楚人，亦即《逸周书·作雒解》中之‘熊盈族’。”“楚之先祖实居淮水下游，与奄人、徐人等同属东国……熊盈当即鬻熊，盈、熊一声之转。熊盈族为周人所迫，始南下至江，为江所阻，复西上至鄂。”其看法与谭说颇类，可称之为荆楚迁徙东线说。

顾铁符主张楚人的早期居地在今河南新郑和许昌附近的鄢陵。“现在河南省的鄢陵县，在古代就叫鄢，它的故城在今治西北约二十里。它西北约九十里，就是祝融之墟的郑；西南四十五里，就是昆吾的旧居许。所以芈姓的故地很可能就在鄢陵境内。……鬻熊所以要放弃世世代代躲在那里的原来的根据地，迁到丹阳来定居，主要原因是商末帝乙、帝辛扩张之势力，尤其发展东夷的武力，使居住在鄢陵一带的芈姓腹背受到严重的威胁。鬻熊为保住他们一族人的安全，就扶老携幼带着阖族的人，冒着艰险，背井离乡回避他们的锋芒，求得继续生存下去，逃到丹阳来定居。”[②]他将楚人迁移的起点考定在今河南中部地区。

李玉洁认为：“在夏的同盟者被伐灭以后，夏朝也随之灭亡了。在这种情况下，祝融部落联盟的一支芈姓季连部落迫于商的威慑，从新郑一带，顺禹县、叶县这条古代的通路逐步南迁到淮水以南、汉水流域和荆山地区，与当地土著民族相结合，从而形成一个新的民族，即商周文献所称‘荆楚’‘荆蛮’‘楚蛮’‘蛮荆’民族，早先，它们均为泛称，后来逐步成为专名。”[③]在楚人南迁路线上，这种观点基本上与顾说一致，可称之为荆楚迁移中线说。

上述三说中，东线说以安徽当涂为楚始都丹阳，与史不符。西线与中线均以河南淅川之“丹淅之会”为丹阳所在，可谓殊途同归。但相比

① 谭戒甫．楚的开国史［M］．1962年11月7日在湖南师范学院讲演稿．

② 顾铁符．周原甲骨文《楚子来告》引证［J］．考古与文物，1981（1）．

③ 李玉洁．楚史稿［M］．开封：河南大学出版社，1988：6．

之下，西线路程太长，不便于大规模的流动迁徙，而中线行程较短，实为可取的捷径。古代楚与中原之间的交通路线甚多，其中最著名的为“三鸦路”和“夏路”。“三鸦路”从南阳盆地，循白河北上折入鸦河，沿鸦河河谷，逾伏牛山分水岭下瀼河河谷，进入豫西伊、洛、汝流域，可达洛邑。“夏路”起自南阳盆地，出方城关隘——缯关，过叶（今河南叶县西南）经郑（今河南新郑）、棐林（今郑州市东南）、管（今郑州市），北上至板城渚口（今河南荥阳北）渡河至邢丘（今河南温县），西走“轵道”，可抵新田（今山西侯马）。根据商代的政治斗争形势，结合中原的交通路线，大体而言，推测楚人南迁的路线，为自北楚丘出发，经南楚丘而抵达新郑，辗转至鄢，经叶进入方城，最后到达丹淅交会处，建都立国，开创了荆楚历史上的新篇章。

第二节　楚在中原南部边陲建国

楚人举族南迁后，最早以中原南部边陲的丹阳为居地，并在此建都立国，开创了长达800年的宏伟基业。一部气势磅礴的楚国历史，只有从始都丹阳写起。

楚人何时建都丹阳，史乘所记有二说。

一为鬻熊始居说。《左传·桓公二年》孔颖达《正义》引《世本》云：“楚鬻熊居丹阳，武王徙郢。”鬻熊，商末周初楚部族方国的首领。在芈姓楚人的谱系中，占有十分显赫的地位。《左传·僖公二十六年》：“夔子不祀祝融与鬻熊，楚人让之。”这里除了提到祝融外，仅只说鬻熊一人。可见在楚人的心目中，他和祝融一样是了不起的“英雄人物”。《史记·周本纪》：“伯夷、叔齐在孤竹，闻西伯善养老，盍往归之。太颠、闳夭、散宜生、鬻子、辛甲大夫之徒皆往归之。”《集解》引刘向《别录》曰：“鬻子名熊，封于楚。”《史记·楚世家》：“周文王之时，季连之苗裔曰鬻熊，鬻熊子事文王，蚤卒。”后来又云：“（楚武王）三十七年，楚熊通怒曰：‘吾先鬻熊，文王之师也，早终。’”又《太平御览》四〇〇卷引《史记》："文王为西伯。鬻熊者，为文王师，有功于文王。"今本无此文。《汉书·艺文志》在《鬻子》二十二篇之下注曰："名熊，为周师，自文王以下问焉，周封为楚祖。"唐代逄行珪《鬻子·序》："鬻子，名熊，楚人也。周文王之师也，年九十见文王，王曰：'老矣！'鬻子曰：'使臣捕兽逐麋已老矣，使臣坐策国事尚少也。'文王师之。著书二十二篇，名曰《鬻子》。"宋刘恕《通鉴外纪》有类似记载："鬻子名熊，即其（季连）苗裔也。年九十，见周昌，昌曰：'老矣！'鬻子曰：'捕虎逐麋，臣已老矣；使臣坐而策国事，臣尚少也。'"鬻熊既然"子事文王"和"为文王师"，表明他具有显赫的社会地位。

楚人奉祀的鬻熊，是以政治家兼思想家的形象载入史册的。相传他著有《鬻子》一书，《汉书》《新唐书》的《艺文志》，《隋书》《旧唐书》的《经籍志》以及《通志·艺文略》等，都将它列入道家。顾实《汉书艺文志讲疏》论及此书时说："《鬻子》非专记鬻熊之语。故其书于文王、周公、康叔，皆曰昔者。昔者，后乎鬻子之言也。古书不必手著，《鬻子》盖康王、昭王后，史臣所录，或鬻子子孙所记。"因而《鬻子》为后人摭拾传闻，代为立言而作，难免掺杂有记录者的思想和语言，但其学术价值却不可低估。《文心雕龙·诸子》篇说："至鬻熊知道，而文王咨询，余文遗事，录为《鬻子》。子目肇始，莫先于兹。"《鬻子·序》云："王者览之，可以理国，吏者遵之，可以从政，足使贤者励志，不肖者涤心。"它是探索道家学说渊源的重要著述。因而鬻熊被誉为"道家学派的开山祖"，"在我国古代的学术史上，不失为一个披荆斩棘的开风气之先的人物"[①]，成了开创楚国基业的一代先驱。

二为熊绎始居说。《史记·楚世家》："熊绎当周成王之时，举文、武勤劳之后嗣，而封熊绎于楚蛮，封以子男之田，姓芈氏，居丹阳。"熊绎也是楚君中富有传奇色彩的人物。据楚的谱系，鬻熊子曰熊丽，熊丽生熊狂，熊狂生熊绎。因而熊绎为鬻熊的曾孙。《左传·僖公二十六

① 顾铁符．周原甲骨文"楚子来告"引证［J］．考古与文物，1981（1）．

年》孔颖达《正义》云："（鬻熊）曾孙熊绎，成王封于楚，是祝融、鬻熊皆为楚之远祖也。"《左传·昭公十二年》记楚灵王与右尹子革的一段对话："（楚灵王）曰：'昔我先王熊绎与吕伋、王孙牟、燮父、禽父并事康王，四国皆有分，我独无有。今吾使人于周，求鼎以为分，王其与我乎？'（子革）对曰：'与君王哉！昔我先王熊绎辟在荆山，筚路蓝缕，以处草莽，跋涉山林，以事天子，唯是桃弧棘矢以共御王事。'"杜预对熊绎所作的注为："楚始封君。"《国语·晋语》载叔向与赵文子的谈话中，论及："昔成王盟诸侯于岐阳，楚为荆蛮，置茅蕝，设望表，与鲜牟守燎，故不与盟。"一般认为守燎的楚君即熊绎。熊绎虽贵为楚君，但乘柴车，着敝衣，生活极其简朴，四处奔波，为周天子效力。熊绎对周天子所尽的职分为：一是守燎以祭天；二是贡苞茅以缩酒；三是贡桃弧、棘矢以禳灾。"显而易见，熊绎这位国君实为酋长兼大巫。"[①]熊绎虽系成王所封之楚君，但楚之立国却非自熊绎始，诚如清梁玉绳《史记志疑》云："丽是绎祖，睢为楚望。然则绎之前已建楚国于楚地，成王盖因而封之，非成王封绎始有国耳。"鬻熊被称为"楚祖"，熊绎被称为"先王"，他们之间的共同特征为：二人都是曾经有过双重身份的人，即楚族内周朝外他们是君主，楚族外周朝内他们是臣属。

始居丹阳之楚君究竟为谁？按《世本》说为鬻熊，按《楚世家》说为熊绎。不过，古人所说的封，常常就他原住的地方扩充并划定疆界，加以封号，二说中间的区别不大。由此可知，鬻熊始居丹阳，而熊绎则继承祖业，仍在原地居住，只是加上封号，受到周天子的正式批准认可罢了。

第三节　众说纷纭的丹阳地望

在楚国历史上，丹阳的地望问题是史家争议颇多而又一直未能彻底

① 张正明．楚文化史［M］．上海：上海人民出版社，1987：20.

解决的重大学术问题。学术界对此分歧很大，有多种说法，归纳起来，目前流行的为如下诸说。

一曰当涂说。《汉书·地理志》“丹扬郡丹阳县”下班固原注：“楚之先熊绎所封，十八世，文王徙郢。”而其志后总论又言：“吴地斗分壄也，今之会稽、九江、丹阳、豫章、庐江、广陵、六安、临淮郡，尽吴分也。”此丹阳即今安徽当涂县东的小丹阳。《史记集解·楚世家》引东晋末刘宋初时人徐广云：楚丹阳在“南郡枝江县”。北魏郦道元《水经注》卷三十四亦驳班说：“《地理志》以为吴子之丹阳……寻吴、楚悠隔，褴缕荆山，无容远在吴境，是为非也。”清王先谦《汉书补注》又驳徐、郦云：“《楚世家》：‘熊绎居丹阳。’徐广注：‘丹阳在南郡枝江县。’《江水》注亦以此《志》为非，地说并不从之。王鸣盛云：《左传》‘筚路蓝缕以启山林’，宣十二年文，指若敖、蚡冒言。又‘僻在荆山，筚路蓝缕，跋涉山林’，昭十二年文，则指熊绎言。郦氏引此驳班，似也，但楚境大矣，即使蓝缕启山在荆州，熊绎始封何妨在扬州丹扬？周成王时，吴尚微甚，其地狭小，僻在苏松一隅，何知丹扬郡之丹阳，必吴境非楚境乎？《志》后总论一段，以丹阳为吴分，此班氏就晚周之吴境言之耳，其实丹阳未必吴始封即得也。先谦案，王说是也。陈宣帝诏云：‘龙山南指、牛渚北临，迩熊绎之遗封，对全琮之旧垒。’即本班《志》为文。《吴录》载张纮言于孙权曰：‘秣陵，楚武王所置，名为金陵。’是春秋之初，江南犹为楚境。庆封在朱方，今之丹徒，以距楚疆不远，灵王故能伐而取之。伍子胥潜行入吴，乞食投金于溧阳境内，则溧阳在平王时为吴边邑。可见江南乃楚国累世经营之地，始封在此，未必定非。世代绵远，载籍阙如，徐广之言，亦无确证，似不若班、张近古，闻见较有可凭也。”今人谭戒甫亦云：“楚到山东后由于周族的发展，楚又被迫迁徙到今江苏丹阳，丹阳这个名称也是楚迁移时带来的。”[①] 此“江苏丹阳”所指实即安徽当涂之丹阳。王玉哲认为楚族系

① 谭戒甫．楚的开国史［M］．1962 年 11 月 7 日在湖南师范学院的讲演稿．

由河南东部徙居于苏、皖境，到熊渠时始沿江西上，因而“楚之先王熊绎所居之丹阳，当以此地最近情理”。[①] 极力推崇当涂说。

二曰秭归说。《山海经·海内南经》载：“夏后启之臣曰孟涂……居山上；在丹山西。丹山在丹阳南，丹阳居属也。”东晋郭璞注云：“今建平郡丹阳城秭归县东七里，即孟涂所居也。”北魏郦道元《水经注·江水》引东晋袁崧《宜都记》曰：“秭归，盖楚子熊绎之始国。”并指出：“丹阳城，城据山跨阜，周八里二百八十步。东北两面，悉临绝涧。西带亭下溪，南枕大江，险峭壁立，信天固也。楚子熊绎始封丹阳之所都也。《地理志》以为吴之丹阳。论者云：寻吴、楚悠隔，褴缕荆山，无容远在吴境，是为非也。又楚之先王陵墓在其间，盖为征矣。”郭璞、袁崧和郦道元均主张楚都丹阳在今湖北秭归县境，尤其是郦道元《水经注》一书，对后世影响甚大。许多方家，均从此说。如：

秭归县东有丹阳城，周回八里，熊绎始封也。（南北朝陈顾野王《舆地志》）

“熊绎墓在归州秭归县。”又说：“归州秭归县丹阳城，熊绎之始国。”（唐李泰《括地志》）

（丹阳）在秭归东七里，楚之旧都也。周成王封熊绎于荆丹阳之地，即此也。（唐李吉甫《元和郡县图志》）

周成王封楚熊绎，始居丹阳。今归州秭归县东南故城是也。（唐李贤等注《后汉书·南蛮列传》）

丹阳城在秭归东三里，今屈沱楚王城是也，北枕大江，周十二里。（宋王象之《舆地纪胜》）

丹阳城即楚王城，今长宁千户所城是也。（宋祝穆《方舆胜览》）

---

① 王玉哲．楚族故地及其迁移路线［C］// 周叔弢先生六十生日纪念论文集．香港：龙门书局，1951．

《舆地纪胜》《方舆胜览》将丹阳与具体古城联系起来，所指系今秭归东南部的长江南岸旧洲河一带楚台山上的“楚王城”，这与《水经注》丹阳在长江北岸的说法稍有差异。

当代学者中，杨宽认为：“用文献记载来比较推敲，丹阳在今秭归县东南的说法，比较合理，因为它离荆山和沮水较近。”[①]因而，赞成丹阳即秭归“楚王城”。刘彬徽则主张在江北，他根据中国科学院考古研究所长江队进行试掘的鲢鱼山遗址，认为“此地西距秭归县 7.5 里，位于长江北岸，与《水经注》所记的丹阳城位置大体相符（距县城七里）”。[②]文必贵亦同此说。[③]

三曰枝江说。《史记正义·楚世家》引东汉颍容所撰《春秋三传例》云：“楚居丹阳，今枝江县故城是也。”汉末三国时人宋衷注《世本·居篇》亦云：“丹阳在南郡枝江县。”《史记集解·楚世家》引东晋末刘宋初人徐广的话说：楚丹阳“在南郡枝江县”。此外，晋司马彪《续汉书·郡国志》“南郡枝江县”原注云：“枝江侯国，本罗国，有丹阳聚。”当代学者中也有不少人赞同此说。如黄盛璋、钮仲勋云：“从荆山与郢的位置来考察，枝江说法较合乎事实。……楚都丹阳应即在此，它介于荆山与郢（纪南城）之间，楚沿沮、漳水上游往下游发展，经过这里，最后才到了江陵的郢，而江陵亦为沮水汇江之处。”[④]俞伟超通过实地考察，“感到还是枝江之说可能性最大。……楚文王时，就把都城迁到了郢（今江陵纪南城）。楚人把都城东徙江陵，显然是为了控制江汉平原，便于北进到河南南部，淮河流域”。[⑤]高应勤、程耀庭通过考古调查发掘，认为湖北当阳草埠农场季家湖西岸的季家湖古城址，可能是楚都丹阳城。[⑥]因为此地原属枝江所辖，为枝江说提供了一个新的例证。

① 杨宽. 西周时代的楚国［J］. 江汉论坛，1981（5）.
② 刘彬徽. 试论楚丹阳和郢都的地望与年代［J］. 江汉考古，1980（1）.
③ 文必贵. 秭归鲢鱼山与楚都丹阳［J］. 江汉论坛，1982（3）.
④ 黄盛璋，钮仲勋. 楚的起源和疆域发展［J］. 地理知识，1979（1）.
⑤ 俞伟超. 关于楚文化发展的新探索［J］. 江汉考古，1980（1）.
⑥ 高应勤，程耀庭. 谈丹阳［J］. 江汉考古，1980（2）.

四曰淅川说，或称丹淅之会说、丹淅说。《史记·韩世家》载韩“与秦共攻楚，败楚将屈丐，斩首八万于丹阳”。唐初司马贞《索隐》云：“故楚都，在今均州。”丹淅之会于唐代初年地属均州，这是楚都丹阳淅川说的最早记述。清宋翔凤《楚鬻熊居丹阳武王徙郢考》一文，在对秭归说和当涂说批驳的基础上，认为楚丹阳在丹淅之会。他说：

> 《史记·秦本纪》：惠文王后十三年，“庶长章击楚于丹阳”。《楚世家》亦言：“与秦战丹阳，秦大败我军，遂取汉中之郡。”《屈原传》作“大破楚师于丹、淅”。《索隐》曰“丹、淅，二水名也。谓于丹水之北，淅水之南，皆为县名，在弘农。所谓丹阳、淅”是也。案《汉志》“弘农郡丹水”，“水出上雒冢领山，东至析入钧。密阳乡，故商密也”。淅即析县，并在河南南阳府内乡县境内。《水经》：“丹水出京兆上洛县西北冢领山东南。过其县南，又过商县南。又东南至于丹水县，入于均。”郦注：“丹水通南阳郡……以迳丹水县故城西南。县有密阳乡，古商密之地……春秋之三户矣。……又南迳南乡县故城东北……又东迳南乡县北。……丹水迳流两县之间，历于中之北，所谓商于者也。故张仪说楚绝齐，许以商于之地六百里，谓以此矣。《吕氏春秋》曰：“尧有丹水之战以服南蛮。即此水也。又南合均水，谓之析口。”是战国丹阳在商州之东，南阳之西。当丹水、析水入汉之处，故亦名丹析。鬻子所封正在于此。

此说对后世影响甚大，被誉为“宋氏楚丹阳一地的考定，对于中国古史上有很大的贡献”。①受到当代学者的重视。吕思勉指出：“宋翔凤谓在丹淅二水入汉处，与《左氏》昭公九年，王使詹桓伯辞于晋，

① 罗尔纲. 楚建国考［N］. 天津益世报“史学”第十八期，1935-12-24.

以楚、邓并举者相合，其说是也。”[①] 童书业在论及楚之最早封国所在时，也表示赞同宋说：“《史记》谓熊绎居丹阳，据宋翔凤考证，在今河南西南部丹、淅二水间。”[②] 顾铁符也认为：“关于丹阳究竟在哪里的问题，争论了一千好几百年，至今还没有得出结论。在这许多不同的主张中……丹淅说虽然提出比较晚，可是从各方面的条件来看……在几种说法中似乎是最有可能的一处。”[③] 此外，孙重恩、黄运甫《楚始都丹阳考辨》，冯永轩《说楚都》，裴明相《楚都丹阳试探》《再论楚都丹阳》，张西显《浅说楚都丹阳在淅川》，石泉、徐德宽《楚都丹阳地望新探》，石泉《楚都丹阳及古荆山在丹、淅附近补证》，张正明《楚都辨》等，均主此说。

五曰迁徙说。首创楚都丹阳迁徙说的为唐朝杜佑。他在《通典·州郡十三》中于“归州秭归县”条下提出：“楚熊绎初都丹阳，今县东南故城是也。”于“荆州枝江”条下又云：“枝江，古之罗国，汉旧县。楚文王自丹阳徙都，亦曰丹阳。其旧丹阳在今巴东郡。”按照杜氏的说法，楚旧都丹阳在秭归，后徙都枝江仍袭旧称，楚文王再迁江陵，称郢的同时亦曰丹阳。后世主此说者，不乏其人。清顾栋高《春秋大事表》云：“盖诸侯迁都，常仍旧名，故有两丹阳。”此两丹阳，分别指秭归与枝江而言。清宋翔凤《过庭录》主张楚之丹阳先在淅川，后徙湖北南漳：

> 鬻子后数世至熊绎，始南迁荆山，不通中国，而壹用力于蛮夷……昭十二年《左传》右尹子革言：“昔我先王熊绎，辟在荆山，筚路蓝缕，以处草莽。”此言荆山而不言丹阳，知熊绎是居荆山而非居丹阳者。荆山在湖北襄阳府南漳县西八十里，汉为临沮县治……鬻熊先封丹水之阳，熊绎始迁荆山之麓。……盖居荆山，则

① 吕思勉. 先秦史［M］. 上海：上海古籍出版社，1982.

② 童书业. 春秋左传研究［M］. 上海：上海人民出版社，1980：230.

③ 顾铁符. 周原甲骨文“楚子来告”引证［J］. 考古与文物，1981（1）.

汉水环其东北，足以北阻中国，东控汉东诸侯。既与诸夏为限，遂能壹用力于蛮夷，是熊绎之强大，由得荆山之险也。而《世本》不言熊绎居荆山者，以丹阳为周室所封，郢都后有城郭宫室，荆山则在山林草莽之间，同乎群蛮之俗，无可稽其定处，纪载阙而不详，故亦从其略也。

当代学者中主张迁徙说的，也不乏其人。如石泉、徐德宽认为，西周早期熊绎所居丹阳似当在陕西商县（即商州），西周后期迁至河南淅川："至于楚都何时由今商县迁往淅川县境，目前尚难确言，从《史记·楚世家》所记楚熊渠称王以及随后的楚国史事，可以看出至迟在周夷王时，熊渠称王前后，楚都当已在今淅川县境的丹阳。"又说："下至周夷王以前，数十年间，楚人终于在丹江下游今淅川县境的'丹淅之会'，建立了新都。按照中外历史上地名随人迁徙的惯例，于是丹阳之名也就移至下游新址。"① 蒙文通认为，丹阳先在淅川后迁秭归、枝江。② 安金槐则说："可能在相当于商代中期时，楚人的统治中心曾在荆山周围一带；到了商代后期的周王朝'奋伐荆楚'时，楚人就把统治中心迁徙到靠近周人的河南淅川境内的丹江沿岸的丹阳。所以在西周灭商后进行分封时，由于当时楚人的统治中心就在淅川境内的丹阳，故封楚于丹阳。随着形势的发展，楚人又把统治中心从河南淅川县境内的丹阳迁到鄂西的秭归、当阳或枝江一带，其统治中心仍称为丹阳。"③ 张正明认为楚丹阳原在淅川，后徙南漳："商末周初，荆人的残部主要是季连的芈姓后人，已西迁到丹水与淅水一带，以丹阳为中心，有酋长名鬻熊。……熊绎的国都也叫丹阳，但已不在丹水之阳，而在睢山与荆山之间，今蛮河中游近上游之处，即今南漳县城附近。楚人怀旧念祖，国

① 石泉，徐德宽. 楚都丹阳地望新探［J］. 江汉论坛，1982（3）.

② 蒙文通. 周秦少数民族研究［M］. 上海：龙门联合书局，1958：45.

③ 安金槐. 商代的楚文化遗存及其有关问题［C］// 楚文化研究论文集. 郑州：中州书画社，1983.

都虽迁，其名不改。”[①] 王光镐说：“但察史实，说丹阳必在一地并无具体的历史根据，相反，从古代民族‘不常宁，不常厥邑’，即‘不常安，有可迁辄迁’的普遍事实来看，丹阳的迁徙倒是更为可能的。况且那时它还根本没有一个固定的统治中心，还只是一个较落后从而更易迁徙的原始部族。……说西周楚丹阳先在淅川后在南漳，亦无非是说丹阳曾有迁移，在楚武王都郢前曾有两丹阳而已。”[②] 刘彬徽通过对各家学说的分析，认定“楚国初封之丹阳在秭归，后迁枝江，亦名丹阳”。[③] 顾铁符《楚三邑考》认为，楚熊绎“辟在荆山”的荆山，亦称丹阳：

> 一般的说法，楚人在迁都的时候，有把故都的地名带过去作为新都地名的习惯。这种习惯的起因：楚国人逐渐向南蛮地区发展，这些新的地区，不一定都有地名。有些是南蛮人起的地名，不一定符合中原人的习惯。另一方面，这种做法对一辈新从别处迁来的人来说，也可以从心理上起一定的安慰作用。这种方法用得次数多了，就成理所当然的习惯。……既然大家叫惯了丹阳，“荆山”就只有楚灵王、右尹子革等少数人才知道的掌故了。

他主张鬻熊所徙之丹阳在淅川，熊绎荆山亦称丹阳，在今湖北宜城。

此外，还有唐代张谓的长沙说等。

综上所述，可知在丹阳地望问题上，千百年来，一直是众说纷纭，实属千古未解的史谜之一。尚需我们认真对待，详加剖析，找出一个比较合理的答案。

---

① 张正明．楚文化史［M］．上海：上海人民出版社，1987：13-17．

② 王光镐．楚文化源流新证［M］．武汉：武汉大学出版社，1988：360-361．

③ 刘彬徽．试论楚丹阳和郢都的地望与年代［J］．江汉考古，1980（1）．

第四节　楚都丹阳在淅川

楚都丹阳在地望问题上之所以有如此巨大的分歧，主要是因为历史文献记载的不同，加上没有判定丹阳地望的统一标准，以及考古资料的匮乏。针对这种情况，王光镐提出判定丹阳地望的九条标准，美国学者蒲百瑞又列出六项原则。王氏标准如下：

①楚族起源之地。

②西周时期周、楚关系的亲疏及其交往的多寡。

③西周楚人与荆山的联系。

④丹阳与江、汉、沮、漳四水特别是沮、漳的联系。

⑤西周楚丹阳的地理形势。

⑥丹阳既为都邑，应以古城址为据。

⑦熊渠征伐及封三子事涉及楚丹阳的所在。

⑧考古材料。

⑨楚丹阳与早期楚郢都的联系。

依据上述判定丹阳地望的各项标准：当涂说渐为人们所摒弃，不再是楚丹阳地望有代表性的一说，故而已不足论；枝江说无一相符；秭归说各主要根据无一成立，反而处处与史不合；先秭归后枝江说的历史依据是不存在的，其关于熊渠由秭归迁枝江的设想也难以成立；淅川说除第七项不论外，尚存在几种不同情况。一种是与之极为相符，如第一、六、八项。第二种情况是在同一项之中部分相合部分相左，突出之例为第二项。第三种情况即彼此明显抵牾，如第三、四、五、九项。总之，淅川说与早期楚丹阳各特征皆合，可知鬻熊之时的丹阳在淅川。但此说又同熊绎之后丹阳的历史状况明显不符，说明熊绎受封前后，楚丹阳已有所迁徙，其具体地点为今湖北南漳。因而“楚丹阳居地似应先在淅川，后迁南漳。即综合了判定楚丹阳地望的历史标准及其他史实的考证得出的关于楚丹阳地望的完整结论”[①]。

美国西东大学亚洲学系教授蒲百瑞曾经引用埃尔文·洛斯在《史前的迁移·来自文化遗存的人类变动推论》中的一段话：“可能性的概念是科学方法的核心。一个人不能证明‘假说’的正确，只能说明它比其他任何选择更近于正确。必须不断从一种选择到另一种选择，抛弃不适合的假说，最后达到可能性最大的一种。”不采取这种方法，“把自己局限于单一假说的人，在情感上受其束缚，不能摆脱，只能各取所需而忽视与其假说相反的证据”。据此，将楚丹阳地望的各种意见，均作为供选择的假说，加以严格审查，从而提出六项鉴别原则：

①对原始史料提供的证据所做的一切合理解释都必须考虑和估价。

②除非能提出相反的可靠证据，一条较早的史料总比较晚的更为可据。

③不能假定古地名与今地名的一致或不一致，两者都必须通过论证。

④即使地名能追溯到统一王朝初期，仍不能假定为远古地名。

⑤不能保证一个特定地名只用于一个地点。

⑥关于丹阳讨论不能基于它在湖北西南部的先验假定。因为它违背了“多重假说法”。

根据原始文献资料，在年代上，丹阳可能至少在商周之际的鬻熊时代即为楚都（《世本》），其子（熊丽）或曾孙（熊绎）为周王始封（分别见于《墨子》《史记》）。在地理上，《史记》和《世本》所说丹阳表明早期楚都位近称为“丹”的地貌，而《墨子》说它在“雎山”。从直接地理证据看，当涂说显然有不可克服的困难；枝江说不能满足第三、第四两条原则；秭归说与第二、第四原则不符；在现存的文献中，没有关于丹阳迁移说的详尽记载，这一观点不能由历史地理或考古学证实，至少现在不能；淅川说有一个证据，表明汉以前（战国）那里已有丹

① 王光镐. 楚文化源流新证［M］. 武汉：武汉大学出版社，1988：308-359.

水，从第二条原则立场看，此一假说的处境胜于他说。因为对一个更古的（商周之际）丹阳而言，它具有最高的相对可能性。这一情况也适合于陕西商县（商州）说。

从间接地理证据看，即以不带“丹”字的地名——荆山和雎漳流域的位置来论证各种假说。南派枝江说和秭归说认为丹阳近于雎漳，不过，还没有提供古雎漳与今雎漳等同的可信证据；北派淅川说、商县说为相反说法提供了更坚实的证据，符合第三条原则。此外，《左传》关于雎漳楚祀典中占重要地位的记载出于公元前 5 世纪，因而它同当时楚都（郢）的位置有关，但这并不一定意味着它同早于前 5 世纪的丹阳位置密切相关。从第一条原则出发，没有绝对理由赞同丹阳近于雎漳之说。荆山与丹阳所在密切相关。南派认为荆山在湖北西部，北派提出河南西南部有多处荆山。荆山不止一处论题的一个重要暗示，符合第五条原则。看来以间接地理证据来试定丹阳的位置，因荆山、雎漳作为线索确定性的种种疑难，而陷入困境，故不像直接地理证据那样坚实。

从考古学证据看，安徽当涂说未能提出考古证据。枝江说主张今湖北当阳季家湖遗址为丹阳，但它属东周时期，所发现材料虽早于纪南城，但并无西周地层。这不符合第六条原则。秭归说排除了长江南岸的“楚王城”，因其地无汉以前地层。在江北鲢鱼山遗址发现的少数西周早期遗物，更近于巴蜀文化而不属于纪南城一带遗物，其居住年代与丹阳也不符合。淅川说提出丹江东的龙城遗址，下层已被丹江水库淹没，难以进行发掘。商县（商州）说举出的紫荆遗址，包含不同阶段的新石器时代遗存，上面虽叠压有西周地层，但当前尚未判定它有什么楚文化特色。因而迄今提出作为丹阳的任何考古遗址，其证据都不过是假设。“总之，直接地理证据最利于北说，但对于北说的三种说法（按即唐司马贞的丹淅说、清宋翔凤的丹汉说和今石泉的商县说）并无轩轾。但如把荆山列为证据，豫西南很可能有荆山，这就有利于淅川。不幸的是，对该地区最有希望的遗址（龙城）的发掘，只有在能采用水下发掘技术之后才能实现（历史地理提供的可能性有利于该地区，这表明龙城遗址的考察应属于优先地位）。”[①] 虽然这种分析没有得出结论性的成果，但蒲氏的倾向性是十分明显的，即“通过历史、历史地理、考证方法、地名多方面的考察，使他坚信楚丹阳丹淅说更为合理”[②]。如果对于王光镐关于丹阳迁徙南漳之说暂且不论，可知尽管王、蒲二人所采取的标准不同，但却得出了大体上一致的结论，可谓殊途同归。在丹阳诸说之中，相比之下，淅川说似占有较多可取之处。而且史证甚多，大体如下：

1. 楚人的早期居地在河南中部新郑一带

这一带即所谓的“祝融之虚”，这里又是祝融八姓分布的中心地带，从其南迁的路线来看，对于“淅川说”最有利，而与当涂、秭归、枝江、商县诸说皆不合。《诗经·商颂·殷武》中提及商王武丁征伐荆楚之事，诗中说：

> 挞彼殷武，奋伐荆楚，罙入其阻，裒荆之旅，有截其所，汤孙之绪；维女荆楚，居国南乡。昔有成汤，自彼氐羌，莫敢不来享，莫敢不来王，曰商是常。

史家在《商颂》的成书年代上有过争议。如《史记·宋微子世家》云：“（宋）襄公之时，修行仁义，欲为盟主。其大夫正考父美之，故追道契、汤、高宗，殷所以兴，作《商颂》。”裴骃《集解》引《韩诗》云：“《商颂》章句亦美襄公。”皆道《商颂》作于宋襄公之时。但司马贞《索隐》则提出不同的看法：“按：裴骃引《韩诗·商颂》章句亦美襄公。非也。今按：《毛诗·商颂序》云，正考父于周之太师‘得《商颂》十二篇，以《那》为首’。《国语》亦同此说。今五篇存，皆是商家祭祀乐章，非考父追作也。又考父佐戴、武、宣，则在襄公前且百许岁，

---

① ［美］蒲百瑞．探索丹阳［J］．江汉考古，1989（3、4）．

② 王雄．楚国历史与文化国际学术讨论会纪要［J］．江汉考古，1989（2）．

安得述而美之？斯谬说耳。”另据《史记正义佚文辑校》云：“正考父佐戴、武、宣公，见著于《孔子世家》。按：《年表》等在襄公前百年间，岂得正考父追道述而美之，斯太史公疏误矣！”由此可知，说《商颂》为正考父美襄公而作，乃司马迁的疏忽及裴骃的误解，实际上是没有根据的。东汉人郑玄对于《诗经·商颂·殷武》所作笺云：“殷道衰而楚人叛，高宗挞然，奋扬威武，出兵伐之，冒入其险阻，谓逾方城之隘，克其军率而俘虏其士众。”武丁伐荆楚时其兵所逾之方城，在今河南之方城县东北地方，即《左传》讲的“楚国方城以为城”，大约武丁之时，楚人或楚族的一部分已由中原迁移到南阳盆地，故而商伐楚时，其进军路线必须经过方城要隘。基于这种观点，孙重恩等人主张，“在殷代或殷代之前，楚之先族已住在南襄盆地或其西边缘地区，当无问题。……楚之先族的居住地作为殷人之南乡，可能一直维持到殷末。……我们认为楚在接受周王朝之封前，可能就已住在这个盆地的西部，即丹江下游，亦称李官桥小盆地。这就是丹江之阳的‘丹阳’。正因为这是楚族的久居之地，故周封时应以旧地相封，名之曰‘居丹阳’”①。

2. 早期楚人的迁徙，属于一个部落集团大规模的举动

选择新的根据地，一般就近避远，距离原居地不可能过于遥远。祝融集团的根据地在今河南中部，从其直线距离来看，当涂、秭归和枝江都在千里之外，楚族离开故乡，不仅需要千里迢迢的长途跋涉，而且至少一半的路程，是在未经人们正式开发的南蛮地区。只有淅川“离祝融集团的根据地路程不太远，不要经过高山大河以及漫长的未经开发的蛮荒地区，可以减少途中的伤病死亡等事故的发生，而安全到达目的地。就丹淅这处地方来说，当时地广人稀，土地肥沃，天气等自然条件和他们原来的根据地相差不大，在这里定居下来，生活上的困难，可能不算很大”②。

① 孙重恩，黄运甫．楚始都丹阳考辨［J］．郑州大学学报，1980（4）．

② 顾铁符．楚三邑考［C］//楚史研究专辑．武汉：湖北省楚史研究会，武汉师范学院学报编辑部．1982．

3.“丹阳”地名的由来，同带“丹”字的山和水直接有关

中国古代山南、水北谓之阳，因而其地应在丹山之南或丹水之北。当涂说赖以支撑的地名证据，为《晋书·地理志》：“丹阳山亦多柳。”但这一记载只能上溯到晋代，并不能说明“丹阳山”在先秦时即已存在。枝江说的依据，是《后汉书·郡国志》载枝江县有“丹阳聚”。这一带“丹”字的地名难以上溯到先秦时代，这里找不出有“丹”字名称的地貌。秭归说引《山海经》：“丹山在丹阳南。”晋人郭璞注释在秭归。丹山之北似应称“丹阴”而非“丹阳”。况且，将丹山与秭归联想在一起是出自晋代的注释家之手，因而其直接地理证据也不充分。淅川说不仅有最古老的地名为依托，而且此地名的产生又有其明显的地理依据。《史记》中屡次提及战国时秦曾与楚战于丹阳，此“丹阳”名称来源于古丹水。郭璞注《山海经·海外南经》引《竹书纪年》云：“后稷放帝朱于丹水。”《六韬》云：“尧与有苗战于丹水之浦。”《吕氏春秋·召类》称：“尧战于丹水之浦，以服南蛮。”尧之子朱所以取名丹朱，同其居于丹水有关，即“而丹朱之名丹，固因其处于丹水丹阳之故”①。另《括地志》：“故丹城在邓州内乡县西南百三十里，南去丹水二百步。”丹城即“丹朱城”。郭璞注《山海经·海内南经》：“今丹阳复有丹朱冢也。”丹朱故城与冢，均在今河南淅川县境丹水之滨。丹水发源于冢岭山南，即今陕西洛南、蓝田和商州交界处，西南流入商州、丹凤、商南，至河南淅川与淅水相会，南流注入汉水。关于丹水的得名，有两种说法：一曰与丹鱼有关。《抱朴子》云：“丹水出丹鱼，先夏至十日，夜伺之，鱼浮水侧，光照如火，网而取之，割其血以涂足，可以步行水上，长居水中不溺。”二曰与水土有关。丹水自商州以下至丹凤，两岸皆属红页岩、红砂岩和红土山岭，著名的丹崖山就在商南县，“山皆赤壁，亦曰红岩山”②。每逢大雨，江水颜色鲜红如丹。前说不足取，以后说为是。丹

① 杨宽．中国上古史导论·丹朱驩兜与朱明祝融［C］// 古史辨：第七册上编．上海：上海古籍出版社，1981．

② 顾祖禹．读史方舆纪要［M］．

水之称起源甚古。"丹阳"之名年代亦当久远。从冢岭山到丹淅之会处的丹水流域，均可称为丹阳。但从丹水源头到荆紫关段，丹水为群山所阻，水流湍急，不宜形成大的聚落中心。"荆紫关至析口（即丹析之会）段，河谷变宽，水流转缓，加之淇河、滔河、析水相继注入丹水，区内土地肥沃，视野开阔，为人类定居提供了良好的生活环境。"[①] 尽管商州和淅川都可称为丹阳，相比之下，淅川说比商县说占有更大的优势，即南迁的楚人所选择的居地只会是河南淅川而不可能是陕西商州。"淅川说的最后一个优点（胜于所有其他各说），是有证据说汉以前（战国）那里已有丹水。……它提供了一个今地名（丹水）可早到汉以前的最有力的证据。对一个更古的（商周之际）丹阳而言，它有最高的相对可能性。"[②] 今河南淅川县境的丹淅之间，正是战国时秦楚丹阳之战的地点。这里既位于丹水之阳（北岸），又在《水经注·丹水》所记丹崖山之阳（山在丹水南岸），所以无论从丹水看或从丹崖山来看，这里称为"丹阳"都是名副其实的。

4. 丹阳应在距离岐邑和丰镐不远的地方

商末周初，周、楚关系比较密切，彼此交往频繁，从文献记载和考古资料，均可找到佐证。《史记·楚世家》："周文王之时，季连之苗裔曰鬻熊。鬻熊子事文王。"陕西岐山周原甲骨文载：

> 曰今秋楚子来告父后哉。（H_{11}：83）
> 其微、楚□氒燊、师氏受燊。（H_{11}：4）

这里所说的"楚子来告"的楚子，或指鬻熊，或指熊绎。另据《尚书·牧誓》等，这里提及的"微"，是随武王伐纣于牧野的八国之一。楚君鬻熊、熊绎等人，往返于丹阳与岐阳之间，不辞辛苦，为周效力。

① 王建中. 楚初都丹阳兴衰考［C］// 楚文化研究论集：第三辑. 武汉：湖北人民出版社，1994.

② ［美］蒲百瑞. 探索丹阳［J］. 江汉考古，1989（3）.

从距离岐阳的远近看，当涂、秭归和枝江路途遥远，交通不便。只有淅川较近，此“丹阳”非淅川莫属。

另据《史记·鲁周公世家》：“及成王用事，人或潜周公，周公奔楚。”《史记·蒙恬列传》亦云：“及（成）王能治国，有贼臣言：‘周公旦欲为乱久矣，王若不备，必有大事。’王乃大怒，周公旦走而奔楚。”又《论衡·感类篇》云：“武王崩，周公居摄，管、蔡流言，王意狐疑周公，周公奔楚。”后来成王发现周公奔楚实被谗言所逼，方才认识到：“孰谓周公旦欲为乱乎！”杀言之者而反周公旦。周公所奔之楚，必为周之友邦、盟国，又是周之近邻。彼时楚都丹阳如果远在当涂、秭归或枝江，千里迢迢，均非周公流亡避难的理想之地。从上古交通条件来看，丹江流域与关中平原联系最近的地带是位于今河南西南部南阳盆地的丹淅之会地区，由这里往西北溯丹江上源，经蓝关，越过秦岭，就到达关中平原的蓝田县境；再往西北不远就是西周都城丰镐。如果周公从丰镐出走，过蓝关，沿丹江东南而下，出荆紫关，即可抵达丹阳。因而商周之际的楚都丹阳以在淅川为宜。

5. 春秋初期的楚国与鄀为邻

《左传·哀公十七年》：“观丁父，鄀俘也。（楚）武王以为军率。是以克州、蓼，服随、唐，大启群蛮。”关于鄀的地望，《左传·僖公二十五年》杜预注曰：“鄀本在商密，为秦、楚界上小国，其后南徙为楚附庸。”南徙之地在湖北境内汉水西岸，今钟祥西北乐乡关东北，古丽阳驿附近的鄀邑。据金文资料分析，约在西周中期，就出现了上、下鄀之分，直到春秋早期，二者还并行发展。上鄀故地在春秋中期已为楚县，或灭或迁当在此前；下鄀在春秋中晚之际还有遗民于楚境活动。上鄀故城即今河南西峡县城西丁河乡邪地村的丁河古城遗址；下鄀地望在今淅川老城上集西北的寺湾一带。文献记载的鄀国只有一个，即商密之鄀，此鄀为下鄀。[①] 商密位于汉晋、六朝的丹水县境。楚将观丁父，应

① 徐少华. 鄀国铜器及其历史地理研究［J］. 江汉考古，1987（3）.

为下鄀之俘。"据此，鄀国地望当在今老灌河（淅水，古均水）以东，内乡县西境，淅川县东境，北至西峡县（古析邑）一带。……这时的楚国与鄀国必相邻近，才能攻鄀得俘，引为己用。这就反映出：楚国当时所都之丹阳不可能远在长江边的秭归或枝江，而应在鄀国西邻，今淅川县境的丹淅之间，亦即战国时秦楚丹阳之战的所在。"①

6. 春秋初期的楚国位于巴、邓之间

《左传·桓公九年》："巴子使韩服告于楚，请与邓为好。楚子（武王）使道朔将巴客以聘于邓，邓南鄙鄾人攻而夺之币，杀道朔及巴行人。楚子使薳章让于邓，邓人弗受。夏，楚使斗廉帅师及巴围鄾……邓师大败，鄾人宵溃。"童书业据此认为："《史记》谓熊绎居丹阳，据宋翔凤考证，在今河南西南部丹、淅二水间。……巴欲与邓为好而求介于楚，则是时之楚当在巴、邓二国之间。邓在今河南邓县，春秋时巴国据吾人考证，当在汉水上游，此时楚国尚小，则楚都似尚未离丹阳，或离丹阳不远，故能为邓、巴二国之介绍。"② 据考证，邓国在河南邓州市一带。鄾邑位于邓国南部边界处的汉水北岸。巴国在今陕西东南境、大巴山以北。因而位于巴、邓之间的楚国，及其都城丹阳又只能在今淅川县境的丹水之阳。

7. 西周至春秋时期楚与濮为近邻

濮又称"百濮"，位于今湖北枣阳的滚河流域。《国语·郑语》云："夫荆子熊严生子四人：伯霜、仲雪、叔熊、季纠。叔熊逃难于濮而蛮。"又说："及平王之末，而秦、晋、齐、楚代兴……楚蚡冒于是乎始启濮。"楚叔熊逃濮，在西周晚期宣王之时；蚡冒启濮，在东周初年。可见彼时楚丹阳距濮必不甚远。《史记·楚世家》载楚武王三十七年伐随，迫随屈服之后，"始开濮地而有之"。反证出濮亦近随。由此可知濮当位于随、楚之间，地近丹阳，则楚都丹阳只能位于南阳盆地以西的今淅川

① 石泉，徐德宽．楚都丹阳地望新探［J］．江汉论坛，1982（3）．
② 童书业．春秋左传研究［M］．上海：上海人民出版社，1980：230．

县境。

8. 楚为西周南土

《左传·昭公九年》记东周贵族詹桓伯论西周的四境所至时云："巴、濮、楚、邓，吾南土也。"巴在陕西东南，邓在河南邓州一带，濮在湖北枣阳境，均位于汉水中游地带。楚与三国并列，地望亦应相近，所都丹阳当在淅川县境。

9. 丹淅附近古有荆山

《左传·昭公十二年》载右尹子革对楚灵王问时说："昔我先王熊绎辟在荆山，筚路蓝缕，以处草莽，跋涉山林，以事天子，唯是桃弧、棘矢以共御王事。"这段著名的对话，还见于《史记·楚世家》。不过，太史公司马迁将这段话误记为析父之词，唐司马贞《索隐》已辨其非。学者据此公认，荆山是楚的发祥起家之地。一般认为此荆山在今湖北南漳西北 40 多千米处，系古漳水源头所在的荆山，亦即"荆州"北界《禹贡》南条荆山。此荆山与淅川很难联系起来。但据《山海经·中山经》载："荆山之首曰翼望之山，湍水出焉。东流，注于淯。……凡荆山之首，自翼望之山至于凡山，凡四十八山，三千七百三十二里。"《水经注·湍水》所记较《山海经》更详："湍水出弘农界翼望山。……东南流，迳南郦县故城东。……湍水又迳穰县，为六门陂。……汉末毁废，遂不修理。……湍水又迳穰县故城北，又东南迳魏武故城之西南……至（新野）县西北，东为邓氏陂。……东入于淯。"《山海经》与《水经注》中的湍水，即今之湍河。淯水即今之白河。穰县即今之邓州市。《元和郡县图志》载翼望山在当时临湍县西北二十里，而临湍县则位于邓州城西北八十五里。则翼望山东南至邓州城一百零五里。清乾隆《一统志》载邓州张村北十里的南古城即唐天宝以后的临湍县城，在今河南邓州市西北的湍河西岸。翼望山在唐临湍县西北二十里，应位于今邓州市西北与内乡县交界的山区。在邓州与内乡交界地带的有覆釜山、永青山、锨峰山、白崖山、灵山等。上述诸山必有一地近丹淅的荆山。这应是比南漳西北的荆山更古的荆山。这为楚都丹阳在淅川之说提供了有力的佐证。

10. 熊渠征伐及其三子封地均距丹阳较近

《史记・楚世家》载周夷王时，“熊渠甚得江汉间民和，乃兴兵伐庸、杨粤，至于鄂。……乃立其长子康为句亶王，中子红为鄂王，少子执疵为越章王，皆在江上楚蛮之地”。熊渠所伐之“庸”，《集解》引杜预曰：“庸，今上庸县。”《正义》引《括地志》云：“房州竹山县，本汉上庸县，古之庸国。昔周武王伐纣，庸蛮在焉。”清人江永《春秋地理考实》云：“庸国，今郧阳府竹山县及竹溪县也。”说庸在今湖北竹山县一带，史无异辞。其地离长江甚远。

杨粤即“杨越”。《史记索隐》云：“有本作‘杨雩’，音吁，地名也。今音越，谯周亦作‘杨越’。”罗香林《中夏系统中之百越》认为熊渠所伐之杨越，仍在汉水流域：“楚人略地，本循汉水顺流而南，故先庸，后杨越，后至鄂。杨越界庸鄂之间，则其最早地望当在汉水流域中部。”江汉之地，自古有杨水，为汉水中游支流。

鄂，有东鄂与西鄂。《史记正义》引刘伯庄云：“地名，在楚之西，后徙楚，今东鄂州是也。”又引《括地志》云：“邓州向城县南二十里西鄂故城是楚西鄂城。”东鄂后起，在今湖北鄂州。西鄂地名甚古，《水经注》及《读史方舆纪要》认为在今河南南阳市北。熊渠所伐之鄂为西鄂。

综上所考，熊渠所伐之地：鄂在南阳，庸及杨越在其南。均距长江甚远，地近河南淅川。

熊渠三子所封“皆在江上楚蛮之地”。古文献中的“江”并非长江的专称，汉水及荆楚地区某些河流古亦称“江”。“江汉”连称，实际上专指汉水的例子也很多。[1] 因而“熊渠甚得江汉间民和”中的“江汉”，及这里所提到的“江”，大约均指汉水而言。熊渠三子所封的鄂，已如

① 石泉．古文献中的“江”不是长江的专称［M］// 文史：6．北京：中华书局，1979．

前所述为西鄂。越章即豫章。越、豫一声之转。其地即《水经注·淯水》所载的“豫章大陂”，在今白河东岸近汉水一带的湖北襄阳境。句亶，据《史记·楚世家》裴骃《集解》引晋人张莹曰：“今江陵也。”石泉认为，晋江陵城当在今湖北宜城县南境，亦即楚皇城遗址。①这样的话，不仅熊渠所伐之地距淅川甚近，而且熊渠三子的封地就正好分布在今淅川县境的楚丹阳东面，从南阳盆地到襄宜平原的外围线上。表明西周时期楚都丹阳在今淅川县境。

11. 从春秋楚郢都之所在推逆楚丹阳的地望

《史记·楚世家》：“武王卒……子文王熊赀立，始都郢。”《世本》则曰：“武王都郢。”《说文》：“郢，故楚都。”郢或称郢中、南郢、纪郢等。根据文献记载和考古资料，一般认为湖北江陵纪南城就是楚之郢都，从楚文王元年至顷襄王二十一年，一直都未变。但从纪南城考古发掘资料表明，其城垣建筑年代，不可能早于春秋末战国初。前此郢都故城究竟在哪里？新说迭起，其中最有影响的是主张在湖北宜城楚皇城。“楚国郢都先后有好几个。这第一个郢都应在今湖北宜城县境，当古睢水即今蛮河之阳。其地控汉水中游，北望南阳盆地，东临随枣走廊，南瞰江汉平原，西扼荆睢山区，是江淮之间的枢纽。楚国以郢为统治中心，无论窥伺中原诸夏，抚绥汉阳诸姬，以及制驭巴、濮、蛮、越，都便于策应。”②楚昭王十三年至二十四年之间，始迁于荆州境，仍称郢。如按流行说法认为早期楚郢都是在长江边今荆州的纪南城遗址，从地理角度看，楚丹阳城在今秭归、枝江，则沿长江逐步下徙比较合理。但最早在之郢既然是宜城楚皇城，则由淅川县境的楚丹阳顺流入汉水，迁都到楚皇城遗址，在交通上是最为近便的。

12. 楚以丹阳为都，应有相应的古代城址作依据

当涂境内没有发现和丹阳地位相称的古城址。秭归说提出长江南

① 石泉．楚郢都、秦汉至齐梁江陵城故址新探［M］// 古代荆楚地理新探，武汉：武汉大学出版社，1988.

② 张正明．楚文化史［M］．上海：上海人民出版社，1987：35.

岸的“楚王城”。俞伟超对之作了调查，发现与《水经注》记载的位置不合。古城城垣分三次筑成，上层是明代的，中、下层时代不明。下层夯土内有相当于龙山文化阶段的遗物。地面上的陶片，有很多明代的龙泉窑瓷片，还有汉代瓦片甚多，没有见到西周遗物和唐宋遗物。如果中层是汉代的，则此城始建于战国以前。“熊绎所居丹阳，不大可能是在这里，楚人在这里修筑东周城则是可能的。”[①] 枝江说提出湖北当阳季家湖古城可能是楚都丹阳，季家湖城址所在地当阳草埠湖镇新华村原属枝江。根据南城垣和城壕的地层关系及其包含物情况，大体可以确定其时代为东周或东周以前。它有可能是“楚平王‘城郢’以前的郢都”。[②] 从其时代和其他情况考察，也非楚都丹阳。

1979 年春，在淅川丹江水库区内，发现今下寺码头东约 10 千米接近东岸的库区内，有一座古代城址，当地人称为“龙城”。城址大部分淹没在水中，略呈方形，南北长 900 米，东西长 800 米，东、西、北三面城墙露出水面 1—3 米，南墙在水下 30 厘米；墙残宽 8 米，夯土筑成，夯层厚 7—10 厘米。夯土内发现有春秋时期的陶罐、陶盘残片，并在城角的塌土中发现有汉砖等。从现在的发现来看，应是春秋至汉代的一座古城。惜其水下、城下之地层不能发掘。其下有无西周或西周以前的遗物，很难作出肯定的判断。美国学者蒲百瑞认为淅川说最有希望的龙城遗址的发掘，只有采用水下考古技术之后才能实现，同其他城址相比，“龙城遗址的考察应属于优先地位”。[③]

我们赞同龙城遗址可能为楚都丹阳，其理由如次：淅川龙城位于李官桥盆地中部的丹江东岸，正值丹淅入汉处，四周群山耸峙，丘陵起伏。龙城西距下寺约 10 千米，下寺和江口间有均口作天然屏障。“均口形势险峻，岸陡水急，具有战略意义；退据均口，防守下寺，固若金汤；顺丹水而下，南出均口，足以切断汉水的东西交通；再顺汉水而

① 俞伟超．关于楚文化发展的新探索［J］．江汉考古，1980（1）．

② 杨权喜．当阳季家湖考古试掘的主要收获［J］．江汉考古，1980（2）．

③ ［美］蒲百瑞．探索丹阳［J］．江汉考古，1989（4）．

下，犹如高屋建瓴，足以威慑江汉地区。”① 龙城地势如此险要，非楚都丹阳莫属。此其一。

中国古代建都立国，往往选择在大山之下、广川之上，经济、文化较为发达的地区。楚君熊绎虽“辟在荆山”，也不例外。迄今为止，淅川境内丹江沿岸，发现许多远古文化遗址。经对 7 处新石器时代遗址进行发掘，其中龙山岗、下王岗、马岭 3 处遗址，存在着龙山、屈家岭和仰韶文化之间的叠压关系。说明丹淅地区早在史前时代和文明之初，就是人类频繁活动的地方，为商周之际楚人在此建都创造了历史条件。最迟在春秋战国之际，这里已经出现一些城邑，除龙城外，还有滔河乡的白亭故城等。其中以龙城的规格较高，绝非其他城邑可比。此其二。

龙城附近，下寺、和尚岭、徐家岭、毛坪、革家岭、郭家窑、九女冢、凤凰山、大石头山、杏山、十二河岗、胡岗、界岗、南岗、泉岗、三官殿、灵官殿、魏营、太子山、郭庄、桑树庙岗、张湾、砀子口、垒山、葛庄、姚沟等 20 余处墓地，分布着上千座东周楚墓。通过勘察，大型墓墓室长 40.4 米，宽 39.6 米，小墓长宽各 10 米左右。在龙城南面不远处有一大冢，高 10 余米，当地群众称之为“太子山”，是否与楚王陵有关，十分耐人寻味。上述诸墓地的发现，使得龙城作为楚都丹阳又添一证。此其三。

综上所述，淅川龙城同秭归楚王城、枝江季家湖古城相比，考古发现的资料较多，基本符合楚都丹阳的地望。但是龙城遗址现已淹没在丹江水库中，始建年代不详，已经出土的文物最早不过春秋中期，与楚都丹阳的时限（西周至春秋早期）还连不上，未曾发现宫室和宗庙建筑遗存。凡此等等，只有考古方面取得突破性进展，发现确凿的证据，上述疑团方可解开。不过从考古资料来看，西周城址发现甚少，岐邑、丰镐、洛邑等著名都市，迄今尚未找到城址。因而楚人始居丹阳时是否筑有城垣，还属一个未解的史谜。假如楚人当初虽居此地而并未设城，到

① 裴明相．楚都丹阳试探［J］．文物，1980（10）．

春秋之际才开始建筑城垣，此情况也并不能排除。总之，同当涂、秭归、枝江进行比较后，说楚都丹阳在淅川龙城一带，应该是比较恰当的。

13. 克黄、子庚等楚国贵族墓在淅川的发现，为丹阳地望提供了新的线索

1990 年 5 月，淅川龙城淹没区西岸，下寺北区和尚岭附近，发掘一座春秋楚墓，墓内出土的铜器中，有一件带铭文铜鼎，其铭为“克黄之鼾”。克黄任楚庄王的箴尹。《左传・宣公四年》载：

> 秋七月戊戌，楚子与若敖氏战于皋浒。……遂灭若敖氏。初，若敖娶于䢵，生鬬伯比。若敖卒，从其母畜于䢵，淫于䢵子之女，生子文焉。䢵夫人使弃诸梦中。虎乳之。䢵子田，见之，惧而归。夫人以告。遂使收之。楚人谓乳谷，谓虎於菟，故命之曰鬬谷於菟。以其女妻伯比。实为令尹子文。其孙箴尹克黄使于齐，还及宋，闻乱。其人曰：“不可以入矣。”箴尹曰：“弃君之命，独谁受之？君，天也，天可逃乎？”遂归，复命，而自拘于司败。王思子文之治楚国也，曰：“子文无后，何以劝善？”使复其所，改命曰生。

克黄为子文之孙，鬬般之子。所任箴尹，为楚之谏臣，位虽不尊，但近国君，亦属要职。前 605 年，若敖氏之乱发生后，楚庄王让他改名，据清人惠栋《春秋左传补注》云：“刘向改命更生，本此。”此鼎铭曰“克黄”，表明铸于若敖氏之乱以前，即早于前 605 年。大约若敖氏之乱后不久，克黄即死，尚未来得及以“更生”之名铸鼎，死后遂以原先所铸之鼎随葬。克黄为若敖氏之后，若敖是楚武王之祖，则克黄实属楚之公族。有人据此推测，克黄其祖令尹子文、其父令尹子般，以及若敖家族中的司马子良、令尹子越等，均有可能葬于龙城附近的龙山岗上。克黄葬此，属于“归葬”。丹阳是楚人的最早封地，为后世楚族向往的老家。“死后回老家是一种贵族待遇，同时又可表示对祖宗的思慕和祭奠。”①

1978—1979年间，淅川下寺2号春秋楚墓，出土的铜鼾鼎上面铸有长篇铭文，器铭提及：“王子午择其吉金，自作鬻彝脊鼎，用享以孝于我皇祖文考……令尹子庚，殹民之所敬，万年无谋，子孙是制。”王子午即公子午，亦即子庚，是楚庄王之子，共王之弟，康王之叔，曾任楚司马、令尹等要职，败吴伐郑，屡建奇功，其生平事迹多见于《春秋》经传。《左传》提及子庚的有：

> 秦嬴归于楚。楚司马子庚聘于秦，为夫人宁，礼也。（《襄公十二年》）
>
> 吴侵楚，养由基奔命，子庚以师继之。……战于庸浦，大败吴师。（《襄公十三年》）
>
> 楚子囊还自伐吴，卒。将死，遗言谓子庚：“必城郢！”（《襄公十四年》）
>
> 楚公子午为令尹。（《襄公十五年》）
>
> 子庚帅师治兵于汾。……楚师伐郑，次于鱼陵。……子庚门于纯门，信于城下而还，涉于鱼齿之下，甚雨及之。楚师多冻，役徒几尽。（《襄公十八年》）
>
> 夏，楚子庚卒。（《襄公二十一年》）

子庚死于鲁襄公二十一年，即楚康王八年。因而公元前552年应为该墓的绝对年代。

子庚为何葬于淅川下寺？有人也用“归葬”来解释：“子庚卒于楚康王时，当时，楚都在郢。贵族显宦，咸集郢都，揆诸情理，贵族陵墓应选在郢郊。但在离郢千里之外的下寺发现子庚等贵族的墓地，很易使

① 王建中．楚初都丹阳兴衰考［C］// 楚文化研究论集：第三集．武汉：湖北人民出版社，1994.

人推想到下寺可能与丹阳有关……子庚卒后葬在下寺，表示对楚族祖先的思慕和对古都丹阳的依恋。”[①]

王子午鼎器铭云：“用享以孝于我皇祖文考。”“皇祖文考”指的就是楚文王。史称文王伐申灭邓，功勋卓著。“文王迁郢之前居何处？《史记》及其他古籍没有记载。从子庚孝文而不提孝其他先王推测，文王都丹阳也不无可能。”[②]

据杨树达《汉代婚丧礼俗考》载：“死于他乡，卒归葬。”又说：“亦有不归葬者。其故，或以贫，或以道远，或以死者之违俗云。至若以遗爱之故，特葬于所宦之乡，盖特例也。诸侯王及其亲属，以葬于其封国为常。若薨于京师，则葬于京师。国家大臣亦多葬京师云。”汉代婚丧礼俗，多承袭东周。如此，则春秋应有归葬之礼。楚克黄、子庚等贵族卒葬淅川，并不一定属于“归葬”，或者是其封地，也有可能。但不管怎样，规格如此之高的楚显宦均以此为归宿之地，似可反映出这样的信息：楚都丹阳在淅川县境。

上面我们从十三个方面进行分析，论证楚都丹阳在淅川的可能性。可能性的概念是科学方法的核心。一个人不能“证明”假说的正确，只能说明比其他任何选择更近于正确，相比之下，“淅川说”较之当涂、秭归、枝江诸说，有更多的理由，楚丹阳有可能在此，即“更近于正确”。

“丹阳”作为一个古老的地名，屡见于《史记》。

> 熊绎当周成王之时，举文、武勤劳之后嗣，而封熊绎于楚蛮，封以子男之田，姓芈氏，居丹阳。(《楚世家》)
>
> （怀王十七年）与秦战丹阳，秦大败我军，斩甲士八万，虏我大将军屈匄。(《楚世家》)

---

① 裴明相．楚都丹阳试探［J］．文物，1980（10）．

② 王建中．楚初都丹阳兴衰考［C］// 楚文化研究论集：第三集．武汉：湖北人民出版社，1994．

（惠文王后十三年）庶长章击楚于丹阳，虏其将屈匄，斩首八万。（《秦本纪》）

（韩宣惠王二十一年）与秦共攻楚，败楚将屈丐，斩首八万于丹阳。（《韩世家》）

秦发兵击之，大破楚师于丹淅，斩首八万，虏楚将屈匄。（《屈原贾生列传》）

司马迁在《史记·楚世家》这一篇文章里两处提及丹阳，未加任何解释，并没有以为此两处丹阳在两个不同的地区。表明丹阳地望对司马迁来说并不存在疑问。再看《楚世家》与《秦本纪》《韩世家》中所提到的丹阳，本指一地，殆无疑义。对照《屈原贾生列传》的记载，可知“丹阳”即“丹淅”。《史记》中多次出现的丹阳，应指同一地方。楚都丹阳地望分歧如此之大，并非太史公之过，实乃后世注释家随意解释所致。“历史地考察问题，我们认为古之丹阳，只能是丹、淅之会的丹阳。”① “此丹阳一非位处三峡之险的秭归丹阳，二非位处江汉之鄙的枝江丹阳，三非远在安徽的当涂丹阳，而只是丹水、淅水之会的淅川丹阳。这一淅川丹阳位于河南省西南部，准确地讲，它仍在‘中原’的边陲，仍在江汉以北。”② 广义而言，可以说楚都丹阳在中原。美国学者蒲百瑞在《探索丹阳》一文中提了这样一条著名的原则：“我们不能保证一个特定地名只用于一个地点。”按照中外历史上名随人迁的惯例，“丹阳”之名也会随着楚都的迁移而迁移。

综上所述，我们可以说，据文献记载和考古资料表明，楚人始都丹阳在河南淅川，建国于中原西南边陲，从此结束了先楚历史文化阶段，将楚文化推进到一个崭新的历史时期。

① 孙重恩，黄运甫．楚始都丹阳考辨［J］．郑州大学学报，1980（4）．

② 王光镐．楚文化源流新证［M］．武汉：武汉大学出版社，1988：46–47．

第三章　西周时期楚的国势与文化

就楚民族发展阶段而言，西周时期是一个伟大的历史时期。楚人在中原西南边陲的丹淅之会正式建都立国，筚路蓝缕，以启山林，不仅开创了长达数百年之久的宏伟基业，也培植缔造了风姿绰约的楚文化，在中华文明史上写下了极其璀璨的篇章。周楚通好，始自周文王时期，逮至周昭王时期，关系逐渐恶化，终西周之世，一直未能改变这样的局面。此种形势，对楚文化独特体系的形成，产生了深远的影响。当时楚人立国未久，地处中原南部边陲，受到周文化的强烈影响，其代表性文化呈现出浓郁的中原色彩，属于楚文化的“滥觞期”。

第一节　西周时期楚的国势

楚人约于商代武丁之时，从豫中徙至南阳盆地。至鬻熊时，楚已建都丹阳，背离商朝，归附周人。西周初年成王时，熊绎正式受封，使楚纳入了以周为宗主的方国体系。《史记·楚世家》记载，楚族自季连两传至穴熊，“其后中微，或在中国，或在蛮夷”。处于原始游牧农业阶段，没有一定的居处，发展比较缓慢。到鬻熊之时，情况发生了明显变化，前后大不相同。《史记·周本纪》说，周文卫为西伯时，“太颠、闳夭、散宜生、鬻子、辛甲大夫之徒皆往归之”。鬻子即鬻熊。《史记·楚世家》云：“鬻熊子事文王。”楚武王曾言：“吾先鬻熊，文王之师也。”可见周文王时，楚君已被称为“子”。楚君鬻熊就是以“子”的地位归附于周的。《楚世家》还说：“熊绎当周成王之时，举文、武勤劳之后嗣，而封熊绎于楚蛮，封以子男之田，姓芈氏，居丹阳。”《国语·晋语》说：“昔成王盟诸侯于岐阳，楚为荆蛮，置茅蕝，设望表，与鲜牟

（此从公序本，别本误作鲜卑）守燎，故不与盟。”鲜牟即根牟，是东夷族。在岐阳盟会中，熊绎与东夷的鲜牟之君担任了司仪的职司，实际上没能坐到会议的席位上。尽管所处地位低，但他毕竟参与了盟会，表明从属于周天子，楚君以“熊”为传统称号，最迟应从鬻熊时起。“其实，鬻熊、祝融在古代亦音相通。所以楚君称‘熊’的最初来源是祝融。祝融是远古著名的宗教领袖，在历史上有很大的影响。他的后裔作为部落领袖时也往往袭用他的称号。正如古代希腊的‘巴赛列斯’（Basileia）一词，最初本指本部落的军事首长，后来用以表示邦君。‘熊’作为楚君的称号，表明楚君作为邦国宗教首领的特色，这也是他独具而他人所不能有的崇高身份的一个标识。”[①]1979年，陕西岐山凤雏村出土的西周甲骨（H_{11}：83）云：“曰今秋楚子来告父后哉。”表明作为邦国君主的楚君与周之间确实存在着朝聘关系。西周初年，周楚之间交往甚密，相处比较亲善。过去，学术界普遍认为从成王晚年开始，楚与周就开始发生冲突了，其主要根据是夨令簋有关伐楚的铭文。簋铭曰：“唯王于伐楚伯在炎。”郭沫若在《中国古代社会研究·夨令簋考释》中提出：“令簋必作于成王之世……‘王伐楚伯’之王即成王。”唐兰对此持不同看法，在其遗著《论周昭王时代的青铜器铭刻》中，主张此簋为昭王时器。并认为簋铭断句应为“唯王于伐楚，伯在炎”。因为金文有楚公、楚子和楚王，从未见到称楚伯的。所以“王于伐楚”与“伯在炎”是两码事，炎即郯，其地在今山东省郯城西。“在炎之伯”就是说伯懋父在郯地，小臣宅簋对伯懋父亦只称“伯”。王光镐宗唐说，并用考古类型学的器物断代方法做出严格考定：令簋圈足下的方座配四足，这种特征主要见于西周后期铜簋，西周前期的簋皆侈口，此器弇口，更是典型的后期风格；前期簋一般腹略深而圆缓，后期则往往浅而外鼓。夨令簋的特征接近前者与后者不类，此器平肩直唇呈子口状，似为呈盖之物，这在西周

① 刘家和．楚邦的发生和发展［C］．楚国历史与文化国际学术讨论会会议论文，1988．

前期簋中又向无所见。“据此，此器断然不能归在西周前期的成王年间，最早也只能属于昭王末年。”[①] 由此可知，周、楚关系恶化，可能始自昭王之世。记载周王伐楚的还有如下资料：

史墙盘铭文：“弘鲁邵（昭）王，广絀（批）楚荆。”

㲋驭簋铭文：“㲋驭从王南征，伐荆楚，有得，用作父戊宝尊彝。”

过伯簋铭文：“过伯从王伐反荆，俘金。”

𤔲簋铭文：“𤔲从王伐荆，俘，用作馀簋。”

《竹书纪年》对于这一历史事实也有记载：

“（周）昭王十六年，伐楚，涉汉，遇大兕。”

“周昭王十九年，天大曀，雉、兔皆震，丧六师于汉。”

“周昭王末年，夜有五色光贯紫微。其年，王南巡不返。”

周昭王伐楚和南巡共有三次，后两次遇到天象变异——一次是日食，另一次大概是北极光。据推算，昭王末年为昭王二十二年。[②]

《史记·周本纪》也说：“昭王之时，王道微缺，昭王南巡狩不返，卒于江上。”

《吕氏春秋·音初》云：“周昭王亲将征荆，辛馀靡长且多力，为王右。还反，涉汉，梁败，王及蔡公抎（损）于汉中，辛馀靡振王，北济，又反振蔡公。”南巡或南巡狩，即是指南征楚国；所谓“不返”，就是死去而没有回来。这是史书的讳言，所谓“天大曀”，“夜有五色光贯紫微”，无非表示这是出于天命，又是史官文饰之辞；所谓“梁”，是

① 王光镐．楚文化源流新证［M］．武汉：武汉大学出版社，1988：82．

② 何幼琦．周昭王南征补遗［M］// 何幼琦．西周年代学论丛．武汉：湖北人民出版社，1989．

指行军途中，在汉水上用船搭成的浮桥；所谓“梁败”，当是由于遇到突然袭击，浮桥被毁坏，因而昭王、蔡公等人都落入水中；所谓“振王”和“振蔡公”，只是拖起尸体而已。周人在回师渡过汉水之际，遭到楚军大规模的突然袭击，致使浮桥毁坏，昭王沉死。[①]邱东联、何幼琦均不同意这种看法。邱氏据《史记正义·周本纪》引《帝王世纪》的记载：“昭王德衰，南征，济于汉，船人恶之，以胶船进王，王御船至中流，胶液船解，王及祭公俱没于水中而崩。”认为：“昭王南巡不返，是由于‘船人’之故，‘船人’者，居汉水旁的渔民。”[②]何氏据史墙盘、启卣、宗周钟等青铜器铭文记载，认为昭王最后一次伐楚，大获全胜。“胶液船解”事类小说家言，为据臆说而编制的演义：“昭王之死，《竹书纪年》和《左传》说‘不反，涉汉，梁败’，该是事实，即在凯旋途中，由于浮桥受山洪冲击解体、沉船而溺死，是胜利者碰上的意外事故，与败军溃退落水是大不相同的。如果这次战役没有胜利，那些‘有得’和‘俘金’，也就不会带回中原了。”[③]上述三说均系推测之辞，相比之下，何说更加近乎情理。《左传·僖公四年》载齐管仲责楚的话：“昭王南征而不复，寡人是问。”而得到的回答则是：“昭王之不复，君其问诸水滨！”看来昭王之死同汉水暴涨有关。既非渔民所为，亦与楚人无涉，因而楚对“昭王之不复”是不应该负责的。杜预为《左传》所作的注说：“昭王时汉非楚境，故不受罪。”他认为楚国势力尚未能抵达汉水，也可能有一定道理。周昭王晚年多次伐楚，旨在遏制楚国势力的发展，也标志着周、楚关系日益恶化，并进入完全对立的历史时期。

西周后期，周王朝开始走向衰落，楚国势力得到进一步发展。《史记·楚世家》云：“当周夷王之时，王室微，诸侯或不朝，相伐。熊渠甚得江汉间民和，乃兴兵伐庸、杨粤，至于鄂。”这是楚国进入重大发

---

① 杨宽. 西周时代的楚国［J］. 江汉论坛，1981（5）.

② 邱东联. 楚武王是楚国家形成的标志［C］// 楚文化研究会第五届年会论文，1990.

③ 何幼琦. 周昭王南征补遗［M］// 西周年代学论丛. 武汉：湖北人民出版社，1989.

展时期的标志。

到周宣王时，西周曾对淮夷、狎狁大举用兵。《诗经·小雅·采芑》云："蠢尔蛮荆，大邦为仇。方叔元老，克壮其犹。……如霆如雷，显允方叔，征伐狎狁，蛮荆来威。"清方玉润《诗经原始》认为此诗的作者为"流寓蛮荆者"，"盖其人虽流寓荆楚，素必熟稔荆楚情形，知其不臣已久，而又不能力请王师以讨之。一旦睹大将军威，元老雄略，不觉深幸南人之得睹天日，而己身亦与有余庆焉"。吴闿生《诗义会通》说："刘向所谓'方叔、吉甫为宣王诛狎狁而百蛮'从者，最得其实。说者以为南征，非是。……案前人亦有疑及此者，荆公云：前三章详序其治兵，末章美其武功，出战之事略而不言，盖以宿将董大众，荆人自服也。苏子由云：方叔南征，先治其兵，既众且治，而蛮荆遂服。朱子云：南征荆蛮想不甚费力，不曾大段战斗，故只盛称军容而已，然皆误以为荆蛮之服为实有其事，不知乃作者虚拟颂祷之词。……且果系南征，无端而羼入狎狁，于文又为支离矣。"只是以征伐狎狁的威名，陈师警诫，进行威慑，迫使蛮荆畏服，实则不曾对楚用兵。

周宣王为了遏止楚国势的发展，其主要对策是在楚附近分封强大的诸侯，将王舅申伯改封于谢，今即河南南阳，作为东都洛邑南部的屏障。《诗经·大雅·崧高》是西周王朝的卿士尹吉甫送申伯就封于谢时所作的颂歌。诗中提及："亹亹申伯，王缵之事。于邑于谢，南国是式。……王命申伯，式是南邦，因是谢人，以作尔庸。……申伯番番，既入于谢。徒御啴啴，周邦咸喜。戎有良翰，不显申伯。王之元舅，文武是宪。申伯之德，柔惠且直，揉此万邦，闻于四国。"诗中描述了周宣王对申伯的无比优待和赏赐，任命他到谢国故地建立新都，镇守南方。改封申伯于此，是为了在王室与"荆蛮"之间树立起一道屏障，用来对付楚国。

派去镇守南方的诸侯，除申外还有吕。吕或作甫。《路史·国名纪甲》云："吕（甫），侯爵，伯夷之封，杜预谓在南阳宛西……盖后来之吕近申，在周亦曰甫，一作郙。"杨筠如说："吕通作甫，《史记》：甫侯言于王，作修刑辟。又曰：命曰‘甫刑’。《礼记》《孝经》并作‘甫刑’。唯《国语》韦注，谓周穆王之相甫侯所作‘吕刑’也。盖今文作甫，古文作吕。”[①]《诗经·大雅·崧高》甫、申并称：“崧高维岳，骏极于天。维岳降神，生甫及申。维申及甫，维周之翰，四国于蕃，四方于宣。”吕与申一样为周所倚重。《诗经·王风·扬之水》提到：“彼其之子，不与我戍申。……彼其之子，不与我戍甫。……彼其之子，不与我戍许。”记载了周王朝派人戍守申、甫与许的事迹。《国语·郑语》云：“缯与西戎方将德申，申、吕方强。”《国语·周语》云：“申、吕虽衰，齐、许犹在。”由此可知申与吕并封于南阳，二者关系密切，一损俱损，一荣俱荣。都是为了捍卫王室抵御楚国而改封南阳的。

西周末年，南阳的申、吕已发展成诸侯强国。《国语·郑语》载史伯对当时形势的分析时曾说：“当成周者，南有荆蛮、申、吕、应、邓、陈、蔡、随、唐。”所列次序，大体上以强弱为先后。强大的申、吕诸侯国家的崛起，确实有利于西周王朝对南方的控制，也使楚国势的发展受到压抑，但是作为南方最强大的楚国所受的压制只是暂时的。史伯又说：“唯荆有昭德，若周衰，其必兴矣！”不久，西周灭亡之后，楚国多次出兵中夏，开始了与晋、齐、秦、宋诸国争霸称雄的新的历史时期。

第二节　中原楚文化的滥觞

楚人受封建国之时尚处于初创时期，因受艰苦生产条件和落后生产方式的制约，未能缔造出自己的较有特色的文化。彼时的楚文化，同中原文化相比，缺少标新立异，同周边蛮夷小国文化接触也不多。尽管鬻熊生前曾发表过一些政治见解，后人将其汇编成《鬻子》一书，但这只

① 杨筠如. 姜姓的民族和姜太公的故事［C］// 古史辨：第二册. 上海：上海古籍出版社，1982.

是一种值得重视的文化现象。从考古学范畴来看，西周时期的楚文化没有形成完整的体系，它与中原文化近似，略有分别而无明显特点。

关于西周时期楚文化的踪迹，有人主张湖北秭归鲢鱼山遗址西周早期遗物，属清江口至秭归一带新型土著文化类型，出土陶器以褐色见著，火候一般不高，纹饰以方格纹、绳纹、弦纹为主，器形有罐、壶、盆、盘、釜、豆、鼎足、灯座形器等，还发现西周特点的方凿卜甲，是初期楚文化的重要组成部分。[①] 这种观点主要建立在楚都丹阳在秭归的基础上。现在看来楚人未曾在秭归建都，鲢鱼山出土遗物就不能被视作西周早期的楚文化遗存。该遗址出土的灯座形器、小平底敛口罐和釜等，为巴蜀文化常见器物，故而鲢鱼山遗址可能属巴人文化范畴，而同楚文化无涉。

20 世纪 80 年代以来，在楚学研究中，有一种比较流行的看法，就是主张在江汉地区典型楚文化中，以习见的一种"楚式鬲"为代表器物。这种鬲的基本特征是："器体腹底由里向外穿过底壁，外壳部分略呈空心圆锥体，从器体外面紧紧地裹住核心部分的圆锥体，整个器足犹如从器体里面穿透腹壁的'铆钉'加上从外面再套上去的'铆母'，两部分从器体的内外两面牢牢地粘着在腹壁；足间裆部实际就是器体的腹底，空足很浅，有的甚至若有若无。"[②] 从外形上看，这种高颈、高裆鬲，同分裆的"殷式鬲"或瘪裆的"周式鬲"明显不同，从一开始就具有强烈的地方色彩，至西周时期，江汉地区这种鬲文化更有显著发展，形成了个性极强的地域文化。西周晚期以前，这种鬲文化的分布中心却在鄂东一带，二者形成明显的反差。因而"春秋以前，长期以鄂东为中心分布区的江汉土著鬲文化显然不属楚。至于此文化在西周时期已东至江西的事实，尤与楚的历史风马牛不相及"[③]。鄂西地区西周时期的鬲

① 文必贵．商周时期楚文化踪迹探索［C］// 湖北省考古学论文选集：第二辑，江汉考古，1991 年 7 月增刊．

② 苏秉琦．从楚文化探索中提出的问题［J］．江汉考古，1982（1）．

③ 王光镐．楚文化源流新证［M］．武汉：武汉大学出版社，1988：161．

文化，只是发生和兴起于鄂东地区这支土著鬲文化的后期发展阶段，属于一脉相承的文化，因而这种所谓“楚式鬲”实则并非楚主体民族的代表器，只能称作江汉土著鬲文化的典型器物。那么西周时期的楚文化踪迹究竟在何处寻觅？其物质文化遗存可从丹阳所在的南阳盆地求之。

楚自西周早期在南阳盆地丹淅流域建都立国，筚路蓝缕，以处草莽。荆山一带虽然偏僻，楚君既然受封于此，似已正式进入农耕文化阶段。楚都丹阳虽然远离文化发达地区，但其地并不闭塞，约从新石器时代以来，就是黄河长江两大文化系统相接触的地带，楚人虽少，但挟华夏先进文明因素而来，为楚文化的成长奠定了良好的基础。

南阳地区发现的西周文化遗址中，具有代表性的是南阳十里庙、西峡邪地村和淅川下王岗。十里庙遗址出土有西周时期的鬲、罐、豆、簋等陶器，邪地村出土有西周时期的豆、罐等陶器。值得注意的是淅川龙城西北的下王岗遗址，遗址中时代最晚的文化遗存是西周文化层。考古发现的主要遗迹，有房基 2 座，为圆形地面建筑，直径 3.80—4.30 米，居住面积 11.30—15.20 平方米。室内有支撑屋顶的中心柱，上架梁、檩、椽。墙围立的柱子是墙的骨架，上承屋顶。房顶可能为圆锥形。在遗址的中部和东北部，分布着 16 个灰坑，坑口形制可分为圆形、椭圆形和不规则形三种。遗址中南部有墓葬 3 座，皆竖穴土坑，其中 1 座长方形，1 座五边形，1 座不规则形。3 座墓中，单人墓 2 座，其中仰身直肢葬 1 座，侧身屈肢葬 1 座；多人合葬墓 1 座，内埋 5 人，其中仰身直肢葬 2 人，侧身屈肢葬 2 人，迁葬 1 人。下王岗西周文化层共出土遗物 623 件，铜器有铃、鱼钩、镞、矛、戈、削，石器有磬、斧、铲、锛、镰、刀、凿、镞、网坠、钻头、钺、磨石等，骨器有凿、锥、镞、镖、匕等，陶器有拍子、纺轮、网坠、鬲、甗、鼎、罐、杯、豆、盆、瓮，装饰品有玉璧、玉璜、松绿石耳坠。另有陶塑人面像和陶兽头，风格粗放，形象逼真。还出土有卜骨和卜甲等。下王岗出土遗物中的长方扁体和窄背宽刃梯形石锛、无孔石铲、石镰、长方带孔石刀、带铤骨镞、桥形握手陶拍、陶纺轮、燕尾状铜镞、铜销、矮足瘪裆陶鬲、浅腹平底陶盆、浅盘细柄陶豆等，均与陕西长安张家坡西周遗址出土的同类器相似。仅有一件压印纹高柄黑陶杯，上部敞口，下附喇叭形高圈足，泥质黑陶，通体磨光，腹部饰曲折的压印纹，圈足上饰划纹和麻点纹，制作相当精致，为中原地区所罕见的陶器。下王岗西周文化层发现的遗迹、遗物，时代属西周早期。①《史记·楚世家》载周成王“封熊绎于楚蛮，封以子男之田，姓芈氏，居丹阳”。此丹阳在今淅川龙城一带，与下王岗相距甚近，彼时下王岗当在楚版图内，因而考古发现的下王岗西周早期文化遗存，非楚莫属。由于楚人建国不久，刚刚受封，一切效法周制，因而下王岗出土的西周遗物多与张家坡相似。下王岗出土的鬲，折沿，侈口，方唇，敛颈，瘪裆，乳状袋足，为典型的“周式鬲”。同湖北蕲春毛家嘴西周遗址及当阳赵家湖春秋楚墓出土的陶鬲相比，尽管在某些地方不尽相同，但也有着明显的渊源或相似之处。表明西周时期楚文化正值滥觞阶段，当时中原地区的楚文化还处于中原文化襁褓之中，特别是西周早期，很难在楚与中原文化之间划出一道界线。楚之主体民族既然为华夏后裔，其早期文化中具有浓郁的中原色彩，是顺理成章之事。

---

① 河南省文物研究所，长江流域规划办公室考古队河南分队. 淅川下王岗［M］. 北京：文物出版社，1989：307–338.

第四章　楚灭中原诸国

东周时期，楚国势力不断发展，积极向四方开疆拓土，其进攻矛头直指中原。顾栋高《春秋大事表·春秋列国地形口号》云："楚先北向后东图，申、吕、随、唐实首涂。汉阳诸姬食灭尽，征诸传纪半模糊。"概括地叙述了楚在中原争夺霸权时，拓土扩疆的方位及顺序。据《左传》载，春秋时期楚首次进军中原为鲁桓公六年（前706），"楚文王伐申"。因年代久远，史籍湮没，考证楚国首次对中原用兵的时间，实非易事。据《左传·桓公二年》载："蔡侯、郑伯会于邓，始惧楚也。"此邓非邓国之邓，乃蔡国地名，在蔡之北，郑之南。即今河南漯河市召陵区邓襄镇邓襄寨北。说"始惧楚"，指中原诸国患楚自此始。杜预注云："楚武王始僭号称王，欲害中国。蔡、郑，姬姓，近楚，故惧而合谋。"但熊通称武王，事在鲁桓公八年（前704），鲁桓公二年（前710）尚未"僭号称王"。并无"欲害中国"的言行，楚地距蔡、郑甚远，故而杜说难以成立。在这方面，《诗经·王风·扬之水》提供了一点信息。诗云：

> 扬之水，不流束薪。彼其之子，不与我戍申。怀哉，怀哉！曷月予还归哉？
>
> 扬之水，不流束楚。彼其之子，不与我戍甫。怀哉，怀哉！曷月予还归哉？
>
> 扬之水，不流束蒲。彼其之子，不与我戍许。怀哉，怀哉！曷月予还归哉？

《毛诗序》说："《扬之水》，刺平王也。不抚其民而远屯戍于母家。周人怨思焉。"郑玄《笺》："平王母家申国，在陈、郑之南，迫近强楚，王室微弱，而数见侵伐，王是以戍之。”后世学者指出：“此盖申、吕等国受新兴楚国之逼，故王师戍之也。”[①]《扬之水》的背景和主题是：“周平王时，位于今河南南阳市、南阳以西及许昌以东的申、吕、许三国，不断受到楚国的侵扰，平王乃征发畿内之民前往三国戍守，被征发的周人怀念故土亲人，唱出此歌，以示不满。”[②]楚武王北侵中原的时间，大约始于鲁隐公元年（前 722）之前，止于鲁桓公二年（前 710）前后。从蔡、郑会于邓，可知楚师早在前 710 年之前，就已经多次出师中原，使蔡、郑诸国受到威胁，不得不进行谋会，共商对付楚国的大计。约从春秋前期开始，楚国对北方大举用兵，饮马黄河，逐鹿中原，称雄争霸，不可一世，以摧枯拉朽之势，迅速翦灭了诸多小国，为后世中国的大一统奠定了基础。楚灭中原诸国，使得当地原有文化序列中断，并被纳入楚文化的体系之中。

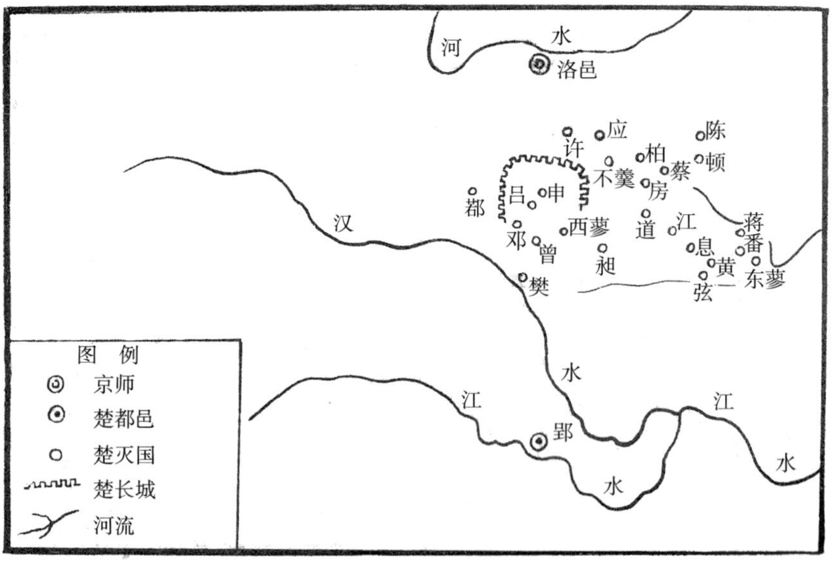

图 4-1 楚灭中原诸国地域图

① 童书业．春秋左传研究［M］．上海：上海人民出版社，1980：46.

② 何浩．楚灭国研究［M］．武汉：武汉出版社，1989：48.

第一节　鄀国

春秋以降，最早与楚交兵的是中原西南边陲的鄀国。《左传·哀公十七年》载，楚太师子谷在回答叶公子高时说：“观丁父，鄀俘也，武王以为军率，是以克州、蓼，服随、唐，大启群蛮。”观丁父既然是鄀国的俘虏，表明鄀是受到楚国讨伐的中原国家，楚武王克州、蓼，服随、唐，启群蛮等，均是重用了观丁父的结果。据《世本·氏姓篇》载：“鄀，允姓国，昌意降居为侯。”又《竹书纪年》云：“昌意降居若水。”可知“若”与“鄀”通。昌意族活动的若水，即今河南汝水。鄀部族早期在汝水流域活动，而后南徙，经南阳盆地至丹淅一带。关于鄀国的地望，据《左传·僖公二十五年》杜预注：“鄀本在商密，为秦、楚界上小国。”商密之鄀即“下鄀”，在汉晋丹水县，大致不出今淅川县老城（上集）以西寺湾一带。上鄀更在下鄀之北，今西峡县以西的丁河古城可能即上鄀故城。约在西周中期，就出现了上、下鄀之分，直到春秋早期，二者还并行发展。由于上下鄀都处于南北交通的重要位置，可能在楚武王时期相继被纳入楚的势力范围。

楚武王以观丁父为主帅，北上中原，打败西蓼，进攻申、吕，揭开了楚国拓疆启土时的第一次灭国高潮。

西峡邪地村的上鄀故城，东临陈阳河，南濒重阳河，二水在城址东南交汇东去，合称丁河，而后注入灌河。上鄀故城位于两河交汇的三角地带，西依群山，商南至南阳的公路由此往南从城址东沿穿过。城址呈长方形，长750—800米，宽400—500米，面积约37.5万平方米，高出河床5—10米，残垣多埋在地下，个别地方保留在地面上的城墙残高1.3米左右，以东北角断面看，夯层清晰，每层厚约15厘米。城址东、南、西三面正中，保留有城门遗存，当地人称这座古城为“鄀国城”或“古城岭”。城内中部的“金銮殿”，可能为宫殿遗址所在。西边土岭为练兵场。过去这附近曾出土过铜鼎，并在城内东南部采集到西周时期的豆、罐等陶器残片。[1]

下鄀故城的地望，据《左传·僖公二十五年》杜预注："鄀本在商密。"又云："商密，鄀别邑，今南乡丹水县。"互有出入。孔颖达《正义》从前说，认为"国名为鄀，所都之邑名商密"。杨伯峻《春秋左传注》从孔说："鄀音若，……鄀商密。其地当在今河南省淅川县之西南。"考古工作者在淅川县西北的寺湾发现一座先秦古城遗址，很可能就是商密，亦即下鄀故都。

鲁僖公二十五年（前635），秦、晋联军伐鄀，楚以申息之师戍商密，结果楚主帅为秦所俘，鄀降秦。鲁文公五年（前622）初，鄀叛楚即秦，后又贰于楚，秦人入鄀取商密。从这两次战事可知到春秋中期，鄀国成为秦、楚之间争夺的对象，已是一个日益削弱的小国。约于鲁文公五年到十四年（前622—前613），鄀国南迁至湖北境内汉水西岸，今钟祥西北乐乡关东北，古丽阳驿附近的鄀邑，为其南迁后的居地。

在著录的传世殷周青铜器中，不少刻有"若"或"亚若"铭记，这些均属早期鄀部族的遗物。从鄀的字形分析，西周中期以前，均为单体的"若"，从西周中期开始，"若"字附加偏旁，出现复体，并且分化为两型：A型为上鄀之"鄀"，从若从邑，如《鄀公矛人簋铭文》："上鄀公矛人作用簋。"B型为下鄀之"鄀"，从若从虫，如《鄀公諴鼎铭》云："下蠚雝公諴作障鼎。"《鄀公諴簋铭》云："蛰公諴作旅簠。"上、下鄀之别，可能是由分封形成的。

传世的西周至春秋早期鄀国铜器，容庚《善斋彝器图录》载有西周早期的若我鼎，圆角方鼎，平折沿，立耳垂腹，四柱足，口沿下饰云雷纹与兽面纹。铭文42字："唯十月又一月丁亥，我作禦祭祖乙、妣乙、祖己、妣癸，我礿禦二母，咸与遣福二圉贝五，用作父己宝障彝，亚若。"器铭最后铸有"亚若"族徽，标志着西周初年鄀部族首领受到周室的册封，世袭"亚"职。方濬益《缀遗斋彝器款识考释》所载若鴞鼎

① 徐少华．鄀国铜器及其历史地理研究［J］．江汉考古，1987（3）．

与若我鼎时代相近，亦为西周早期器。罗振玉《贞松堂吉金图》录有艐伯簋一件，艐字从舟从若，当是“若”之异作，属西周中期前段器。容庚《善斋彝器图录》载有一甗，铭曰：“鄀公作旅甗，其万年永宝用。”时代约为西周中期晚段。此外，西周中期鄀器还有艐伯簋，西周晚期鄀器还有鄀公諴鼎、鄀公諴簠、鄀公矛人簋、鄀公敄人钟。《八琼室金石补正札记》著录一件上鄀公簠，铭文为“上鄀公作犀仲㜏义男尊簠，子子孙孙永宝用之”。此为上鄀公为其次女所作器，其女字仲㜏，名义男。楚之国姓为芈，与㜏同音。青铜铭文中楚姓芈均作㜏，知芈为㜏的通假字。此上鄀公为芈姓而非允姓，当属楚人，为楚之县公，其时代约为春秋中期，表明此时上鄀已灭于楚，故地入楚为县。1979 年淅川下寺 8 号墓出土的叔㜏番妃媵簠，铭文为“唯正月初吉丁亥，上鄀公择其吉金，铸叔㜏番妃媵簠，其眉寿万年无期，子子孙孙永宝用之”。此器是上鄀公为其女叔㜏番妃出嫁所作的媵器。[①]1972 年湖北襄阳山湾春秋楚国墓地出土一件上鄀府簠，除器耳残脱（后焊接修复）以外，其他部位基本完好。簠的器盖与器身为长方形，造型基本相同，上下合成一器，唯器盖两边各铸有鋬扣 2 个。腹壁上部垂直，下部斜收为平底。底部附有向外张的曲尺形四足。器表饰蟠螭纹。上、下器底内皆铸有内容相同的铭文：“惟正六月初吉丁亥，上鄀府择其吉金，铸其𠤳簠，其眉老（寿）无记（期），子子孙孙永宝用之。”器口长 29.8 厘米，宽 22.9 厘米，通高 22 厘米，此簠据推测为春秋中期器。[②]

1977 年湖北谷城过山出土的鄀儿罍，其铭有数字残坏不清：“唯正月初终吉□，鄀儿择□吉□□□□□罍，眉寿无期，子子孙孙永宝用之。”从其形制来看，时代约为春秋中期。“鄀”字从若从两系，与上鄀之“鄀”不类，而与下鄀之“鄀”从若下从两虫的形体有相似之处。因而应为下鄀之器。鄀儿罍的发现，是一件引人注目的事。从鄀儿的称呼

① 河南省丹江库区文物发掘队．河南省淅川下寺春秋楚墓［J］．文物，1980（10）．
② 杨叔喜．襄阳山湾出土的鄀国和邓国铜器［J］．江汉考古，1983（1）．

看，与以前多称鄀公的鄀器有别，在目前所见楚器铭文中也未见如此称呼，它反映了下鄀地位的某种变化——由自立的诸侯国降至楚人的附庸。从考古发现的鄀器资料可知，约在春秋中期，上鄀被楚灭亡，下鄀迁至湖北谷城，沦为楚之附庸。

第二节　西蓼

西蓼，古为飂国，蓼亦作廖，己姓。它与文公五年楚所灭固始姬姓之蓼不同。楚得其地改称湖阳。秦汉时于此设湖阳县，故《汉书疏证》曰："南阳湖阳县，古廖国。"在今河南唐河县城南，仍有湖阳镇，镇北即蓼阳河。春秋时。蓼首次见于经传的是《左传・桓公十一年》："郧人军于蒲骚，将与随、绞、州、蓼伐楚师。"结果郧师大败。蓼参与了"伐楚"之事，为楚灭蓼提供了口实。《左传・哀公十七年》："子谷曰：'观丁父，鄀俘也。武王以为军率，是以克州蓼……'"宋公文据此认为蓼为楚武王所灭："我们知道，楚武王在位凡五十一年。武王四十一年春，蓼还存在，但它又确系灭亡于武王时期，那么蓼的灭亡显然是在楚武王四十一年春至五十一年，即前 701 年春至前 690 年间。"[①] 何浩从《左传・哀公十七年》的文义来看，认为武王并未灭蓼："'克'有'胜之'之意。《春秋・隐公元年》记有'郑伯克段于鄢'，杜注：'言段强大俊杰，据大都以耦国，所谓得俊曰克也。'《左传・庄公十一年》记有'得俊曰克'，《正义》注：'克训胜也。战胜其师，获得其军内之雄俊者，故云得俊曰克。'观丁父'克州、蓼'，如楚武王伐鄀得观丁父一样，可称作'克鄀'，而不是'灭鄀'。'克州、蓼'，当是有所获，却不是'灭'其国。'克州、蓼'与'服随、唐'相对应，也不过是说曾经战而胜之，迫使州、蓼、随、唐一度臣服于楚。"[②] 据

① 宋公文．春秋前期楚北上中原灭国考［J］．江汉论坛，1982（1）．
② 何浩．楚灭国研究［M］．武汉：武汉出版社，1989：213．

《楚灭国研究》所附“楚灭国表”载，西蓼灭于楚文王五年（前685）至楚成王十六年（前656）之间。如此说来，西蓼虽未被武王所灭，但已沦为楚之附庸，不久即亡。

关于西蓼的文化遗存，迄今尚未发现。

第三节　申国

楚武王为了打开北上中原的门户，南阳的申、吕被列为首要进攻目标。申，姜姓，《世本》说是炎帝的后裔。《国语·周语》云：“胙四岳国，命以侯伯，赐姓曰姜。”又说：“齐、许、申、吕，由太姜。”《史记·齐太公世家》在叙述太公望尚吕的身世时，也曾说：“其先祖尝为四岳，佐禹平水土甚有功。虞夏之际封于吕，或封于申，姓姜氏。”申部族的早期居地在今宁夏中卫至陕西米脂一带，“盖此一申氏在宗周西，故曰‘西申’，以别于东申耳。西申同化于戎，故亦曰申戎矣”[①]。此申戎在进入西周后被称为“西申”。宗周之东也有一个申国，即周封之申。《左传·文公八年》：“公壻池之封，自申至于虎牢之竟。”杜预注：“申，郑地。”约在今河南荥阳市汜水镇一带。陈槃说：“疑申伯旧居是在汜水，宣王‘定申伯之宅’，欲使之式是南国，故申伯然后迁南阳耳。汜水正当嵩山北麓下，如果申国于此，则望祀名山，自非嵩山莫属。”[②]荥阳在宗周之东，可能是西周之初的“东申”。

周宣王时，派申伯镇守南国，到旧谢国的地方去建新都。《诗经·大雅·崧高》说：“王遣申伯，路车乘马。我图尔居，莫如南土。锡尔介圭，以作尔保。往近王舅，南土是保！”申国南迁于谢，其地望所在，据《国语·郑语》韦昭注云“谢，宣王之舅申伯之国，今在南阳”。《汉书·地理志》云：“申在宛北。”顾祖禹《读史方舆纪要》卷

①② 陈槃. 春秋大事表列国爵姓及存灭表撰异［M］. 上海：上海古籍出版社，2009.

五十一“南阳府南阳县”载：“申城，府北二十里。《括地志》：南阳县北有申城，周宣王舅所封。”申国原封之地，《诗经·大雅·崧高》孔颖达疏也以为在今南阳附近“申伯本国近谢，今命为州牧，故改邑于谢”。“谢”，古书亦作“徐”或“序”。朱右曾《诗地理征》云：“王逸《楚辞章句》引《诗》曰：申伯番番，既入于徐；王符《潜夫论》曰：申在宛北序山之下。故《诗》曰于邑于序，‘徐’‘序’‘谢’俱声近字易。”由此可知，申伯所迁之谢在今南阳无疑。1981年2月，南阳市北郊豫山之南出土一批申国铜器，其中一簋铸有“南申伯大宰中爯父”的铭文。“这批铜器的时代应定为西周晚期到春秋早期。”[①]其出土地点“豫山”之“豫”，同“序”“谢”音近，因而可能就是古书提及的序山或谢邑所在。仲爯父簋铭文提到的南申伯，正是《诗经·大雅·崧高》里的“申伯”，其前冠以南字，是为了有别于“西申”。

过去也有学者主张申国不在南阳，杜佑《通典》以为在唐代申州。唐代申州治义阳县，即今河南信阳，故治在今城南二十千米。《元和郡县图志》云：“申州，《禹贡》荆州之域，又古申国也。郑武公娶于申，曰武姜。在周为侯伯，后为楚所灭。”《太平寰宇记》曰：“信阳军……本申州也。春秋时属楚，即古申国之地也。周宣王封舅之国。”南宋朱熹《诗集传》亦采用此说，因而这一观点曾经广为流传。现在仲爯父簋在南阳被发现，“确切地证明了西周晚年的申是在南阳，并不在北周以至唐代的申州，把学者争论已久的申国地望问题解决了”[②]。1975年，南阳西关煤厂发现一座春秋中期偏早的楚墓，墓中出土的一件铜簠上有铭文，作器者为申公彭宇。[③]彭宇为楚国申县之公，“楚县公之器出于南阳，这不仅直接证实了楚国‘实县申、息’之申县即故申国地确在南阳，而且由此表明，《左传》中频繁出现的‘申、息之师’的‘申’，确

① 崔庆明．南阳市北郊出土一批申国青铜器［J］．中原文物，1984（4）．

② 李学勤．论仲爯父簋与申国［J］．中原文物，1984（4）．

③ 王儒林，崔庆明．南阳市西关出土一批春秋青铜器［J］．中原文物，1982（1）．

与信阳无关”[①]。

过去一般都将信阳之申称东申，而将南阳之申叫西申。我们在前面已经指出，东申既在河南荥阳汜水镇一带，因而不可能有两个东申。那么信阳称申如何解释呢？《左传·昭公十三年》载：“楚之灭蔡也，灵王迁许、胡、沈、道、房、申于荆焉。平王即位，既封陈、蔡，而皆复之，礼也。”杜预注：“灭蔡在十一年。许、胡、沈，小国也。道、房、申皆故诸侯，楚灭以为邑。”楚灵王所迁之申可能就是信阳之申，其地与许、胡、沈、道、房相近。此申大约是南申伯的兄弟建立的国家，可以视作南申的分支。

申亡的具体年代已不可考。何光岳认为南阳之申灭于楚文王二年（前688）。楚时假道于邓以灭申。过了两年，伐息时又灭信阳之申；[②]宋公文主张，申的灭亡，可断于楚文王三年至八年（前687—前682）；[③]何浩以为申之灭，最早在楚文王三年，最迟在楚文王六年（前687—前684）。[④]由此看来，春秋初年，楚国出师北伐，申国首当其冲，为楚所灭。清人顾栋高《春秋大事表·楚疆域论》说：“余读《春秋》至庄六年楚文王灭申，未尝不废书而叹也，曰：天下之势，尽在楚矣！申为南阳，天下之膂，光武所发迹处。是时齐桓未兴，楚横行南服，由丹阳迁郢，取荆州以立根基，武王旋取罗、鄀，为鄢、郢之地，至灭申，遂北向以抗中夏。”由此可见灭申的原因，这是楚为北进中原所采取的一个具有重大战略意义的措施。

申国文化遗存，主要发现于南阳市郊区一带。1981年2月，南阳市北郊砖瓦厂内出土一批铜器，除马镳、节约、辔饰、车軎外，还有铜鼎1件，残缺，敞口，平折沿，方厚唇，圆腹，圜底，马蹄形足，半圆形耳直立于口沿上，器表饰重环纹、窃曲纹和凸弦纹。鼎残高25厘米、

① 何浩．楚灭国研究［M］．武汉：武汉出版社，1989：208．
② 何光岳．楚灭国考［M］．上海：上海人民出版社，1990：122．
③ 宋公文．春秋前期楚北上中原灭国考［J］．江汉论坛，1982（1）．
④ 何浩．楚灭国研究［M］．武汉：武汉出版社，1989：207．

口径 30 厘米、腹深 18 厘米，重 5.5 千克。腹内有铭文 3 行，共 17 字："中爯父作宝鼎，其万年子子孙孙永用享孝。"铜盘 1 件，敞口，口沿向外平折，方唇，浅腹，附耳，壁微弧下收为平底，圈足外撇呈喇叭形，器身饰凸弦纹、凸蛇纹、鱼纹和蟠龙纹。该盘通高 11.5 厘米，口径 28 厘米，腹深 5 厘米，底径 20.8 厘米，重 2.5 千克。铜簋 2 件，皆残。一件通高 24 厘米，口径 21.5 厘米，底径 23.1 厘米，腹深 13 厘米，腹围 85 厘米，重 7 千克。圆腹外鼓，底微凹，喇叭形圈足，圈足下附三个兽首纹小足，子母口上有盖，盖顶为圆形握手，腹部两侧对称处铸有兽首状两耳，耳下有珥。器表饰蟠龙纹、瓦纹、窃曲纹、垂鳞纹。盖和腹内皆有铭文 5 行，共 43 字，铭曰："中爯父宰南申厥辞，作其皇祖考夷王，监伯隮簋，用享用孝，用易（锡）眉寿，屯（纯）右（佑）康和，万年无疆，子子孙孙永宝用享。"另一件残缺较甚，其造型、纹饰与上簋基本一样，唯铭文稍异，盖内铭文 4 行，共 45 字，铭曰："南申伯大宰中爯父厥辞作其皇祖考夷王、监伯隮簋，用享用孝，用易（锡）眉寿，屯（钝）右（佑）康和，万年无疆，子子孙孙永宝用享。"南阳北郊出土的这一组申国标准器中，簋和《两周金文辞大系图录考释》中著录的鲁士商慮簋、虢季子簋二器的造型、纹饰基本相同。马镳的形制和陕西扶风县召李村 1 号周墓出土的马镳造型极为相似，盘和上村岭虢国墓地出土的盘之形制、花纹大致一样，鼎的形制与虢文公鼎颇相近。车軎的形制纹饰和浚县辛村大墓中出土的同类车器相似，因而这批申器的时代约为西周晚期。[①]

簋铭中的"大宰"亦称冢宰，相当于后世相职，是申国之相。"仲伯父厥辞"是大宰的名字。"夷王、监伯"即仲爯父的祖考两代，"夷王"就是周夷王燮，监伯系夷王之子、厉王的兄弟，因此仲爯父应为宣王的从兄弟行。"南申伯"是《诗经·大雅·崧高》篇里提及的"申伯"，即宣王之舅，周之重臣。

① 崔庆明．南阳市北郊出土一批申国青铜器［J］．中原文物，1984（4）．

1975年3月，南阳市西关煤厂发现古墓一座。该墓为长方竖穴，朱砂铺底。葬具已腐朽，仅存棺灰及漆皮痕迹。漆皮绘有朱色花纹图案，出土玉、铜、漆器644件，其中玉块饰双勾阴刻变形蟠虺纹。玉坠饰双勾阴刻变形窃曲纹和重环纹。铜鼎3件，1件附耳，2件立耳外撇，都是口沿向外平折，腹微鼓，底稍平，三蹄足。腹部饰蟠虺纹及弦纹。铜壶2件，形制大小相同，小口，细颈斜肩，鼓腹，圈足，子母口，有盖，颈两侧各有一兽头衔环，器表饰瓦纹、窃曲纹、环带纹和垂鳞纹。簠两件，形制大小相同，皆长方形，无唇直口，腹部下收，平底较小，盖身一样，上下合为一器。盖、身两端各有一兽头形环耳，底有外扩的曲尺形圈足，通身饰乳钉蟠虺纹。长32厘米，宽24厘米，通高20厘米，底长22厘米，宽15厘米，足高3厘米。底内有铭文5行32字："唯正十又一月辛，子钟公彭宇自作淄簠，宇其眉，寿万年无疆，子子孙孙永宝用之。"此外，还出土有铜戈，削、镞、马衔、马镳、节约、辔饰、环、车饰器等。① 从出土的有关铜器判断，该墓的时代当属春秋早、中期之际。《左传·哀公十七年》载楚子谷语云："彭仲爽，申俘也，文王以为令尹，实县申、息，朝陈、蔡，封畛于汝。"楚灭申后，申城成为楚之北方重镇。楚封于申的大臣称"申公"。《申公彭宇簠》铭中提及的"申公"，"无疑也是楚臣，系彭氏。……楚文王时有申俘彭仲爽，是春秋时期楚国唯一外来的令尹，申公彭宇不知是否与他有关"②。南阳西关煤厂发现的春秋古墓虽非标准申墓，但它同楚灭申的时代相距不远，在一些器物上仍然保留着申文化的特征，对研究申国的历史无疑起着重要的作用。

第四节　吕国

吕，姜姓，为炎帝部族后裔。《国语·周语》载吕人源于四岳，说：

---

① 王儒林，崔庆明．南阳市西关出土一批春秋青铜器［J］．中原文物，1982（1）．
② 李学勤．论仲爯父簋与申国［J］．中原文物，1984（4）．

“祚四岳国，命以侯伯，赐姓曰姜，氏曰有吕。”又云：“齐、吕、申、许，由太姜。”太姜即周王季之母太王之妃，可知周初姜姓诸国由于同姬姓通婚而得到续封。“吕”在古文献中又作“甫”或“郙”。姜姓吕始兴于太岳，《诗经·大雅·崧高》云：“崧高维岳，骏极于天。维岳降神，生甫及申。”论者多以太岳在今山西霍县西南的吕乡。

吕人长期与周人联盟，活动于北方，周宣王时为安定南土而改封吕于南阳盆地。吕侯身负重任，受命往镇南方，吕人迁到南阳之后，地近荆楚，不时受到楚国的侵扰，周平王曾发畿内之民前往戍守，故《诗经·国风·扬之水》提及“戍甫”之事，其与“戍申”“戍许”并列。进入春秋以后，吕与申的国势逐渐衰败，已经无力抵抗楚人的侵犯，只好借助周人来御楚了。南迁之吕，与申邻近。

关于吕之地望，王符《潜夫论·志氏姓》云：“宛西三十里有吕。”《史记集解·齐太公世家》引徐广曰：“吕在南阳宛县西。”《水经注·淯水》载：“淯水又南，梅溪水注之……梅溪又迳宛西吕城东。”吕城所在地，以前称董吕村。《大明一统志》载：“吕城在［南阳］府城西三十里，虞夏时吕望先祖于此，今名董吕村。”《明嘉靖南阳府志校注》说：“吕城在南阳县西三十里，今名董营。”董营村因董姓居此故名，在南阳市区西的潦河左岸，属宛城区王村乡所辖。董营村附近没有发现古代遗址与遗物。唐代张守节《史记正义》引《括地志》曰：“故吕城在邓州南阳县西三十里，吕尚先祖封。”唐代南阳县治设在今南阳市卧龙区潦河镇，潦河镇紧邻镇平县境。隋唐之后，南阳县治又北移至今南阳市，后人不察，竟以今之南阳市为地理坐标，将市西董吕村附会为古吕城所在。实则吕城遗在今镇平县侯集镇南的宋小庄、鄂营一带，地当梅溪（今潦河）之西，倚帝山（今五朵山）之南，遗址面积很大，文化层厚5—8米，经常有重要文物出土，如姜营出土的西周立耳兽面蹄足铜鼎、壶平嘴出土的春秋双耳云雷纹铜簋等。[1]大体而言，周代吕国的地域在

① 胡会云．姜子牙与古吕国［J］．炎黄文化，2014（6）．

今河南镇平县及南阳市接壤地带。

传世吕器不多，据《两周金文辞大系图录考释》《西清古鉴》著录，有西周早期的《吕行壶》、中期的《吕伯簋》等，均为改封南阳以前的姜姓吕国遗物。西周晚期，吕封南阳之后的铜器，据吴式芬《捃古录金文》载有《吕仲生匜》，《三代吉金文存》载有《吕王壶》。

1943 年，陕西长安普度村出土《吕季姜壶》一对，是吕国之女嫁于周人的媵器。时代为西周晚期。[①]1979 年，淅川下寺十号楚墓出土编钟和编镈各一肆，同铸一篇铭文，其后半段为：黝，余吕王之孙，楚成王之盟仆，男子之艺，余下忒在天之下，余臣儿难得。[②] 文献记载未见吕潜号称王之事。但传世的《吕王壶》铭云："吕王□作大姬隮鬲，其永宝用之。"《吕王鬲》铭云："吕王作隮鬲，子子孙孙永宝用享。"上述 3 件器铭均有"吕王"之称，看来吕国曾一度称王，大概在楚成王时被楚征服，被迫订立了盟约。淅川下寺楚墓出土钟铭中对吕王不称"吕王"而称"吕王之孙"。可见此时吕已完全沦为楚国附庸，仰楚人鼻息以图生存。器主对楚王以"臣儿"自居的窘态，显示了吕国将亡的征兆。

吕亡于楚。何光岳说："于公元前 688 年，吕与申、缯等国便被楚文王所灭。"[③] 宋公文认为，申、吕既为楚国所争，则文王灭申时，也有兼灭吕的可能。即或不然，到鲁僖公四年（楚成王十六年）吕的灭国当已毋庸置疑。[④] 何浩提出，吕国之灭，大约在楚成王之后的楚穆王元年至楚庄王十八年，即公元前 625 年至前 596 年这 30 年间。[⑤] 约在春秋初期，楚灭南申之时，吕国受到重创，苟延残喘到了春秋中期，最后被兼并。

---

① 宋为霖．吕季姜醴壶［J］．文物，1982（10）．

② 河南省文物研究所．淅川下寺春秋楚墓［M］．北京：文物出版社，1991．

③ 何光岳．楚灭国考［M］．上海：上海人民出版社，1990．

④ 宋公文．春秋前期楚北上中原灭国考［J］．江汉论坛，1982（1）．

⑤ 何浩：楚灭国研究［M］．武汉：武汉出版社，1989．

楚灭申、吕，将其疆域推至南阳盆地。南阳盆地是军事上的战略要地，其高山峻岭可以为控扼之塞，宽城平野可以为屯兵之地；西出武关可以通秦，北上中原以达洛邑，东通江淮可以运谷粟，南达荆楚可以取货财。西周强盛时，以申、吕为藩蔽，楚未敢北向以争中夏。而当楚灭申、吕之后，楚始有图北方之志。《左传·成公七年》载，子重请以申、吕为赏田，申公巫臣说："不可。此申、吕所以邑也，是以为赋，以御北方。若取之，是无申、吕也，晋、郑必至于汉。"可见其地位之重要，楚为北上中原，亡申灭吕，实属势在必行之事。

古文献中"吕"与"甫""郙"皆通。传世甫器多见，《三代吉金文存》载有《甫父乙尊》《甫人父匜》《甫伯鼎》等。1980 年 12 月，固始白狮子地 2 号墓出土铜剑一把，剑身有脊，扁形柄，圆形首。通长 40 厘米，剑身有铭文一行 7 字："郙王䕶自作承剑。"此墓的时代为春秋晚期，剑器为春秋中期。由此看来，吕比申国存在的时间略长一些，大约在春秋中期稍后即被楚兼并。

第五节 邓国

邓是一个历史悠久的古国。《邓州志》载："夏仲康始封其子于邓。殷封汤之裔孙。"邓为曼姓国。王符《潜夫论·志氏姓》说："曼姓邓、优。"王继培笺："曼，旧作嫚。"田昌五说："春秋时的邓国，曼姓。据《后汉书·地理志》，蛮中作鄤中，则曼与蛮通，邓国也许是苗蛮留下的华夏之邦吧！"①

关于古邓国的地望，过去主要有两说：一曰河南邓州。顾祖禹《读史方舆纪要》卷五十一，说"邓州"是"春秋时邓侯国"。近人多从之。郭沫若《两周金文辞大系图录考释》即认为古邓国在河南邓县（今邓州市）。二曰湖北襄阳。刘宋时人盛弘之《荆州记》云："樊城西北有

① 田昌五．古代社会断代新论［M］．北京：人民出版社，1982.

鄾城。……鄾城西北行十余里，邓侯吴离之国，为楚文王所灭，今为邓县。”主张邓在今樊城西北。《水经注·淯水》云：“（淯水）南过邓县东，县，故邓侯吾离之国也。”主张邓在襄阳东北。唐初，司马贞《史记索隐》注释《屈原贾生列传》云：“此邓在汉水之北，故邓侯城也。”又《括地志》云：“故邓城在襄州安养县北二十里。春秋之邓国。”唐安养县，天宝以后改名临汉县，故地在今襄阳市之樊城。均说在襄阳之北。经石泉考定，襄阳东北之邓，为晋及唐宋时的邓城县。襄阳西北的邓城遗址是古邓国及宋齐以前邓县所在。[①]

这种说法的主要依据是 1937 年武汉大学历史系师生的一次实地访查。这一次访查发现古城墙基还很完整，城址略呈方形，周长 6.3 里（3 137.6 米）。城内及城外（特别是北面）有大量春秋战国到汉代的器物残片。这与清同治《襄阳县志·古迹》所载“邓城”在“县城西北二十里，今城基尚存，高丈余，濠淤成田”的记载基本相符。不过，当代一些学者特别是邓姓族人，对此持完全否定的态度。他们认为古邓国邓城不在湖北襄阳，而是在河南邓州市境，并在邓州找到了邓侯吾离之墓，修建起规模巨大的邓侯陵园，使之成为海内外邓姓族人寻根谒祖的圣地。当代学者中主张邓城在邓州的也不乏其人。杨伯峻说：“邓，曼姓国，庄公十六年楚文王灭之。故城在今河南省南阳地区邓县。”[②] 任崇岳认为襄阳邓城是从南阳迁徙过去的：

邓国都城在邓州，西汉、西晋时期从未有过异议。《汉书·地理志》“南阳郡”记载辖县三十六，其中有邓县，应劭注曰“邓侯国”，表示邓县乃邓侯故地。南郡辖十八县，无邓县。《后汉书·郡国志》“南阳郡”条云：“邓有鄾聚”，注云：“《左传·桓公九年》，楚师围鄾。”也表明邓国在南阳郡内，而“南郡”条下则无邓县或邓地。直到西晋初年杜预在《春秋释例》一书卷六桓公七年“邓地”条注曰：“邓，义阳邓县。”

① 石泉．古邓国、邓县考［J］．江汉论坛，1980（3）．

② 杨伯峻．春秋左传注：第一册［M］．北京：中华书局，1981．

义阳原为义阳国，西晋设置，治所在今河南新野县。东晋时“分南阳立义阳郡”，《晋书·地理志》“襄阳郡”条下辖有“邓城、鄾”，而在“义阳郡”条下辖有“新野、穰、邓”等地，在“邓”下注曰：“故邓侯国。”正因为故邓侯国在义阳郡，而义阳郡又在河南境内，因此后世学者认为邓国都城在今邓州。顾祖禹《读史方舆纪要》卷五十一肯定邓州为“春秋时邓侯国”，《辞源》释邓为：“古国名，曼姓……故地在今河南邓县一事。”郭沫若《两周金文辞大系图录考释》也认为古邓国在河南古邓县。童书业、吕思勉等学者也持此说。

《晋书·地理志》既在“义阳郡邓”条下注有“故邓侯国”，表明古邓国就在这里，但在“襄阳郡”条下又注“邓城、鄾”，给人以邓国都城邓州在两汉以前从未有过争议，到了《晋书·地理志》却引起歧义了呢？究其原因，与东晋侨设郡县有关。……襄阳郡所辖的邓城也应是这种情况，即在邓县人聚集的地方设立了侨县邓城，后人不察，便把邓城误以为邓县了。①

由此看来，邓国都城襄阳与邓州说均有一定道理，需要通过考古发掘进行深入探讨方能破解邓城之谜。

西周初年，曼姓之邓已在邓林一带立国。《史记·礼书》：“阻之以邓林。”《索隐》：“刘氏以为今襄州南凤林山，是古邓祈侯之国，在楚之北境。”此邓地之山林在今南阳盆地南部邓州附近的山区。另据《三代吉金文存》等书载有传世的“复公子白舍簋”，其铭曰：“复公子白舍曰敃新，作我姑邓孟媿媵簋，永寿用之。”为西周中晚器，据此可知另有媿姓之邓，此邓与襄阳附近至南阳盆地南部邓林曼姓之邓有别。

关于曼姓之邓，始见于《左传·昭公九年》。东周王朝贵族詹桓伯在同晋国进行交涉，忆昔西周全盛之时，提及“巴、濮、楚、邓，吾南土也”。邓为西周之“南土”，二者之间必然建立了经济和文化联系。西周初年成、康之际的“盂爵”铭云：“唯王初𠦪（祓）于成周，王令盂宁

① 任崇岳．邓姓的来源与迁徙［J］．寻根，2014（1）．

邓伯，宾贝，用作父宝尊彝。”记载了周王派盂去慰问邓君。此外，《左传》还记载了巴、楚伐邓和楚人灭邓之事。

《左传·桓公九年》云：“巴子使韩服告于楚，请与邓为好。楚子使道朔将巴客以聘于邓，邓南鄙鄾人攻而夺之币，杀道朔及巴行人。楚子使薳章让于邓，邓人弗受。夏，楚使斗廉帅师及巴师围鄾。邓养甥、聃甥帅师救鄾。三逐巴师不克。斗廉衡陈其师于巴师之中，以战而北。邓人逐之，背巴师而夹攻之。邓师大败。鄾人宵溃。”这次战事相当激烈，经过三次进退，方才打败邓师。

《左传·庄公六年》说：“楚文王伐申，过邓。邓祁侯曰：‘吾甥也。’止而享之。骓甥、聃甥、养甥请杀楚子。邓侯弗许。三甥曰：‘亡邓国者，必此人也。若不早图，后君噬齐。其及图之乎！图之，此为时矣。’……弗从。还年，楚子伐邓。十六年，楚复伐邓，灭之。”楚国北上中原，邓为必经的要冲。当时邓国的政治家们已经预感到楚将灭邓的危机，因而及时提醒邓侯进行防范，采取先发制人的手段杀掉楚子，但是邓侯鉴于两国之间存在着联姻关系，不忍下手。鲁庄公十六年（前678），楚国终于灭掉邓国。

楚之所以灭邓，主要从其战略地位出发。邓国疆域辽阔，地理位置十分优越，北接南阳盆地，东通随枣走廊，是楚国北上中原首先需要兼并的目标。灭掉邓国，扫除了楚国前进道路上的一大障碍，从此可以通过南阳盆地，长驱直入，争霸中原。因而楚国灭邓，是历史发展的必然趋势。

传世邓器不多，《两周金文辞大系图录考释》收录邓器3件，邓伯氏鼎、邓孟壶盖、邓公簋盖，都是西周晚期器。

1974年春，湖北襄阳山湾春秋楚国墓地，出土一件“邓公乘鼎”，器上有五柱圈形抓把盖，鼎身为子母形口，鼓腹，圜底，方形附耳，蹄足外撇。器表饰绹索纹、涡纹、重回纹，蟠螭纹和兽面纹。口径21.4厘米，腹径23.2厘米，腹深16.8厘米，通高26.6厘米。盖内中部的腹之内壁铸有内容相同的铭文，4行16字：“邓公乘自作飤緐，其眉寿无期，永宝用之。”此鼎的器形、花纹特征与楚文化中的同类鼎相似，其时代为春秋早期或早期偏晚。1979 年襄樊市文管处在废品站收集到一件《邓公簋》，推测也是襄阳一带出土。①

1979 年 12 月和 1980 年 5 月，平顶山市原滍阳镇义学岗先后出土两件形制、纹饰、大小、铭文完全相同的铜簋，敛口无盖，通高 15.5 厘米，口径 19 厘米，腹径 24.5 厘米。口沿饰窃曲纹，腹饰瓦纹，圈足饰斜角云纹。圈足下又置三个乳状小扁足，扁足上饰兽面纹。铺首为兽首衔环。器之内壁有铭文 3 行共 12 字：“邓公作应嫚毗媵簋，其永宝用。”分别被定名为“邓公簋 A”和“邓公簋 B”1984 年 4 月 20 日，又出土两件铜簋，带盖，盖顶有喇叭形握手，盖面饰瓦纹，盖沿饰窃曲纹，分别被定名为“邓公簋 C”和“邓公簋 D”。C 簋通高 20 厘米，重 4.1 千克。D 簋通高 20 厘米，重 4.8 千克。C、D 二簋的形制、盖内与器内底部所铸铭文，均与 A、B 二簋相同，此四簋出土时间虽有先后，但却应为同一墓葬之物。② 从器形和纹饰考察，其时代约在西周中后期的孝夷时期。这是邓国国君为嫁到应国的女儿嫚毗特意制作的媵器。表明应、邓两国之间，由于政治上的原因，曾经存在联姻关系。

第六节　养国

养，周代嬴姓国。养字金文作“羕”，或加邑作“鄴”。养国，史籍失载，根据铜器铭文获知，养在西周即已建国。传世的西周铜器养史尊铭曰：“养史作旅彝。”“养史”就是诸侯史官，彼时养已立国。1970 年冬，湖北江陵岳山一座春秋墓出土的鄴伯簠，铭为：养伯受用其吉金作其元妹叔嬴为心媵饙簠，子子孙孙其永用之。③ 簠系养伯受为其大妹为心所作的媵器。“叔”是排行，“嬴”即养之族姓。养国既为嬴姓，属

① 杨权喜. 襄阳山湾出土的鄀国和邓国铜器［J］. 江汉考古，1983（1）.
② 张肇武. 平顶山市出土周代青铜器［J］. 考古，1985（3）.
③ 荆州地区博物馆. 江陵岳山大队出土一批春秋铜器［J］. 文物，1982（10）.

东夷少昊之裔，与淮河上游地区的江、黄、樊诸国同族。该器出于楚墓中，表明其时养国已附属于楚，并与楚联姻。“墓主应为楚国的一个贵族，可能即其（养伯）大妹的丈夫之墓。”①

传世养器，见诸著录的有刘体智《小校经阁金文拓本》所收鬲一件，铭文为：“养中无龙作荐鬲，其子子孙孙永宝用。”此鬲相传出于河南。还有一件养伯聿匜。罗振玉《三代吉金文存》收录一件养伯业盘。

关于养地所在，学术界的认识并不一致。有云在今河南沈丘与安徽界首间。《左传·昭公三十年》载：“吴子使徐人执掩余，使钟吾人执烛庸。二公子奔楚，楚子大封，而定其徙。使监马尹大心逆吴公子，使居养。莠尹然、左司马沈尹戌城之，取于城父与胡田以与之。将以害吴也。”传文中提到的城父在今安徽亳州市东南，胡国在今安徽阜阳，地近河南沈丘。顾栋高《春秋大事表》说：“今河南陈州府沈丘县东有养城，春秋楚养邑也。”杨伯峻《春秋左传注》云：“养当在今河南沈丘县今治南沈丘城之东，临安徽界首县界。”何浩认为，清代沈丘东或东北的楚养邑，处于古胡、顿、项、沈、历诸国间的一大片空隙之地，这一带应当为古养国所在。或谓在今河南宝丰一带的养水之滨。《水经注·汝水》载：“汝水又右，迆为湖，湖水南北八九十步，东西四五百步，俗谓之东长湖，湖水下入汝，古养水也，水出鲁阳县北将孤山北长冈下。数泉俱发，东历永仁三堆南。又东迳沙川，世谓之沙水，历山符垒北，又东迳沙亭南，故养阴里也。司马彪《郡国志》曰：襄城有养阴里。京相璠曰：在襄城郏县西南。”熊会贞疏云：养水亦名沙河，又曰石河，石河出今宝丰县西北。又说今宝丰县为汉郏县地，京言养阴里在郏县西南，即宝丰之西北。黄盛璋据此将养城定在河南宝丰一带：

> 养既得名于养水，故只能于养水上求之。《水经注·汝水》记养水径流城邑如下：“水出鲁阳县北将孤山北长冈下。……又东迳

① 刘彬徽．湖北出土两周金文国别年代考述［J］．古文字研究：第 13 辑．

> 沙川，世谓之沙水，历山符垒北，又东迳沙亭南，故养阴里也。司马彪《郡国志》曰：襄城有养阴里，京相璠曰：在襄城、郏县西南，养水名也，俗以是水为沙水，故亦名之为沙城，非也。又城处水之阳，而以阴为称，更用惑焉。”……楚昭王城养处吴公子，还“取城父与胡田以与之”，据杜预注：“城父即襄城之城父。”《括地志》“故城在郏县东南四十里”，京相璠说养阴里在襄城，郏县西南，清《一统志》引《宝丰县志》：今县有父城保，又说养阴里在宝丰西北，可知皆在同一县境内，据此可以确定楚养邑与筑养城，必为养阴里及其前身之沙城，沙城不过是养城之俗名而已。[①]

从考古发现来看，宝丰境内迄今并未找到养国故城，养国贵族墓葬和相关器物却在桐柏一再被发现。1964 年 11 月，桐柏县左庄村后的黄土丘陵斜坡上，出土一批西周晚期青铜器，其中包括鼎、罍、盘、匜，戈各一件。鼎为敛口，鼓腹，圜底，颈及腹部各饰一周窃曲纹。罍为敛口，折肩，鼓腹，平底，肩部饰一周环带纹，口沿上有铭“养伯墉”三字。盘为平唇，浅腹，双耳，圈足，圈足下还有四小足。盘腹、圈足及双耳均有鳞纹及斜角云纹，盘内底铭为：“养伯墉自作宝盘，其万年疆无，子孙永用享。”17 字铭文中“疆无”应为“无疆”，可能是作器者一时疏忽将二字铸颠倒了。匜四足扁平，作兽形，颈饰窃曲纹，腹饰瓦纹，器内也有类似的铭文。[②]1975 年，桐柏平氏乡张相公庄出土铜盘、铜匜各 1 件。匜体较大，通长 38 厘米，龙形鋬，口沿饰连环纹，应为西周晚期或春秋初期之物。器底铸铭文：“养中无龙作宝匜，其万年子孙永宝享。”[③]1990 年，在桐柏县月河镇左庄村发现春秋早期的养

① 黄盛璋. 鄴器与鄴国地望及与楚之关系考辨［J］. 江汉考古，1988（1）.
② 王儒林. 河南桐柏发现周代铜器［J］. 考古，1965（7）.
③ 赵世纲. 楚人在河南的活动遗迹［C］// 楚文化研究论文集. 郑州：中州书画社，1983.

伯盘。[1]1993 年 11 月至 1994 年 2 月，在桐柏县月河镇左庄村北约 300 米的月河一号墓中，出土的青铜铎上，铭文为“养子白受止铎”。发掘者认为：“月河一号墓的时代应为春秋晚期前段。月河一号墓规模巨大，出土器物丰富，玉器中礼器众多且制作规整精美，厚重大方，带铭铎又自名‘养子’。结合该地区出土青铜礼器的情况，我们分析认为，该墓可能为养国国君受之墓。”[2] 根据桐柏月河一带先后发现养国国君和贵族的墓葬，并出土大批养国青铜器和玉器的情况判断，养国地域应在河南桐柏一带。

综上所述，根据文献记载和考古资料判断，养人原为东夷的一支，约在夏商时期便已进入中原，其西进的路线，可能是自河南沈丘东北的养邑到宝丰一带的养水之滨，最后立国于桐柏月河。一般所说的周代养国，应指河南桐柏而言，这里虽无养山、养水之名，但是却有考古学的依据。春秋时期，楚人大举北进，养国沦为楚之附庸。湖北随州发现的战国初期曾侯乙墓中，在记载赠送曾侯乙丧葬物品的名单中有“养君”之名，可见养国至少在战国初期依然存在，大约于战国中期被楚灭亡。

第七节　息国

息是淮水流域的姬姓之国。《世本·氏姓篇》：“息国，姬姓。”息又作鄎，《说文》：“鄎，姬姓之国，在淮北。从邑，息声，今汝南新鄎。”《汉书·地理志》“汝南郡”下云：“新息，莽曰新德。”颜师古引孟康曰：“故息国，其后徙东，故加新云。”《左传·隐公十一年》：“郑、息有违言，息侯伐郑。”杜预注：“息国，汝南新息县。”息一本作鄎。春秋时期无新息的国名或地名。汉代于息国故地设新息县，表明息国故地原先不在这里。故息国究竟在什么地方？清钱坫《新斠注地理

① 董全生，越成甫．桐柏月河一号春秋墓相关问题研究［J］．中原文物，1997（4）．

② 南阳市文物研究所，桐柏县文管办．桐柏月河一号春秋墓发掘简报［J］．中原文物，1997（4）．

志》谓："新息在今光州息县北三十里。《后汉书》注，故城在新息县西南。《元和郡县图志》，西南十里。孟康、应劭并云：'故息国其后东徙，故加新云。'《说文解字》作'鄎'，云姬姓国在淮北，今汝南新息。《水经注》：'故息城在西。'《春秋》传：'郑、息有违言，息侯伐郑。'杜预以为即此新息。余考新息与郑，南北相去五六百里，越国远征。息，小国也，未必能如此。知伐郑之息是故息矣。《水经注》：'汝水出梁县勉乡天息山。'今汝州地在郑之西，疑未迁之息是其处焉。"后世学者多从其说。其实这种推断根据不足，因而是不可信的。

从考古资料来看，1979年至1980年间，在罗山县蟒张乡天湖村竹竿河西岸北坡上，发现了著名的商代息族墓地，墓内出土带"息"字铭文的青铜器26件，其时代相当于殷墟文化二至四期，即祖庚、祖甲、帝辛时期。《路史·后纪十一》"疏仡纪有虞氏"条下，以息国为舜后，即妫姓。根据罗山天湖商墓出土的铜器上"息"字的构造，可知商代息为有虞氏后裔，其为妫姓。[①] 故息国本在罗山天湖一带，进入西周以后，原息国统治者或徙或亡，改由姬姓贵族代替，并将国都迁至今息县境，因而，周代息国之称应是沿袭商代息国故名而来。

息国地处黄淮大平原的南部边缘地带。以此北跨淮河，可进入中原的腹心地带，向南通过大隧关穿越大别山脉，可达肥沃的长江流域。因而息是楚国北上中原的战略要地。楚之灭息，富有戏剧色彩。《左传·庄公十年》云："蔡哀侯娶于陈，息侯亦娶焉。息妫将归。过蔡。蔡侯曰：'吾姨也。'止而见之，弗宾。息侯闻之，怒，使谓楚文王曰：'伐我，吾求救于蔡而伐之。'楚子从之。秋九月，楚败蔡师于莘，以蔡侯献舞归。"《左传·庄公十四年》又载："蔡哀侯为莘故，绳息以语楚子。楚子如息，以食入享，遂灭息。以息妫归。"这就是冯梦龙《东周列国志》上所写的"楚王杯酒虏息妫"。劫持息妫仅是楚文王灭息的一个诱因，其根本目的在于争霸中原。"文王灭息，是继灭申之后所做的

① 田昌五．对中国文明起源的探讨［J］．殷都学刊，1986（4）．

又一件大事。它的一个直接后果就是将楚的东北界址推进到汝水之滨（即所谓‘封畛于汝’）。从此，楚获得了今河南东南部的一片新地域。这块时称‘息县’的新区的开辟，给楚国增添了一个北上中原的‘桥头堡’，同时也为楚的东进创造了条件或打下了基础。终春秋之世，楚北争中原，东攻夷地，这里和申县一样都是兵调的先驱。在防御方面，它和申县遥相呼应，共同起着‘北大门’的坚固藩蔽作用。”①

关于楚灭息的时间，过去有三种不同的说法：一是鲁庄公十一年（前 683）。日本学者竹添光鸿《左传会笺》云：“息灭盖（庄公）十一年也。”二是鲁庄公十四年（前 680）。易本烺《春秋楚地答问》云：“息灭在庄（公）十四年。”三是鲁庄公十年至十四年（前 684—前 680）。顾颉刚在《春秋时代的县》中提出息亡于鲁庄公十至十四年。宋公文从春秋时代楚在中原开疆拓土的情况分析：“据庄公十年《左传》，楚灭息为蔡哀侯所策动，而哀侯被俘于庄公十年秋九月。这样，息灭的上限显然应定于庄公十年冬。又，息灭后楚文王即携息妫以归，至庄公十四年七月，息妫已生了两个孩子（见《左传·庄公十四年》）。如此，息灭的下限则不会超过庄公十二年。由此可知，庄公十四年之说无以立足，庄公十年至十四年之说，其下限也明显是错误的。”② 宋说可从，息应灭于鲁庄公十年至十二年（前 684—前 682）。

关于息国故城的地望，许多文献均有记载。《路史·国名纪戊》云：“息，侯爵，楚文（王）灭之。今蔡之新息北三十（里）有古息城，西十（里）有息侯庙。（北）周息州也。”顾栋高《春秋大事表》云：“息县西南七里有息城。”清嘉庆《一统志·光州·古迹》引《元和志》等云：“新息故城，在县西南十里。《县志》：今为新息里。又有古息里，在县西南十五里，即息侯国，为楚所灭者。”清《光州志》卷四：“息县，古息城在县西南七里。”《息县志·古迹》：“古息城，县西南七里，故息国。”

①② 宋公文．春秋前期楚北上中原灭国考［J］．江汉论坛，1982（1）．

息国故城位于今息县城西南的城郊乡徐庄村淮河北岸。被宋代文学家苏轼称为“东南第一峰”的濮公山屹立于故城东南，东北为清水河，北部是平原。城址略呈长方形，东西长 846 米，南北宽 420 米，城垣周长 2 532 米，城内面积 35.5 万余平方米。城墙大部分已毁，北城墙有一段保存较好，长 30 米，高 25 米，宽 10 余米，夯层厚 15 厘米，夯窝圆形，直径 4 厘米，城址出土有春秋时期的铜剑、铜镞及陶器等。[①] 息国故城以西两千米处，有一高约 5 米的土冢，面积约为 300 平方米，相传为春秋息侯之墓。大约这一带为贵族墓葬区。

息人建国甚早，罗山息国贵族墓地出土大批商代文物，许多器铭中均有“息”字。罗振玉《殷墟书契续编》著录有一块殷墟骨臼刻辞曰：“戊申妇息示二屯永。”“妇息”即息族之女嫁给商王者。说明当时息与商王室通婚，双方关系相当密切。西周初年，息之国君由妫姓改为姬姓，传世遗物甚少。1975 年 11 月，湖北随县涢阳乡涢水西岸鲢鱼咀出土一批春秋铜器[②]，其中有一铜盆，带盖，侈口，平底，通高 17.2 厘米，口内径 20.2 厘米，口沿边厚 0.7 厘米，腹内深 9.8 厘米，底径 14.5 厘米，重 2.25 千克。器表饰蟠螭纹。器底铸有铭文 2 行 11 字：“郋子行自作食盆，永宝用之。”盖内铭文相同，仅少一“用”字。此盆可能是息亡后流入楚国的。从铭文可知，息字古写作“郋”，息为子爵，故称息子。

迄今所知，周代息国铜器，仅《息子行盆》一件。

第八节　曾国

春秋前期，楚北上中原过程中灭掉了曾国。曾字或可写作“缯”与“鄫”。《国语·郑语》载郑桓公为司徒，问于史伯曰：“王室多故，余惧及焉。其何所可以逃死？”史伯对曰：“王室将卑……当成周者，南

① 左超．信阳地区春秋小国考［C］．楚文化研究会第五届年会论文，1990．

② 程欣人．随县涢阳出土楚、曾、息青铜器［J］．江汉考古，1980（1）．

有荆蛮、申、吕、应、邓、陈、蔡、随、唐……非亲则顽，不可入也。”又说：“申缯西戎方强，王室方骚……若伐申，而缯与西戎会以伐周，周不守矣。”韦昭注：“缯，姒姓，申之与国也。”《周语》也谓：“杞、缯由太姒也。”太姒为周文王妃，可见周、曾之间存在着姻亲关系。曾地与申相近，申在今河南南阳市北，北面方城县有“缯关”。《左传·哀公四年》：“夏，楚人既克夷虎，乃谋北方。左司马眅、申公寿余、叶公诸梁致蔡于负函，致方城之外于缯关。”江永《春秋地理考实》云：“《传》，致方城外于缯关。杜注，楚地。今按当在南阳府裕州，方城在裕州，见哀四年。”《春秋·僖公十四年》：“鄫子来朝。”杜注：“鄫国，今琅玡鄫县。”高士奇《春秋地名考略》则说：“鄫初封，似不在琅玡。哀四年，楚致方城之外于缯关，岂其故虚乎？”历代史家均以为鄫关即姒姓鄫国故墟，亦即始封地。今按殷墟卜辞屡记有“𡆥”，于省吾释为“曾”，丁山又云：“‘𡆥读为潧。’《水经》：‘潧水出郑县西北平地，东过其县北，又东南过其县东，又南，入于洧。’……潧、洧，今《毛诗》本作‘溱与洧’。溱水介于现今的河南省新郑与密县之间……卜辞所谓‘王㞢于𡆥，也该在此；即《春秋》所谓‘鄫子’，与夫‘曾伯霥簠’之曾，都可能为甲翼骨面诸种刻辞所见的𡆥氏之后。……我认为，缯关不如潧水名字古，与其说鄫之初封在缯关，不如说在潧水流域更为合理。”[1] 将缯关与潧水对比，缯关明显早于潧水。从考古发现来看，方城县八里桥二里头文化遗址很能说明一些问题。该遗址位于方城县城西南近 4 千米的潘河西岸，面积达 60 万平方米，出土大量陶器残片，复原器形以鼎、夹砂、中口深腹罐、小圆腹罐、花边口沿罐、刻槽小罐、豆、爵、大口尊、盆、瓮、缸、甑等构成器物群。还有卜骨、石器、玉斧等，在众多礼器中，出土一件石钺，该钺为豆青色，有五斑，通体磨光，体为扁平近方形。钺是王权的象征，表明了该遗址有可能是古国中

① 丁山．甲骨文所见氏族及其制度［M］．北京：中华书局，1988：106-107．

心所在，为夏时缯国在方城提供了重要考古学依据。①

中国古代曾经存在过三个姒姓曾国，即缯关之曾、溱水之曾、琅琊之曾，其地域分别在河南方城，河南新密、新郑，山东兰陵。这三个曾国虽然同为姒姓，在时间上却有先后之别。何光岳主张：“鄫国，子爵，为姒姓。约在夏代中叶，始建国于缯丘，在今河南方城县北。……新郑与密县之间有溱水……但溱水乃商代曾人之地，夏代之缯，当在缯关。……到商代才东迁溱水。……周武王灭商时，封鄫为子爵，移封鄫于山东临沂地区巷山县西北古鄫城。”② 袁义达也有类似的看法：“夏朝中叶，夏后少康封其少子曲烈于缯，子爵，缯子国在今河南方城北，缯、鄫、曾古时通用，也称鄫子国。商朝初，鄫国北迁于新郑与新密市之间的溱水。西周初，周武王灭商后封鄫为子爵，北迁到山东苍山西北。到春秋后期鲁襄公六年，即公元前 567 年被莒国所灭。”③ 由此可知，最早的姒姓曾国在今河南方城县境，被称为“缯关之曾”。

除姒姓之曾外，又有姬姓之曾，刘节说：“经籍所见曾国，可从邑作鄫，亦可从丝作缯，皆一名也。……史家皆以缯为姒姓。然在古器之中求之，若曾伯陭壶、曾大保盆、曾子仲宣鼎、曾诸子鼎，皆无直接证据可断定为姒姓之国。反之，若曾伯霥簠，若曾侯簠，其与楚国之关系则显而易见。此在河南者，附庸于郑之曾也。……余以为此即姬姓之曾。”④ 刘说欠妥。溱水之曾，本为姒姓，其后东徙，仍袭曾名而未改。但提出周代有姬姓之曾，却颇有见地。或谓汉阳诸姬，乃周昭王、周穆王南征荆楚、淮夷时，从山西、陕西移封而来。“曾国也当于这时始封于方城缯关的原姒姓曾国故地，因袭故国之名而未加邑旁，仍为曾国，爵位为伯爵，于姬姓亲族如霍、应、蓼等国成犄角之势，以拱卫成周的

① 北京大学考古系等．河南方城县八里桥遗址 1994 年春发掘简报［J］．考古，1999（12）．

② 何光岳．夏源流史［M］．南昌：江西教育出版社，1992：147-149．

③ 袁义达，张诚．中国姓氏：群体遗传和人口分布［M］．上海：华东师范大学出版社，2002：356-357．

④ 刘节．古史考存［M］．北京：人民出版社，1958：122．

南门。”[①]

关于方城之曾的后期情况，史无详载，不得而知。约于楚文王三至十一年间（前687—前679），为楚所灭。[②]

湖北随县曾侯乙墓的发现，表明随枣走廊也有一个曾国，此曾可能是南阳之曾分出并移植而去的。南阳之曾于春秋时期或徙或亡，而随枣走廊之曾犹强。黄盛璋认为：曾国原在河南新野，姬姓，侯爵。湖北随县曾侯是由新野一带分出去的。他说：“我则一直认为，一是姬姓之曾，原来不在湖北而在新野一带，楚方城有缯关，亦曾原在楚北境之外之证；二是随县之曾应是随为楚灭（见《春秋地理考证》引姓氏书）后迁居随地。曾、随国别既异，形、音相差很远，无由合而为一，只要有一件随器发现，争论立决。”[③]南阳之曾的文化遗存保留不多，仅在河南新野、桐柏等地发现几座墓葬，并出土一批曾器。

1971年8月，河南新野县城关镇小西关村西南寨沟内发现一座春秋早期的竖穴土坑墓，方向北偏东21度。墓口距地表0.5米，墓口长3.6米、宽2.44米，墓深2.3米、底长3.8米、宽2.5米。墓坑北壁有二层台。墓底有一层厚约2厘米浅灰色朽木灰层，其间掺有红色朱砂。墓内葬死者2人，头向北，其西一棺一椁，其东一棺无椁。墓内随葬玉器、骨器、青铜器数十件。其中比较重要的有鼎1件，口微敛，唇外折，鼓腹，圜底，贯耳，颈饰重环纹一周，腹部饰垂带纹。敦1件，口微敛，唇外折，深腹，圜底，三矮蹄足，颈部附有二兽首形环耳，颈下饰窃曲纹一周；甗1件，甑、鬲分铸。甑敞口，唇外折，直腹，平底，底部有长条状和十字形箅孔8个，两个方形附耳，耳内外饰重环纹，颈饰窃曲纹一周。鬲为直口，鼓腹，三款足，附两耳，素面无纹饰。甑的内壁铸铭文3行21字，铭云：“唯曾子中谑，用其吉金自作旅獻，子子孙孙其

① 何光岳．楚灭国考·鄫国考［M］．上海：上海人民出版社，1990．

② 何浩．楚灭国研究［M］．武汉：武汉出版社，1989．

③ 黄盛璋．山东诸小国铜器研究——《两周金文大系续编》分国考释之一章［J］．华夏考古，1989（1）．

永用之。”此“獻”即“甗”字。簠2件，为同范铸成。口呈矩形，腹部下收为平底，底附外扩圈足，圈足四边中间各有一缺口。簠侧腹部各有一兽首环形耳。颈部饰窃曲纹一周，腹及底部均饰蟠螭纹。此簠器、盖形制相同，可合成一器。盨1件，盖呈覆盘状，顶端有圈形捉手，缘饰蟠螭纹，器口微敛，唇外折，折肩，腹下收成小平底，两兽首环耳，器外饰窃曲纹、蟠螭纹。盘1件，敞口，唇外折，两附耳，浅腹，平底，圈足。圈足下原有三足，已缺。器外饰蟠螭纹、垂带纹、重环纹。匜1件，椭圆形，深腹，平底，底附4个兽形矮足，前端有流，尾有兽形鋬，颈饰重环纹一周，腹部通体饰瓦纹。此外，还出土有戈、镞、车軎、马衔、马镳、铃等铜器，以及玉管、象牙雕刻、骨匕、骨贝等。①

1974年8月，新野县城关镇小西关又发现古代铜器墓1座。该墓与1971年发现的曾子仲谦墓东西并列，相距仅20余米。墓坑呈长方竖穴形，墓口被河水冲毁，现存墓深约1米，长4.27米、宽2.3米，方向北偏东43度。此墓为单人葬，有棺有椁。出土铜器中，有列鼎3件，形制相同，大小不一。皆为折唇，敞口，鼓腹，平底，两附耳，三蹄足，腹部饰窃曲纹一周。簋4件，形制大小相同，通体呈椭圆形，有盖，子母口，盖呈覆盘状，顶有圈足形捉手。腹部铸二兽首形附耳，下有圈足，圈足下又铸三兽蹄足。器表饰瓦纹、窃曲纹和垂鳞纹。鬲4件，形制大小完全相同。其口沿外折，束颈，三款足呈马蹄形，无裆。鬲身饰三组象面纹，各组象纹之间饰垂鳞纹作为界格。此外，还出土有壶、甗、盘、匜、盨、戈、镞、马衔、铃、串圈等铜器及骨匕、骨饰件、石贝等。上述遗物与曾子仲谦墓出土物的时代、形制相同，虽然器物上没有发现铭刻文字，但可以断定也是一座春秋初期的曾国贵族墓葬。②1975年，桐柏县平氏乡张相公庄出土一批青铜器，其中铜盘铭文云：“唯曾子□，

① 郑杰祥．河南新野发现的曾国铜器［J］．文物，1973（5）．

② 河南省博物馆，新野县文化馆．河南新野古墓葬清理简报［M］// 文物资料丛刊：第2辑．北京：文物出版社，1978．

用其吉金，自作旅盘，其黄寿灵终，万年子孙永宝。”① 其时代亦为春秋早期。关于曾国的文物资料，20 世纪 70 年代以来在湖北京山、枣阳、随州均有出土。特别是随州曾侯乙墓的发掘，引起学术界的普遍关注。随州之曾的爵位称“侯”，延续时间甚长。南阳之曾为“子”爵，迄今为止，南阳地区尚未发现春秋中晚期或战国时代的曾器。因而新野、桐柏等地发现的曾国贵族墓葬及出土器物，应属南阳之“曾”，似与随枣走廊之“曾”无涉。

第九节　应国

应，姬姓，是楚国北上中原歼灭的国家之一。史乘所载，应在商代已经建国，《史记正义·梁孝王世家》引《括地志》，《汉书注·地理志》引臣瓒之说，以及《水经注·滍水》《路史·国名纪己》《舆地广记》等书，都曾提到《汲郡古文》云：“殷时已有应国。”今本《竹书纪年》载盘庚七年，“应侯来朝”。此外，见于武丁和帝乙、帝辛卜辞的有：

“贞令啬曑应王？”（考古所藏拓）

“贞唯应王曑？”（《后》下 30.11）

“应入二。”（《乙》4960）

“贞王步于应，无灾。”（《续》，3.30.6）

据上所载，可知商代应君称“王”，应君可能朝见过商王，商王曾派人往应地抓捕奴隶并亲临该地田猎。② 应国与商王朝之间，存在着密切的关系。西周灭商以后，周成王改封其弟于应，应便成了姬姓封国。

① 赵世纲．楚人在河南的活动遗址［C］// 楚文化研究论文集．郑州：中州书画社，1983．

② 齐文心．关于商代称王的封国君长的探讨［J］．历史研究，1985（2）．

《左传·僖公二十四年》："昔周公吊二叔之不咸，故封建亲戚，以藩屏周。管、蔡、郕、霍、鲁、卫、毛、聃、郜、雍、曹、滕、毕、原、酆、郇，文之昭也。邘、晋、应、韩，武之穆也。"《汉书·地理志》"颍川郡父城县"："应乡，故国，周武王弟（子）所封。"西周应国是在商代应国的地盘上，作为周王朝的屏障重新立国的。

关于应之地望，《国语·郑语》载史伯答郑桓公云："当成周者，南有荆蛮、申、吕、应、邓、陈、蔡、随、唐。"表明应在成周（洛邑）之南，是同申、吕相距不远的国家。又据《汉书·地理志》记载，可知应在汉代颍川郡境。《水经注·滍水》："牛兰水，又东南迳鲁山南。阚骃曰，鲁阳县，今其地鲁山是也。水南注于滍，滍水东迳应城南，故应乡也。应侯之国，《诗》所谓应侯顺德者也。"滍水即今之沙河，应国故城当在沙河之北。汉颍川郡父城县，即春秋时楚国的城父邑，西周时期属应之地域范围。古代的父城，在今丰宝县城东的李庄乡马庄村北岗地上，当地俗呼其遗址为"古（父）城"。《括地志》"鲁山县"条："故应城，因应山为名。"《太平寰宇纪》卷八"汝州鲁山县"："应国在襄城父城县西南。"这里所谓的襄城父城县，当即指宝丰之父城县。整个应国地域范围，大体上就在今河南襄城、郏县、宝丰、鲁山、叶县和平顶山市一带，正是成周之南，汉代属颍川郡。

应国何时绝祀或被兼并的问题，在历史上是一件悬案。清人顾栋高在《春秋大事表·春秋列国及爵姓存灭表》中说道："应国，不知何年绝封，地入周，后入秦。"郭沫若主编《中国史稿》第一册所附《东周列国存灭表》也说应国"不知为何国所灭"。但是人们根据应国所处的地理位置，结合当时的具体历史情况，认为应亡于楚："应在申、缯之北，则应国从春秋诸侯兼并的政治地图上消失的时间，虽然也应当在楚文王三至六年（前687—前684）之内，但也很有可能要稍晚于申、缯被灭。以此计算，自周成王时封应以来，姬姓应国共延续了大约三百五十来年。这也可以说是一个立国时间较长的小国了。'汉阳诸姬，楚尽实之。'人们往往困惑于为楚所灭的'汉阳诸姬'难于寻觅。如从广义的

'汉阳'这个角度来说，周武王后裔的应国，就是最早为楚所灭的姬姓封国之一。"[①]《左传·哀公十七年》说楚文王"县申、息，朝陈、蔡，封畛于汝"。将应国故地纳入了楚之版图，其疆域抵达汝水之滨。

关于应国故城的地望，《水经注·滍水》云："滍水东迳应城南，故应乡也……彭水又东北流，直应城南而入滍。滍又左合桥水，水出鲁阳县北恃山东南，迳应山北，又南迳应城西……谓之应水。"古滍水即今之沙河，彭水、应水即今之彭河、应河。平顶山市薛庄乡原滍阳镇地在滍水之北，至今三水犹存，与古应城地理位置十分吻合，其西寨门上刻有"古应"二字，1964年已没入白龟山水库的西北隅。最近，在其附近的东滍村和西滍村各发现一块碑碣，据说是从原滍阳镇迁来的，其中一块题名"藩滍屏香"的清代碑石上刻有"古应国"三字；另一块年代不详，碑文曰："佳城濒应国丰碑宰树树灿龙光。"从地理位置上看，应国故城位于滍阳镇城内南部偏西高地上，西依舒山，北有北山、翅山，东面是凤凰山，南临汝河——古滍水，应水自西北流经西门外向南注入沙河。地当古城父南，处于山水环抱之中。河南省科学院地理研究所郭仰山提供了一张1958年的滍阳镇照片，并认出滍阳镇东南角大约有400×400平方米的位置，可能是应国都城应城的大致轮廓。[②]由此可知，应城面积约为16万平方米。由于城址没入库区，故应城布局情况不得而知。

应国贵族墓地，在原滍阳镇西门外的滍阳岭上，该岭东距平顶山市区20千米，呈南北方向，长约2 000米，宽100米，高出周围地面15米左右。20世纪80年代以来，在此发现十余座应国贵族墓葬。

1982年11月7日，滍阳岭西侧的一座西周墓内出土百件文物，计有鼎、簋、爵、觯、戈、镬、车马器饰等铜器，鬲、罐等陶器，以及贝币等，其中4件铜礼器上铸有"应事作旅"的铭文，被称为应事诸

① 何浩. 楚灭国研究［M］. 武汉：武汉出版社，1989：169.
② 河南省文物考古研究所，平顶山市文物管理局. 平顶山应国墓地：Ⅰ下［M］. 郑州：大象出版社，2012.

器。[①]

1986年5—6月份，滍阳岭中部发掘的一座西周墓，编号为M_1。该墓为长方形土坑竖穴木椁墓。墓口部南北长4.65米，东西宽3.1米，墓底长4.55米，宽3.0米，墓深3.1米，墓室四壁有熟土二层台，高1.7米，宽0.25—0.35米。墓内填土中曾发现一铲形工具痕迹。

墓内棺椁已腐朽。从残留的痕迹可以看出葬具为一棺一椁。木椁长4.05米，宽2.4米，高1.7米，椁底板是用方木或圆木东西向平铺而成。木椁四壁分别由10—12根方木上下叠垒而成。椁顶板也是用方木或圆木东西向平铺于椁壁上。顶板和底板均发现席子痕迹。木椁位于椁室中部偏西处，据其腐朽痕迹，知南北长2.45米，北端宽0.93米，南端宽0.85米。棺内人骨架仰身直肢，头北足南，可能系一中年男性。墓内随葬器物43种，共1 052件，可分为铜器、玉石器、蚌器、骨器、陶器等。其青铜礼器组合为鼎、簋、壶、盘、盉、甗，从其器形和纹饰来看，此墓应属西周末期的宣王之世。《礼仪·既夕礼》："厥明，陈鼎五于门外如初。"疏云："少牢五鼎，大夫之常事。"《孟子·梁惠王下》："前以士，后以大夫；前以三鼎而后以五鼎与。"《春秋公羊传·桓公二年》何休注："礼祭，天子九鼎，诸侯七，卿大夫五，元士三也。"此墓随葬五鼎，死者应是下大夫一级的贵族。[②]

传世与考古发现的应器不断出现。陈梦家在《西周铜器断代》中列举传世应公诸器12件：觯，高12.5厘米，口径6.5×8厘米，椭圆形口，肩部饰一周方雷纹，带有牺首柄，器底内铸"应公"二字。觯而有柄的，唯见此器。此外，尚有方鼎1件、卣2件、簋1件、鼎2件、尊2件、十六字鼎2件。器表多饰弦纹、卷尾夔纹、三角雷纹等，器铭除两鼎各为16字外，其余均为应公作器的五六个字。"以上应公诸器都是

① 张肇武. 河南平顶山市出土西周应国青铜器［J］. 文物，1984（12）.

② 河南省文物研究所，平顶山市文管会. 平顶山市北滍村两周墓地一号墓发掘简报［J］. 华夏考古，1988（1）.

一时之作，当在西周初。”[①]

1958 年 9 月 28 日，江西余干县黄金埠中学出土一件铜甗，通高 34.9 厘米，耳高 5.5 厘米，口径 22.4 厘米，款足高 15.8 厘米。口沿下饰带状雷纹一周，款足外表饰饕餮纹三组，口沿内壁铸铭文六字：“应监作宝尊彝。”郭沫若指出：“此甗，据其花纹、形制与铭文字体来看，乃西周初期之器。作器者自称‘应监’，监可能是应侯或者应公之名，也可能是中央派往应国的监者。”[②]周王室向应国派出‘应监’，大约是为了更直接地监督控驭应侯。此外，见于《三代吉金文存》著录的，尚有应监作旅鼎和应叔作宝尊齍方鼎，也是西周初期所铸之器。

1974 年 3 月，陕西蓝田县出土一座钟，通高 26 厘米，通长 10 厘米，铣间宽 13.1 厘米，舞宽 8 厘米，舞纵 11 厘米。钟的鼓上饰有鸟纹和“T”字形云纹，两铣及钲间铸有铭文：“唯正二月初吉，王归自成周，应侯见工，遗王于周。辛未，王格于康，荣伯入右，应侯见工，易（锡）彤（彤弓）一，矢（彤矢）百，马。”[③]从内容看，文义未尽。此钟的形制、花纹及文字风格，均与过去流落到日本为中村不折所藏的应侯钟完全一致，而且钟铭衔接。彼钟铭曰：“四匹。见工敢对扬天子休，用作朕皇祖应侯大薔钟，用易（锡）眉寿永令，子子孙孙永宝用。”由此可知，这两个钟原是一组编钟。[④]应侯钟有甬、干、旋、枚，是西周中期发展起来的甬钟的形式。长由墓出土编钟为穆王时期器，是迄今所知最早的编钟，但没有铭文。“应侯钟也是甬钟的形式，并有了铭文。铭文书写在两铣及钲间，已开晚期钟铭的格式。由铭文可知其时代为略晚于穆王的恭王时期。”[⑤]

1982 年，平顶山市郊出土的“应事诸器”中，有 4 件铜器上铸有铭文：鼎，通高 21.2 厘米，口径 19.3 厘米，腹径 21 厘米，重 2.95 千

① 陈梦家．西周铜器断代（三）[J]．考古学报，1956（1）．

② 郭沫若．释应监甗 [J]．考古学报，1960（1）．

③⑤ 韧松，樊维岳．记陕西蓝田县新出土的应侯钟 [J]．文物，1975（10）．

④ 韧松．《记陕西蓝田县新出土的应侯钟》一文补正 [J]．文物，1977（8）．

克。口微敛，沿外卷，双耳立于口沿上，口沿下饰细云雷纹衬底的回首夔纹一周。腹微鼓，素面，下有三柱足。器外底部有烟炱痕，内壁有铭文“应事作旅鼎”五字。簋，通高 17.1 厘米，口径 14 厘米，腹径 20 厘米，深 11.3 厘米，重 2.2 千克。敛口，鼓腹，有盖，圈足。盖顶有喇叭形握手。盖与颈部饰目雷纹，腹部素面，圈足上部有弦纹一周，两侧有兽首衔环。盖内和器内底部，各有铭文“应事作旅簋”五字。爵，通高 19.3 厘米，尾至流长 17.2 厘米，口径 8.2 厘米，重 0.8 千克。侈口，长流，尖尾，直壁，凸底，三棱尖足外撇，无鋬。口与流部相接处有两个对称的菌状柱，柱顶饰涡纹，腰部饰弦纹一周。内壁有铭文“应事作父乙宝”六字。觯，已残。通高 15.1 厘米、口径 7.9 厘米、腹围 20.3 厘米、圈足径 5.9 厘米，颈部饰凸弦纹两周。器内底部有“应事作父乙宝”六字。[①]

1986 年，平顶山市北滍村西滍阳岭应国墓地 1 号墓出土的西周晚期文物，十分丰富。其中鼎 5 件，为一组列鼎。形制、纹饰相同，大小依次递减。皆平沿外折，立耳，半球形腹，蹄足。足内侧有凹槽。口沿下饰一周窃曲纹，腹部饰两周垂鳞纹。其中保存完整的标本 M_1：31 号鼎，通高 37.2 厘米，口径 37.2 厘米，腹深 16.8 厘米，耳高 7 厘米，重 11.7 千克。簋六件，形制、纹饰、大小均相同。皆敛口，鼓腹，两牛首耳，圈足下附三小足。簋盖隆起，有喇叭形握手。器、盖子母口扣合严密。器表饰重环纹与瓦垅纹。标本 M_1：64 号簋，通高 32 厘米，口径 16 厘米，腹径 21 厘米，重 5.5 千克。方壶 2 件，形制、纹饰、大小皆相同。标本 M_1：82 号壶，长方口，修长颈，下腹外鼓，方圈足。两牛首耳各衔一铜环，壶口承盖。器表饰鳞纹和窃曲纹。通高 44 厘米，宽 15 厘米，重 10.2 千克。盘，平折沿，口略显椭圆，浅腹，附耳，矮圈足。腹饰一周重环纹。高 12 厘米，直径 34—36 厘米。重 3.9 千克。盉，扁圆体，牛首鋬，曲流如驼颈，但实心无孔。四小扁足。四阿式屋顶形盖

① 张肇武．河南平顶山市出土西周应国青铜器［J］．文物，1984（12）．

与器身联铸。无底中空。器腹两椭圆面各饰连体蟠龙纹，器盖饰变形云纹。高 15.6 厘米，长 26.4 厘米，宽 6.6 厘米。重 2 千克。方甗，甑、鬲浑铸为一体。长方形口，口沿外折，立耳，蹄足。器表为素面。高 28 厘米，口长 23 厘米，宽 14.8 厘米。重 3.5 千克。方彝，长方体，四阿式屋顶盖与器身浑铸，方形矮圈足与器壁连接成整体。腹部素面，器盖饰鳞纹，盖上呈放射状起七道扉棱。高 27 厘米，器底长 15.6 厘米，宽 11.1 厘米。重 6 千克。此外，还有车马器两套，计有軏、軎、銮铃、铜铃、马衔、马镳、铜环、铜兽面、合页、小铜泡、节约、铜管等 12 种。铜戈 1 件，铜鱼 25 件，圭、贝等石器，圭、琮、璧、璜、玦、佩、项链、鹰、蝉、环、琀等玉器，蚌骨器及陶鬲 1 件。鬲，夹砂灰褐陶，外折沿，瘪裆，乳状空足。通身饰粗绳纹。①

1986—2007 年间，河南省文物考古研究所与平顶山市文物管理局在应国墓地进行考古发掘，已发掘古墓葬 500 余座，其中两周应国贵族墓 80 多座，余为楚墓和汉墓。在南北狭长的滍阳岭上，墓葬呈现出条带状分布，且大都遵循着一定规律：其一，位置愈靠南边的墓葬，埋葬年代愈早，而靠北边的墓葬，年代相对较晚；其二，应国国君及其夫人的墓葬东西并列位于滍阳岭中脊部，其他中小型墓葬位于其东西两侧，尤以东侧居多；其三，这批墓葬的方向均为南北向，墓主人头部均朝向北方；其四，同一时期的墓葬极少有叠压或打破关系。由此可以确定，这是一处由家人统一规划设计并管理的应国国君家族即应国公室的专用墓地。②

除平顶山市的考古发现外，吕大临《考古图》著录的一件应侯簋饰重环纹，圈足下三个兽头小足，铭文 14 字：“应侯作姬原母尊簋，其迈（万）年永宝用。”于省吾《商周金文录遗》著录的 1 件应侯簋铭文

---

① 河南省文物研究所，平顶山市文管会．平顶山市北滍村两周墓地一号墓发掘简报［J］．华夏考古，1988（1）．

② 河南省文物考古研究所，平顶山市文物管理局编．平顶山应国墓地：Ⅰ下［M］．郑州：大象出版社，2012：773．

25字："唯正月初吉，丁亥，应侯作生和姜隩簋，其万年子子孙孙永宝用。"罗振玉《三代吉金文存》著录的1件应公剑，其铭曰："应公团自作元剑，永宝用之。"日本白川静《金文通释》载有应父戣1件，铭文12字："王易应父兵，以征以卫，用毋妄。"这几件铜器的时代，均属西周晚期。

应国器物的出土数量较多，其时代包括了西周与春秋早期，这些是研究应国历史的实物见证。

第十节　樊国

春秋时期，南北二樊并存。北樊，姬姓，在河内，即今济源市郊东南一带。王符《潜夫论·志姓氏》说昔仲山甫"谥穆仲，封于南阳"。此"南阳"非宛城之所在，乃是河内之"南阳"。仲山甫系周太王之子虞仲的支孙，曾任周宣王的卿士，封国于此，其地后入晋。南樊在今豫鄂交界一带。《舆地沿革表》卷十七载："周时襄州之域，汉北则豫州域，中有樊、郁、鄾、罗、谷、卢戎六国，后皆并于楚。樊国在城北汉江上，即今樊城也。"《水经注·沔水》《元和郡县图志》《读史方舆纪要》均将此樊附会为仲山甫之国。其实"仲山甫不能远封于此"①。南樊为嬴姓国，分布地域在今河南信阳市附近。《读史方舆纪要》认为樊城在清代信阳州（即今古义阳城）南，是可信的。樊国灭于何时，史无明证，大体而论，约于春秋中晚期被楚灭。从楚庄王娶樊女为妃看，当在庄王以后，襄阳樊城的源起，或为楚灭樊后，曾一度迁樊人于此进行安置的缘故。②

传世的樊器有3件：一件是湖南省博物馆藏的棥君匜，其铭"棥君道用□自作□匜，子子孙孙其永宝用享"。相传1949年前在长沙杨家山

① 黄盛璋．朴君述鼎国别、年代及其相关问题［J］．江汉考古，1987（1）．
② 徐少华．周代南土历史地理与文化［M］．武汉：武汉大学出版社，1994．

出土。[1] 一件是方濬益《缀遗斋钟鼎彝器款识》卷八著录的樊君簠，铭文为“樊君飞之饮簠”。还有一件是罗振玉《三代吉金文存》卷五著录的樊君鬲，铭文为“樊君作叔嬴㚸媵宝鬻”。樊、樊均当读作樊。这三件春秋樊器并非同一国的器物，应分属于两个不同的樊国。[2]

20 世纪 70 年代末，河南信阳发现过比较完整的樊国贵族墓葬。1978 年 2 月，信阳市东郊平桥西南山嘴两座骈列的春秋早期墓，南边为 1 号墓，北边是 2 号墓。1 号墓长 4.4 米，宽 3.4 米，四壁垂直，底部铺朱砂，还有棺木痕，死者头部有 1 件玉玦、3 片玉饰。出土铜器中，鼎 1 件，立耳，唇沿外折，鼓腹，圜底，三蹄足，腹饰弦纹。鬲 2 件，形制相同，敞口外侈，圆唇，鼓腹，分裆，三袋足，足根平齐，颈部饰窃曲纹，器腹与三足上部有较小的扉棱，唇沿周围铸铭为：“樊夫人龙嬴用其吉金，自作鬲。”壶 1 件，颈侧有对称的贯耳，饰饕餮纹，下腹饰窃曲纹，腹颈外壁铸铭云：“樊夫人龙嬴用其吉金，自作行壶。”铜盆 1 件，方唇，敞口，鼓腹，平底，器盖作半球形，颈部有环形握手，腹颈间有对称的环耳。腹饰蟠螭纹，器盖与盆内底部同铭：“樊君夒用其吉金，自作宝盆。”铜盘 1 件，浅腹，圈足，腹部有对称的环耳，器表饰窃曲纹、斜角云纹、重环纹，盘底铸铭：“樊夫人龙嬴自作行盘。”匜 1 件，长流，龙首鋬，四兽足，器表饰窃曲纹、瓦纹，器底铸铭“樊夫人龙嬴自作行匜”。出土铜器形制较特殊，鬲为高裆，盉有卷尾式鋬，瓿腹与肩间有三个黑鼻，均具浓厚的南方色彩。

2 号墓的形制与 1 号墓相同，长 4.92 米，宽 3.3 米，墓底有朱砂和木炭层。随葬品皆为铜器，有壶、鼎、盘、匜、簠、削、锛、刻刀、锥等。虽全无铭文，但部分铜器形制与 1 号墓相近。从 1 号墓出土铜器铭文可知，该墓为樊夫人墓。2 号墓与 1 号墓骈列，随葬的削、锛、刻刀等又是男子通常使用的工具，因而可能是樊君墓。[3]

① 湖南省博物馆．介绍几件馆藏周代铜器［J］．考古，1963（12）．
② 于豪亮．论息国和樊国的铜器［J］．江汉考古，1980（2）．
③ 河南省博物馆等．河南信阳市平桥春秋墓发掘简报［J］．文物，1981（1）．

樊夫人墓出土的高裆柱足陶鬲、卷尾鋬陶盉和三系陶瓿等，均具浓厚的南方风格，表明樊与楚的密切关系，在文化方面受到楚文化的影响。

第十一节　黄国

黄是淮水流域的嬴姓之国。《世本·氏姓篇》：“江、黄，嬴姓。”据甲骨卜辞记载，黄在商代已经立国，如《殷虚书契前编》云：“己亥卜，㱿贞，㞢伐于黄尹，亦㞢于蔑。”又说：“壬寅卜，在潜餗，贞，王贞：王其至于潢、霍，亡灾。”周灭商后，对古黄国重新分封，作为周东南的屏障。

黄始见于《左传·桓公八年》：“夏，楚子合诸侯于沈鹿。黄、随不会。使薳章让黄。”黄、随是楚的盟国，同时又是代表嬴、姬两姓小国联盟的盟主国，对楚离心离德，由于未参加沈鹿之会而受到楚人的责备。当时，楚武王只是开始经营汉东，楚势尚未达于江、黄间的淮南地区。因而对黄无可奈何。鲁庄公十九年（前675），楚文王在郢都附近败于巴师，“遂伐黄，败黄师于踖陵”。踖陵在潢川县西南，这是楚国第一次对黄国进行讨伐。楚成王即位后，齐的霸业几达顶峰，黄采取了亲齐叛楚的政策。对此，《春秋》有如是记载：鲁僖公二年（前658），“秋九月，齐侯、宋公、江人、黄人盟于贯”。贯为宋地，在今山东曹县南。僖公三年（前657），“秋，齐侯、宋公、江人、黄人会于阳谷”。阳谷在今山东阳谷县北十五千米。僖公四年（前656），“秋，及江人、黄人伐陈”。僖公五年，“楚斗谷於菟灭弦，弦子奔黄。于是江、黄、道、柏方睦于齐，皆弦姻也。弦子恃之而不事楚，又不设备，故亡。”日本竹添光鸿《左传会笺·僖五年》云：“而黄犹恃齐受弦子之奔。”楚国对于黄的一系列反叛行为，当然不会无动于衷。《左传·僖公十二年》：“黄人恃诸侯之睦于齐也，不共楚职，曰：‘自郢及我九百里，焉能害我？’夏，楚灭黄。”鲁僖公十二年（前648），楚成王终于灭掉黄国。黄国虽是小国，所处地理位置却十分重要。其西北和北部隔淮河与息相望，东南和南部以薄岭和雩娄为界，东北和北部分别与蒋、东蓼毗邻，西和西南部与弦接壤。楚灭息、弦以后，版图开始与黄接壤，为了推进楚的霸业，灭黄势在必行。黄人与齐结盟，齐人鞭长莫及，无力庇护黄国，黄之被灭实在预料之中。《春秋大事表》卷二十六引季氏本曰："江、黄，楚之东北境。可以出兵以截齐后者，得江、黄，则师无左顾之忧也。"从齐、楚争霸的总形势来看问题，灭黄的意义是极不寻常的。

关于黄国故城的地望，《括地志·光州》："黄国故城，汉弋阳也。（春秋）时黄（国）都，嬴姓，在光州定城县（西）十里。"《元和郡县图志·光州定城县》："黄国故城在县西十二里。"《读史方舆纪要》："黄城，（光）州西十二里，春秋时小国也。"弋阳、光州、定城，均为河南潢川县的古称。考古资料表明，黄国故城位于今潢川城西 6 千米的隆古乡隆古集，即淮河南岸，小潢河之西。城址平面略呈长方形。其城垣长度：东城墙 1 650 米，西城墙 1 550 米，南城墙 1 800 米，北城墙 1 720 米，周长 6 720 米。城墙残高 5—7 米，上宽 10—25 米，基宽 59 米。发现城门遗迹三处，西门城墙内凹呈 U 字形，应属"门卫房"之类的建筑设施，城墙系夯土筑成，夯层厚 10—14 厘米，圆形夯窝，窝径 4—7 厘米不等。2013 年 1 月到 8 月，为实施国家文物局"信阳地区先秦城址考古学调查"课题，河南省文物考古研究院对黄国故城进行考古发掘。对南城墙、东城墙进行了小规模的解剖，在南城墙护坡及墙体中发现有鬲、盂、罐、豆等器物残片，属西周遗物，因而可以大体上推定该城始建年代不晚于春秋早中期。

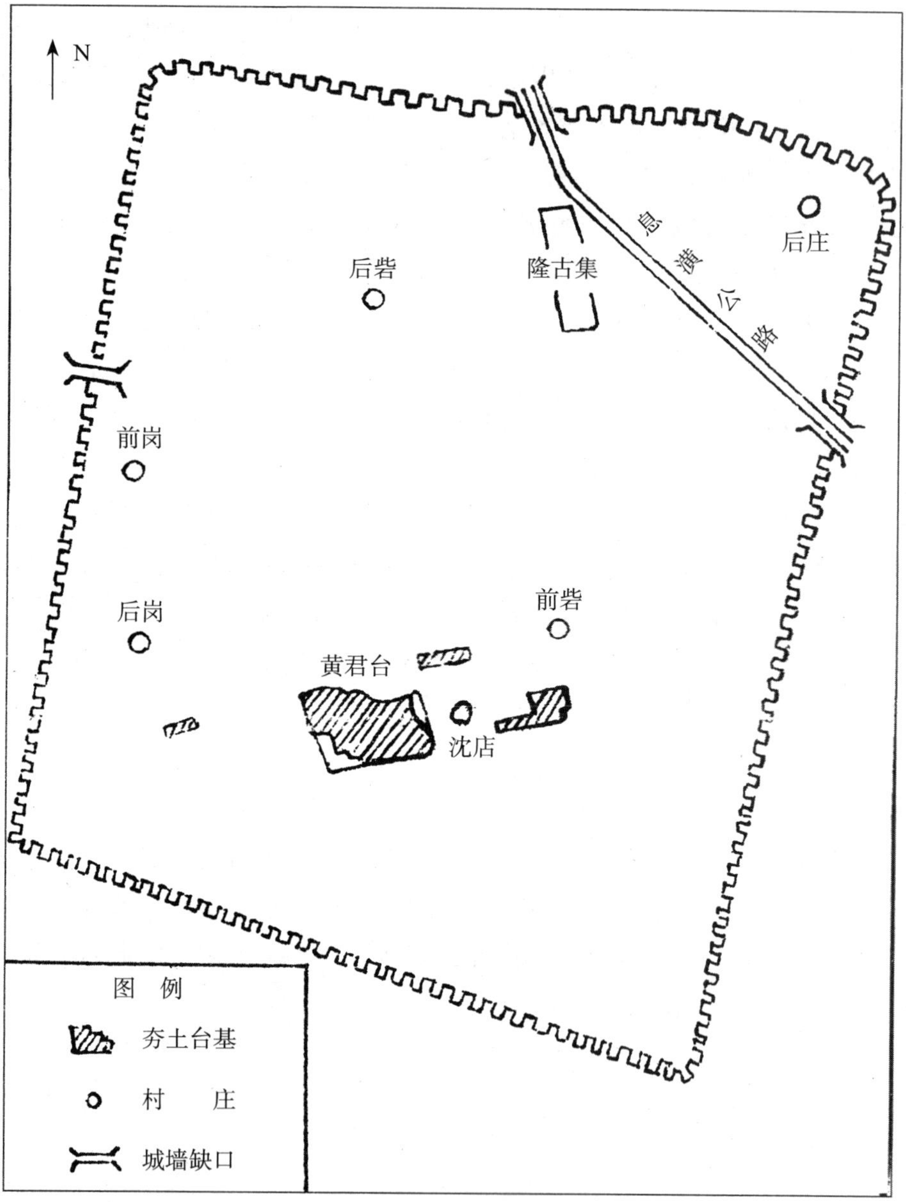

图 4-2 黄国故城平面图

城内沈店村附近的“黄君台”，又称“黄孙台”“肖王庙台”，平面略呈方形，残高2—3米，面积约1.33万平方米，过去一般认为是春秋时期的黄国宫殿建筑基址，现经发掘解剖，夯土台基堆积中出土了大量的龙山文化早期遗物，因而该台可能是一处龙山早期遗址。

城内还发现铸铜作坊遗址，出土有青铜礼器和镞、戈、矛、剑等兵器残片。传说城内有72座“莲花井”，现已发现废井15座，尚能辨认的有土井、陶圈井、木圈井和竹圈井四种。①

黄国贵族墓地，在黄国故城西南约20千米的光山宝相寺一带。1983年在宝相寺发掘出黄君孟夫妇墓，1988年在该墓西北165米处的天鹅墩又发掘出黄季佗父墓，年代均为春秋早期晚段，即以黄国灭亡的公元前648年为其下限。黄君孟夫妇墓为土坑竖穴墓，平面呈长方形，坑口东西长7.9—9.1米，南北宽12.2米，深4.2米。其上原有封土堆高约7.8米。墓内填土为青膏泥。坑底北部置黄君孟棺椁。发掘前已遭破坏；南边为保存完好的黄夫人孟姬棺椁。棺外面髹黑漆，顶板四周、壁板边沿和头挡两边漆绘红彩窃曲纹，棺盖侧边束腰处绘黄色波浪纹，从而构成交叉错落的“鬼脸纹”样带。黄夫人骨骼完整，经鉴定年龄在40岁左右。头梳偏左高髻，髻上斜插两支大笄。两棺椁随葬器物238件，其中有铜器、玉器、玛瑙器、竹木器、石器、麻制品和丝织品等。②

黄季佗父墓亦为土坑竖穴墓，墓圹近方形，东西长5.5米，南北宽5.3米，方向正东。墓内填土为青膏泥，墓上原有高约10米的封土堆。坑内单棺单椁，棺盖饰黑地朱红彩绘窃曲纹。该墓随葬铜、陶、玉、石器196件。③

黄君夫妇墓和黄季佗父墓棺室之南，均设边箱。黄墓上原有封土，

① 杨履选. 春秋黄国故城［J］. 中原文物，1986（1）.

② 信阳地区文管会，光山县文管会. 春秋早期黄君孟夫妇墓发掘报告［J］. 考古，1984（4）.

③ 信阳地区文管会，光山县文管会. 河南光山春秋黄季佗父墓发掘简报［J］. 考古，1989（1）.

是迄今所见封土堆中最早的例证。

见诸著录的春秋早期黄器，为《两周金文辞大系》中提到的清宫旧藏叔单鼎，其铭曰：“唯黄孙子傒君叔单自作鼎，其万年无疆，子孙永宝用享。”叔单称为“黄孙子”，可知是黄国贵族。因其被封于黄国奚邑，故其称号为奚君。还有黄君簋、黄太子伯克盘及黄韦俞父盘，都传出自潢川县。

1972 年秋，罗山县高店村西北的一个砖砌圆形窖藏坑内，出土 3 件春秋早期黄国青铜器，其中也为椭圆形，前有宽流，后有兽首形鋬，颈饰窃曲纹，腹饰瓦纹，四足饰云纹，匜铭为：“奚君单自作宝匜，其万年子子孙孙用之。”盘口微侈，方唇浅腹，有对称附耳，平底，圈足，下附四个伏兽承托盘底。腹饰窃曲纹，附耳饰环带纹，圈足饰垂鳞纹。盘铭为：“奚君单自作盘，其万年无疆，子子孙孙永宝用享。”壶有盖，小口、细颈、鼓腹、圈足，饰窃曲纹、弦纹和垂鳞纹。[①] 这 3 件铜器与传世的单叔鼎应为同一批人所铸。

1979 年 10 月，罗山高店一座土坑墓内又出土一批青铜器，有鼎、盆、壶、铆、盘、匜、戈、剑和镞。鼎为直口，圆腹，带盖，盖与器身有子母口扣合，盖中部有一素纽，周围有 3 个鸟头握手，颈部有一对微向外撇的附耳，腹部饰弦纹，三蹄足饰兽面纹。盖内与腹内各有一组内容相近的铭文，盖铭云：“唯奚子宿车作行鼎，子孙永宝，万年无疆。”腹铭曰：“唯奚子宿车作行鼎，子孙永宝，万年无疆自用。”壶为方唇，鼓腹，圈足。壶盖与器身由子母口扣合，肩有两贯耳，饰兽面纹，腹饰绹索纹。盖顶与颈部各有一组内容大体相同的铭文。颈铭曰：“唯鄎季宿车，自作行壶，子孙永宝用之。”盖铭中少一“鄎”字。盆有盖，盖中心饰绹索纹，并有 3 个握手，盖上饰乳钉蟠虺纹，上卧 3 虎，盖沿铸 3 个兽面衔扣，紧紧扣在盆口上。盆口宽沿方唇，肩有两耳，耳内各挂

① 信阳地区文管会，罗山县文化馆. 河南罗山发现春秋早期青铜器［J］. 文物，1980（1）.

一个铜环，器身束颈，折肩，斜腹，通体饰乳钉蟠虺纹。盖内与腹内同铭："唯鄴子宿车，自作行盆，子孙永宝用享，万年无疆。"盘为宽沿方唇，浅腹圈足，双耳铸于肩腹部，外饰兽面纹和绹索纹。盘内铭文为："鄴季宿车，自作行盘，子孙永宝用之。"匜为椭圆形，其内铭云："鄴季宿车，自作行匜，子孙永宝用之。"这批铜器年代稍晚。①

1979 年 3 月，信阳县杨河出土一件春秋铜削，通长 22.5 厘米，刃宽 2 厘米。削身后半部饰蟠螭纹，前半部有铭曰："唯傒仲嬭子用。"嬭子为傒仲之名，亦为黄国傒氏家族之器。②

1975 年春，在潢川县东北 22 千米老李店的磨盘山收集到 3 件春秋时期青铜器，其中盨的盖内与器底铸有相同铭文："傒子諆铸皿，其行宁，子孙永年寿用之。"鑘口微侈，束颈鼓腹，圜底较小，有一对环形耳，肩部铭文为："唯正月初吉丁亥，黄孙须颈子伯亚臣自作鑘，用政（征），用祈眉寿迈（万）年无疆，子孙永宝是尚。"盉无铭。鑘铭"黄孙"，表明作器者为黄国贵族，"须颈子"是"伯亚臣"的称号。这几件器物出自一座土坑墓内，当为黄国铜器无疑。③

黄季佗父墓出土的一件铜戈上，有铭曰："黄季佗父之戈。"

黄国的青铜礼器以黄君孟夫妇合葬墓出土最多。黄君孟自作器有鼎、豆、壶、鑘、盘、匜等，其为夫人黄孟姬所作器种类除相同的外，又增添了鬲、甗、罐、方座等。鼎为敛口立耳，圆腹圜底，蹄足，腹颈径大于口径，器身饰蟠虺纹，耳外饰窃曲纹。壶为扁圆形，长颈，鼓腹，矮圈足，夔兽耳，盖为平顶，上附一环纽。盖饰窃曲纹，腹部纹饰分三组，上为对环纹，中为三角纹，下为蟠虺纹，纹的四周围以绹索纹，主要特点是壶腹最大径已距底部较远。豆为敛口宽沿，斜肩收腹，

---

① 信阳地区文馆会，罗山县文化局．罗山县高店公社又发现一批春秋时期青铜器［J］．中原文物，1981（4）．

② 信阳地区文馆会，信阳县文化馆．河南信阳发现两批青铜器［J］．文物，1980（1）．

③ 信阳地区文馆会，潢川县文化馆．河南潢川县发现黄国和蔡国铜器［J］．文物，1980（1）．

喇叭形状的粗校饰镂孔纹，盖豆的盖上有四个长方形小纽。在器物组合上，为鼎、豆、壶、罐（缶）、盘，未见簋、簠等盛载黍稷稻粱之器，取而代之的是盖豆。从铜器铭文看，黄君孟自作器铭，多数为“黄君孟自作行器，子子孙孙则永祐宝”。黄君孟为其夫人黄孟姬所作器铭，内容比较复杂，铭辞中对其夫人的称谓可分三种：有称“黄夫人”，或谓“黄孟姬”，还有一种称“黄夫人孟姬”。通过对黄君孟铜器群有关语辞的诠释，可知“黄君孟在自作器铭中所使用的称谓，与他为他的夫人作器铭中所使用的称谓是不同的。自作器铭称‘黄君’，为夫人作器铭称‘黄子’。春秋时期诸侯国铜器铸铭中称‘君’的例子已经发现了不少，黄君孟自作器铭称‘黄君’，乃表明其身份是黄国的君主。他在为夫人作器时改称‘黄子’是自称其爵号，这大概是出于外交上的考虑，因为他的夫人孟姬是一位与周族同姓的女子。……‘黄君孟’是一位书具名字的黄国国君，所称‘孟’，是这个国君的名，而非谥号。通观这批黄国铜器，都是在作器人生前所作，而非埋葬时的急就殉葬明器。……考察黄君孟铜器群的形制和纹饰风格，正处于由春秋早期向春秋中期的过渡阶段，文献记载黄国灭国在公元前 648 年，则这批黄国铜器的铸造年代，当以黄国灭国年代为其下限”①。大体而言，黄君孟是黄国即将灭亡之时的一位君主，历史虽已接近尾声，但他并非亡国之君。

此外，1966 年湖北京山苏家垅出土两只铜鬲，其铭为：“唯黄朱柢用吉金作鬲。”②1972 年湖北随县熊家老湾出土一个铜鼎，其铭为“黄季作季嬴宝鼎，其万年子孙永宝用享”③。这一带古属曾国版图，可能系黄国女子嫁到曾国时陪送的媵器。曾为姬姓，可见嬴姓之黄与姬姓之曾是有婚姻关系的。

在所出土的黄国公族奚氏器中，罗山高店奚君单诸器和信阳杨河傒仲嫡子削铸造时间下限未逾楚灭黄的公元前 648 年，属于标准黄器。宿

---

① 刘翔．论黄君孟铜器群［J］．江汉考古，1988（4）．

② 湖北省博物馆．湖北京山发现曾国铜器［J］．文物，1972（2）．

③ 鄂兵．湖北随县发现曾国铜器［J］．文物，1973（5）．

车器略晚于奚君单器，而与潢川老李店出土的傒子諆盨等器时代相同，大体上属春秋早期晚段。

关于黄国奚君的封邑，从考古发现来看，很可能就在罗山高店一带。

第十二节　蒋国

在楚成王北上中原的过程中，所灭汉阳诸姬之一，还有淮水流域的蒋国。蒋始见于《左传·僖公二十四年》："凡、蒋、邢、茅、胙、祭，周公之胤也。"据《通志·氏族略》，蒋为周公第三子伯龄的封国。而《史记索隐·鲁周公世家》说："周公元子就封于鲁，次子留相王室，代为周公。其余食小国者六人，凡、蒋、邢、茅、胙、祭也。"看来伯龄似应为周公第四子。关于蒋之地望。杜预注《左传·僖公二十四年》谓："蒋在弋阳期思县。"《汉书·地理志》"汝南郡"："期思。"颜师古注："故蒋国。"《后汉书·郡国志》谓："期思有蒋乡，故蒋国。"《括地志》载："期思城，（固始）县西北七十里，古蒋国，楚灭之为期思邑。汉置期思县，属汝南郡。英布大夫贲赫封期思侯，即此。"《新唐书·宰相世系表》谓："蒋氏出自姬姓。周公第三子封于蒋，其地光州仙居县是也，宋改为乐安，蒋为强国所灭，子孙因以为氏。"《元和姓纂》谓，蒋国"在汝南期思县，宋改为乐安"。《通志·氏族略》云："蒋氏，周公第三子伯龄所封之国也，杜预云'弋阳期思县是。'"蒋国灭亡后，其地归属汉代期思县，南朝至唐为乐安县，唐宋时期为仙居县。明清以来，又属固始县所辖。《读史方舆纪要》卷五十"光州固始县"云："期思城，县西北七十里，古蒋国。楚灭之为期思邑。汉置期思县，属汝南郡。"1952年建立淮滨县，由固始、潢川、息县三县析置，从此古蒋国所封之地在今河南淮滨县期思镇。

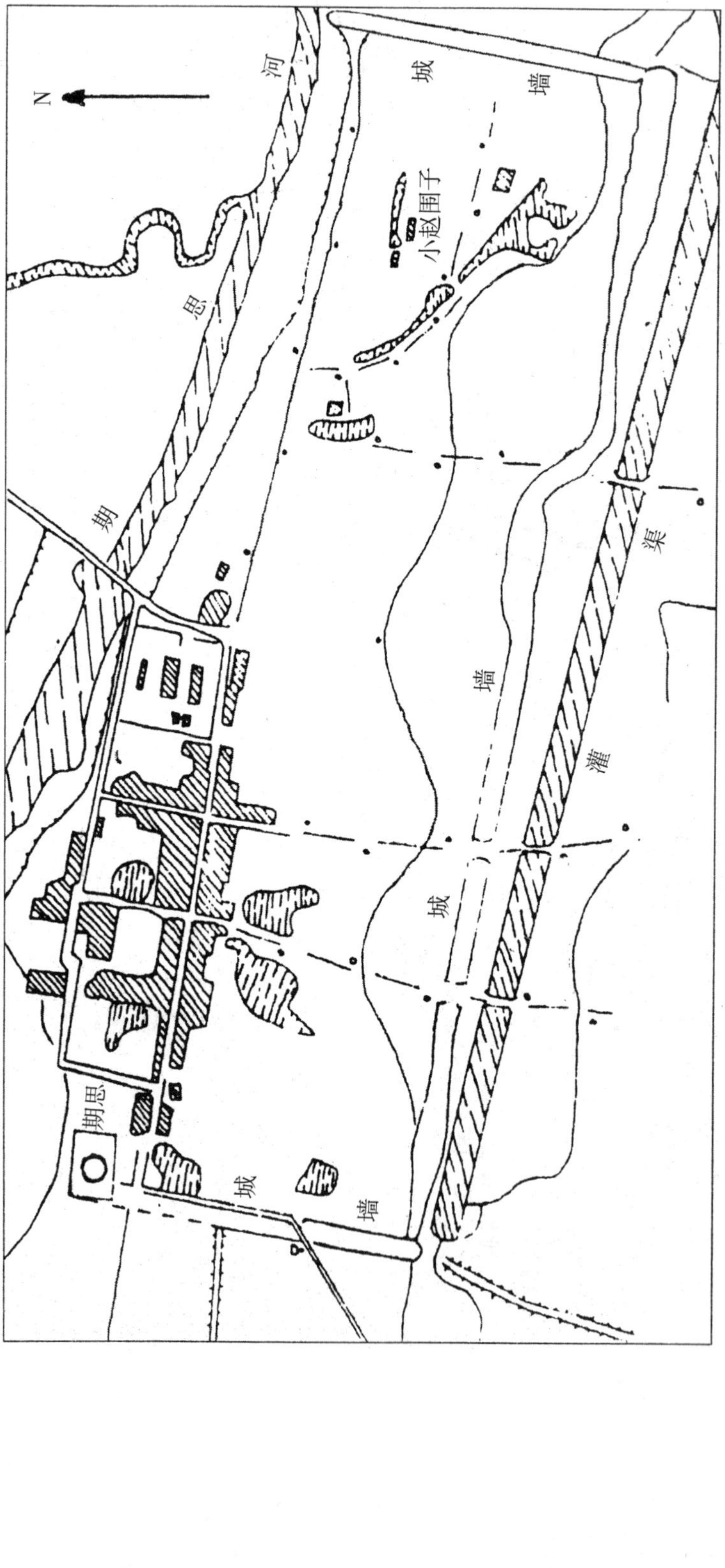

图 4-3　蒋国故城平面图

蒋国故城位于淮滨县城东南15千米的期思镇境内。居于大别山北麓淮河之阴。城址地当白露河和淮河汇流处的中间偏南地带，北濒期思河（俗称死河），东临方家湖，南下白露河为十里草湾，正处于东、南、北三面湾地包围的土岗之上。城址平面略呈长方形，东西长1 700米，南北宽400—500米，面积约85万平方米，北面靠河的台地与城内地面相平，已无城墙痕迹，其余三面城垣断续可见，残垣高2—4米，基宽32米，上部宽15—20米。城外四周有城壕环绕，东面和南面的城壕遗迹尚存。①

蒋国故城遗址范围内，文化遗存较为丰富。1982年，为摸清古城内涵及结构形成，文物部门在故城西垣外侧残断崖面中部，进行了部分小面积解剖共清理出夯土14层，每层厚9—10厘米，发现的遗物有商周至春秋时期的陶鼎足、鼎口、鬲口等遗物，多为夹砂、黑陶和灰陶，初步了解了西城墙中段的内涵。2011年，河南省文物考古研究所在古城东南部白龙庙遗址考古发掘中，出土有西周时期的铜锛、铜镞、陶豆、骨簪、骨针等遗物。②由此可知，这是一座始建于西周时期的城址，春秋、战国到汉代继续沿用。

关于楚灭蒋的时间，何浩《楚灭国研究》所附“楚灭国表”定于楚成王二十四至三十七年（前648—前635）之间。③何光岳则说：“到公元前617年，楚穆王迫陈、郑到息国，当在这时灭亡了蒋国，然后才策划北伐宋国，田猎于孟诸泽。”④据《水经注·淮水》，“又东过期思县北。县，故蒋国周公之后也。《春秋·文公十年》，楚王田于孟诸，期思公复遂为右司马，楚灭之以为县。”楚之县尹例称公，复遂乃当时期思县尹之名。按《左传·文公十年》仅记“期思公复遂为右司马”，未载灭蒋之事。因而蒋国之灭，必早于是年。蒋国位于黄国之东，东蓼之

① 李绍曾．淮上文物史迹纵横谈［M］．郑州：河南人民出版社，1993.
② 淮滨县人民政府．淮滨为蒋姓祖根地主题报告［R］．2013-4：15.
③ 何浩．楚灭国研究［M］．武汉：武汉出版社，1989.
④ 何光岳．蒋国考——兼谈蒋菰（茭白）的栽培和利用［J］．史学月刊，1987（3）.

北。公元前 648 年灭黄，公元前 622 年灭东蓼，蒋国之亡，殆灭于公元前 622 年至前 617 年之间。

第十三节 番国

番或作潘，是淮河流域的一个诸侯小国。《广韵·桓韵》释“潘”云：“周文王毕公之子，季孙食采于潘，因氏焉。”表明番的历史由来已久。后世番君是否改作异姓？于史无证。有谓番姓己[①]，或云姓子[②]，姓芈[③]，有待进一步考证。

宋朝洪适《隶释》著录之汉延熹三年《楚相孙叔敖碑》云：“……子辞，父有命，如楚不忘亡臣社稷……而欲有赏，必于潘国，下湿垸埆，人所不贪，遂封潘乡，即固始也。”天一阁本《固始县志》卷二云：“固始县，古潘国。”潘即番，加邑为鄱。楚相孙叔敖的故里及其子封地，原为固始，今属淮滨。淮滨县系 1952 年由固始、潢川、息县三县析置，古代为期思邑。《荀子·非相》云：“楚之孙叔敖，期思之鄙人也。”《吕氏春秋·赞能》说：“期思之鄙人，有孙叔敖者。”元代文学家马祖常《期思城》诗云：“古城犹说汉期思，土蚀荒堦楚相祠。乞得寝丘人不奇，千年渭水入荒陂。”今淮滨期思还有敦蛇丘，相传是楚相孙叔敖当年斩蛇埋尸处。因而番国应在今河南固始、淮滨一带，在当时大约是同蒋和东蓼并峙而立的一个小国。史载东蓼和蒋于公元前 622 年或稍晚被楚灭亡。番国虽然未灭，实在名存实亡，约在春秋战国之际，终被楚国兼并。

① 王恩田．河南固始“勾吴夫人墓”——兼论番国地理位置及吴伐楚路线［J］．中原文物，1985（2）．

② 黄盛璋．当阳两戈铭文考［J］．江汉考古，1982（1）．

③ 左超．信阳地区春秋小国考［C］．楚文化研究会第五届年会论文，1990．

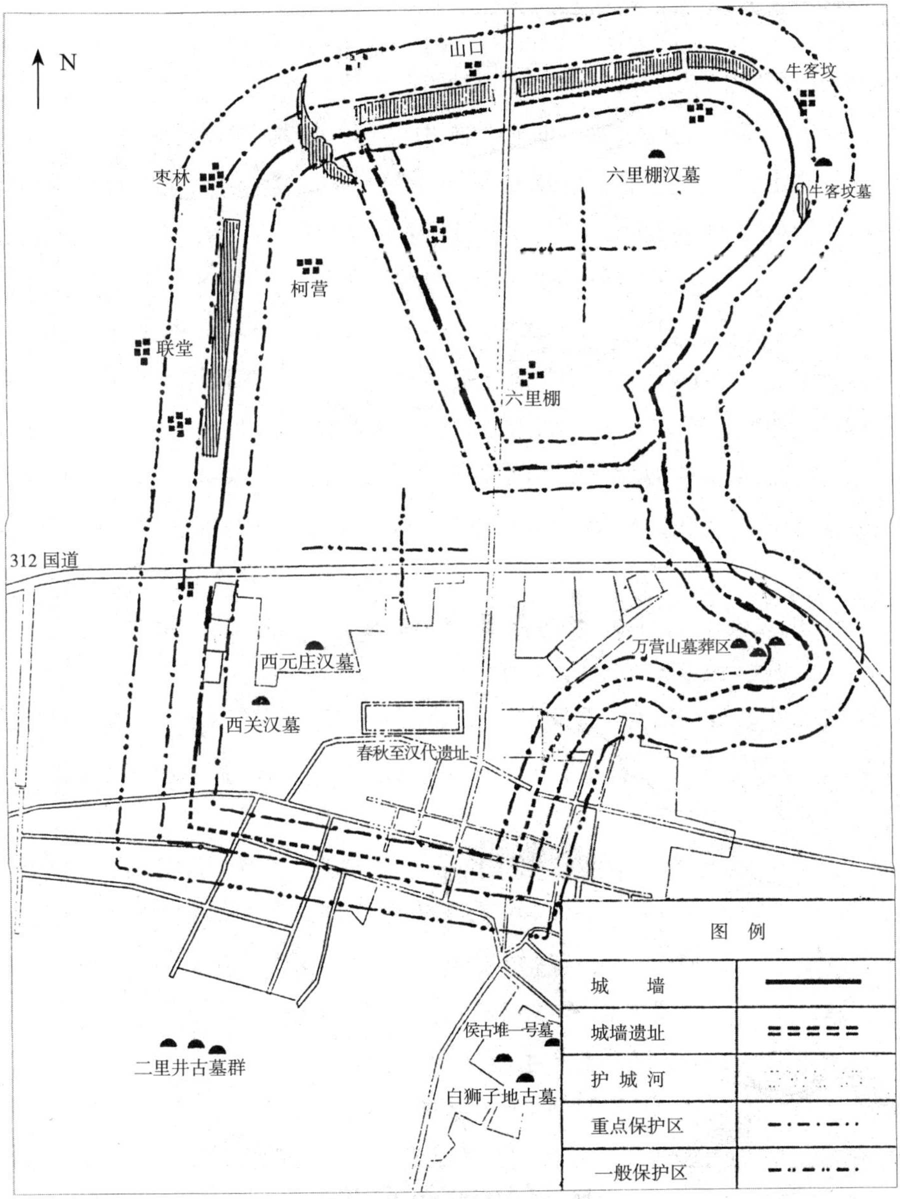
N
山口
牛客坟
六里棚汉墓
牛客坟墓
枣林
柯营
联堂
六里棚
312 国道
万营山墓葬区
西元庄汉墓
西关汉墓
春秋至汉代遗址
侯古堆一号墓
二里井古墓群
白狮子地古墓
图　例
城　墙
城墙遗址
护 城 河
重点保护区
一般保护区

图 4–4　番国故城平面图

番国故城俗称“北山口古城”，位于固始县城及城北一带。城址规模巨大，平面呈内城外郭式布局，分内外两城，内城位于外城城内东北部。其内外城垣大部分尚存。外城北城墙保存较好，如同一座东西延伸的山岭，当地群众称之为“长山”。中段有一个宽 72 米的缺口，人们称之为“北山口”，实际上是北城门。1978—1981 年，经对该城址进行勘察，获知外城西城墙长 3 775 米，基部存宽 15—20 米，高 1—5 米，顶宽 8—11 米。夯层厚 25—30 厘米，夯窝圆形，直径 8 厘米，深 1.5 厘米。北城墙长 2 325 米，基宽 35—40 米，高 4—5 米，顶宽 15—20 米，外面城壕宽达 60 米。东城墙紧临史河西岸边缘，就自然高低蜿蜒筑成，长 5 800 米，基宽 30—35 米，高 4—5 米，顶宽 10—15 米。南城墙地处固始城内，城垣早被夷平，但东西两端数百米夯土墙基仍清晰可见，大部分城壕依然存在，宽 100 米左右。内城位于外城的东北角，东西两垣另行修筑，没有发现护城河遗迹。其西城墙长 1 950 米，基宽 20 米，高 3.2 米，顶宽 4 米，夯层厚 15—20 厘米，夯窝圆形，直径 8 厘米，深 1.5 厘米。南城墙长 920 米，基宽 29 米，高 5 米，顶宽 13 米。番国故城规模宏伟，外城周长 13.5 千米，内城周长 6.5 千米，是东周时期少见的大型城址。城内地面上散布着一些春秋战国陶片，其器形以鼎、鬲、豆、盆、罐等为多。①

传世与出土番器甚多，据《贞松堂集古遗文》《积古斋钟鼎彝器考释》《三代吉金文存》《两周金文辞大系图录考释》《周金文存》《金文拓本》诸书著录，传世番器有番君召簠、番君召鼎、番妃鬲、番匊生壶、番生簋、番生鬲、番君鬲、番君吴生鼎等 10 余件。

20 世纪 70 年代以来，番器不断在信阳、潢川、固始等地出土。1974 年春，信阳县西北约 20 千米的甘岸村西，出土 3 件春秋铜器，从现场看，应为一座春秋墓葬的随葬品。铜盘 1 件，敞口，方唇，沿外

① 詹汉清．固始县北山口春秋战国古城址调查报告［J］．中原文物，1983 年特刊；朱泽勤．固始地方文物与历史人物考辨［M］．北京：中国广播电视出版社，2005.

折，浅腹，两侧有附耳，平底，圈足下有三蹄足。器表饰窃曲纹、重环纹、垂鳞纹和兽面纹。铜匜2件，形制相同，前有长流，后有龙首形鋬，器身呈瓢形，下有四只兽形足，颈部饰钩连纹，器腹饰瓦文。其中一件匜内有铭："唯番伯酓自作匜，其万年无疆，子孙永宝用。"①

1978年初，潢川县南20余千米刘砦砖瓦窑厂院内，出土鼎、簋、方壶、罍、盘等5件铜器。鼎口微敛，腹部微凸，立耳，三蹄足。器表饰粗线纹、圆点纹和带状蟠螭纹。簋有盖，盖顶有握手，子母口，鼓腹，平底，圈足，圈足下附三个兽首足。两耳呈龙首形，上有螺形角，下有垂珥，器表饰瓦纹、窃曲纹和垂鳞纹。方壶盖已佚，子母口，腹下凸出，平底，圈足。器表饰鸟纹、兽首纹和折线纹。罍为直口，平沿，短颈，深鼓腹，小平底，肩部有对称双耳。盘为敞口，附耳，浅腹，平底，圈足，圈足下附三个兽首足。盘腹及圈足分别饰窃曲纹及垂鳞纹，盘内底周围饰兽首形纹，中心为蟠龙纹，其间有铭一周："唯番君伯敊，用其赤金，自，万年子孙永用之享。"按文例"自"字之下，应有脱字"作宝盘"，可能在制作时就已漏铸。根据这5件器物原来的排列情况，推测应出自一座春秋墓中。②

1979年，淅川下寺8号楚墓出土一件春秋时期的铜簠，铭曰："唯正月初吉丁亥，上鄀公择其吉金，铸其叔妳番妃媵簠，其眉寿万年无年无谌（期），子子孙孙永宝用之。"③该器系上鄀公为叔妳番妃所作媵器。

1978年8月至1979年5月间，固始县城东南的侯古堆春秋晚期大墓出土编钟9件，其形体相似，大小依次递减，纽为长方形，上窄下宽。舞和钲部均饰三角纹、涡纹和蟠螭纹。钟架已腐朽倾倒，但尚可复原。系由木制横梁、支柱和墩子组成。两个墩子和支柱上均刻有阴线兽面形和云纹图案。横梁的两端较粗，中间收杀，顶面阴刻云纹，前后两

① 信阳地区文管会．河南信阳发现两批春秋铜器［J］．文物，1980（1）．
② 郑杰祥，张亚夫．河南潢川县发现一批青铜器［J］．文物，1979（9）．
③ 河南省文物研究所等．淅川下寺春秋楚墓［M］．北京：文物出版社，1991．

面刻以交叉的三角形界格，其间再刻云纹，向下的一面凿有9个长方孔眼，在每个孔的部位又皆在梁上涂朱漆一周，其余皆涂黑漆。这副钟架未发现穿钉痕迹，编钟可能是用暗插悬挂上去的。还发现3件钟槌，均为丁字形，槌部刻成八棱形，木柄为扁圆棍或方木棍。编钟、钟架和钟槌均为实用器物。编钟均有铭文，但其位置和字数不尽相同。钟铭中原有人名均被刮掉，再刻上“鄱子成周”四字。[①] 鄱即番，此编钟系番子成周改刻己名后以赠墓主的。据该墓出土的铜簠铭云：“有殷天乙唐（汤）孙宋公䜌作其妹勾敔夫人季子媵簠。”可知墓主为宋公䜌（即宋景公）之妹季子“勾敔夫人”。有谓“勾敔夫人”是其原先的身份，很可能是此人初嫁于吴，为吴王夫人，后因夫死或其他原因又改嫁于番子成周。故而“确切地说此墓主应是鄱子成周夫人之墓”[②]。

1977—1978年间，湖北当阳赵家湖金家山43号墓出土一铜戈，短胡三穿，铭文错金8字：“番仲作伯皇之造戈。”[③] 墓为战国早中期，戈为墓主上世所传，时代约为春秋晚期。《左传·定公六年》：“四月己丑，吴太子终累败楚舟师，获番子臣、小惟子及大夫七人。”前两人在大夫之上，子当表示小国之君，臣为番子之名，小惟子为附属于楚的小国之君。番子臣既与小惟子同为楚国舟师之师，表明此时番已沦为楚的附庸[④]，不久即亡于楚。

第十四节　东蓼

春秋前期，楚在淮水流域翦灭的诸侯国中还有东蓼。《路史》引《世本·氏姓篇》，蓼为姬姓。此蓼国与《左传·桓公十一年》所载蓼国

① 固始侯古堆一号墓发掘组．河南固始侯古堆一号墓发掘简报［J］．文物，1981（1）．
② 王恩田．河南固始“勾吴夫人墓”——兼论番国地理位置及吴伐楚路线［J］．中原文物，1985（2）．
③ 湖北省宜昌地区文物工作队．湖北当阳县金家山两座战国楚墓［J］．文物，1982（4）．
④ 黄盛璋．当阳两戈铭文考［J］．江汉考古，1982（1）．

同名而异地，彼蓼在河南唐河县西南，此蓼在河南固始县一带。西汉初期，于故蓼国地置侯国，后改称蓼县。南朝宋时，更名固始县。梁时复称蓼县。东魏又改为固始，并一直相沿至今。关于蓼之地望，《大清一统志》将“古蓼国、古蓼县”定位于固始东北七十里的蓼城岗。《水经注·决水》载：“决水自县西北流迳蓼县故城东。”杨守敬疏：“故城在今固始县东北七十里。”杨伯峻《春秋左传注·文公五年》说：“今河南省固始县东北有蓼城冈，盖即古蓼国。”蓼在番国东北，与番为邻。

楚穆王四年（前622），东蓼为楚所灭。《左传·文公五年》：“冬，楚公子燮灭蓼。臧文种闻六与蓼灭，曰：‘皋陶、庭坚不祀忽诸，德之不建，民之无援，哀哉！’”杜预注：“（臧文种）伤二国之君不能建德，结援大国，忽然而亡。”臧文种即臧孙辰，鲁之大夫，他认为蓼之亡，在于内不能建德，外未结援大国，着重从内政外交方面寻找原因。其实从当时的政治形势看，蓼正处在楚向北和东北发展的重要位置，楚穆王欲北图中原，灭蓼为势在必行。诚如韩席筹《左传分国集注·楚穆王图北方》所论：“楚自入春秋来，无日不图北方，然未能得志，得志北方者，自穆王始。……穆王蜂目豺声，凶忍残暴，席三世之积威，值中原之无霸，乘间窃发，奋其余毒。江、六、沈、蓼，荐食于前；陈、郑、蔡、宋，屈伏于后。晋灵少安，不在诸侯，秦晋日战，兵连祸结。委中原诸侯小国于封豕长蛇之楚，彼安得不折而入于楚哉？”

蓼国故城位于固始县东北35千米的徐集乡古城村，该城址西北不远处，就是丰港乡谢集村著名的“蓼城岗”。故城所在地势较高，四面被河流包围，东濒泉河，西临史河（古决水），南有大堰，北为鸟尾渠，西北隔古城堰而依古城村。城北平面近似正方形，东西长350米，南北宽310米，面积10.85万平方米。城北高出周围地表6米，城垣现已荡然无存，但四面城墙墙基依然清晰可辨。城东南角断崖上有明显的夯层，厚15—20厘米。城内中偏南部发现了窑址，地面上有大量的炼渣和烧土块，可能是一处制陶作坊遗址。古城东南部发现一处东周至汉代的古墓群，墓葬密集，超过200座。城内不断有器物出土，石器有斧、铲、镞，铜器有剑、镞、凿，陶器有鼎、鬲、尊、罐、壶等。根据出土器物和城垣遗存判断，初步认为该城始筑于西周，沿用至西汉初年。

蓼器发现较少，1963 年山东肥城小王庄出土一批铜器，其中有 1 件铜鬲，其铭曰："嬰士父作蓼妃障鬲，其万年子子孙孙永宝用。"淅川下寺 36 号春秋楚墓出土 1 件铜戈，援身较长，中脊明显，内、援上沿线平直，内中部有一长方形穿孔，栏侧有三穿，胡部铭文云："鄝子妆之用。"鄝通蓼。此鄝子妆戈本为东蓼兵器，后为楚人的战利品，故出于下寺楚墓之中。

第十五节　江国

江国同黄并称，为嬴姓国。春秋时，江于鲁僖公二年（前 658）始见于《经》。是年秋九月，"齐侯、宋公、江人、黄人盟于贯"。江是伯益后裔，商时即已立国。《殷墟书契前编》所载卜辞有："贞，勿伐邛，帝不戎其受又。"邛即江。西周初年重新受封。江国以江为名，与当地的地理环境有关。《释名・释水》云："江，公也。诸水流入其中所公共也。"即汝水与淮河交汇地称之为"江"。关于江的地域。《春秋・僖公二年》杜预注云："江国，在汝南安阳县。"《后汉书・郡国志》："安阳，侯国，有江亭，故国，嬴姓。"汉于江国故地置安阳侯国，后改为县。《水经注・淮水》："淮水又东迳安阳县故城南。江国也，嬴姓矣。今其地有江亭。"安阳县至隋始废，唐代属新息县。《括地志・新息县》："安阳故城在豫州新息县西南八十里。应劭云：古江国也。《地理志》亦云安阳古江国也。"《路史・国名纪乙》云："《晋志》：汝南安阳江亭也。按在信阳之东南，新息之西有安阳故城。"汉安阳故城在今河南正阳县东南大林镇涂店村西北，江国故城在涂店东北，二城相距约 300 米。江与黄本是楚之盟国，后叛楚结齐，公元前 623 年为楚所灭。《左传・文公四年》："楚人灭江，秦伯为之降服，出次，不举，过数。大夫谏。公曰：'同盟灭，虽不能救，敢不矜乎？吾自惧也。'"楚之灭江，震动了西方的秦国。秦与江为同姓盟国，兔死狐悲，物伤其类，秦伯为之举行了隆重的哀悼仪式。江国的灭亡，“使楚在今河南东南部的领土联成一大片，为此后楚的北进东图奠定了更为坚实的基础”[1]。

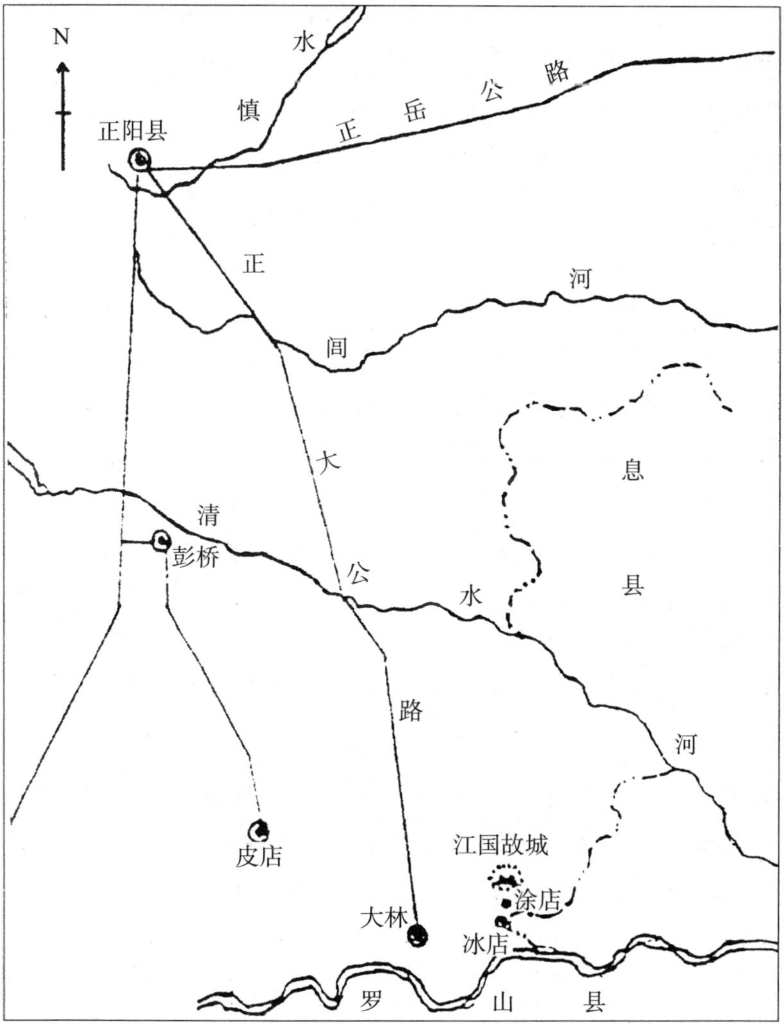

图 4–5　江国故城位置图

① 宋公文．春秋前期楚北上中原灭国考［J］．江汉论坛，1982（1）．

江国故城位于今河南正阳县东南的涂店东北角。城址平面呈长方形，东西长 2 000 米，南北宽 1 200 米，面积约 240 万平方米。南北两面城墙墙基和城壕尚辨寻。城内东南部地势较高，发现有夯土建筑基址，可能是宫殿区所在。城内出土遗物丰富，地表采集有陶鬲、瓮、豆、盘、钵、鼎、壶、罐、砖、瓦残片，并有铁釜，还有一枚汉“别部司马”铜印。说明江国故城自始筑以来，一直沿用至汉代。今涂店村东有一小村叫冢子园，村北有一圆锥状土丘，高 8 米，面积约为 2 000 平方米，传为古江亭遗址，江亭为江国故城的标志。[①]

江国铜器出土极少。1953 年，河南郏县城西太仆乡出土一批春秋早期铜器、有鼎、甗、盨、簠、簋、盘、罍、匜、穿带壶、方壶、镞、戈、矛、车马饰等。郏县位于河南中部的汝河北岸。《国语・郑语》所载史伯为桓公论兴衰中，曾提及“唯谢、郏之间，其冢君侈骄，其民怠沓，其君而未及周德，若更君而周训之，是易取也，且可长用也”。春秋初年，郏属郑，因而这组器物可能是郑国贵族大墓出土遗物。其中有一铜鼎，高 24 厘米，口径 23.5 厘米。口微敛，两耳直立于口沿上，鼓腹，三马蹄形足。口沿下饰窃曲纹一周，内壁铸铭文 9 字：“江小仲母生自作用鬲。”[②] 当时的江国可能鼎、鬲不分，或称“鼎”为“鬲”。此自铭为鬲的铜鼎，系为嫁至郑国的江国女子所作媵器。

1978 年 5 月，淅川下寺 1 号楚墓出土 1 件铜鬲，宽平折沿，颈微收，鼓腹，有扉棱，平裆，马蹄形实足，鬲腹饰兽面纹 3 组，出土时鬲内置小铜匕一件。通高 10.2 厘米、口径 14.7 厘米、沿宽 1.8 厘米。重 1.8 千克。器底内有铭云：“江叔[illegible]作其隮鬲，子子孙孙永宝用之。”[③] 亦应为春秋早期江器。江叔鬲铭中的“江”字写作“邛”，证明“江”与“邛”古通。

同江国有关的铜器，见诸著录的有《两周金文辞大系图录考释》一

① 河南省文物局编．河南文物：下册［M］．郑州：文心出版社，2008：2091．
② 河南郏县发现的古代铜器［J］．文物参考资料，1954（3）．
③ 河南省文物研究所等．淅川下寺春秋楚墓［M］．北京：文物出版社，1991．

书所收的楚王钟，其铭为："唯正月初吉丁亥，楚王媵江中妳南龢钟，其眉寿无疆，子子孙孙永宝用之。"

第十六节　楚灭弦、道、顿、房、柏、不羹诸国

春秋时期，楚灭中原小国中，尚有弦、道、顿、房、柏、不羹诸国。

弦，姬姓国。《春秋传说汇纂》则云："或隗姓。"《路史·国名纪乙》说，弦在"弋阳轪县东南，今光山仙居东十里弦亭是也"。仙居，今河南光山县西北之仙居乡。《水经注·淮水》："淮水又东北合黄水……又东北迳高城南，古弦国也。"《元和郡县图志》卷九"光州·仙居县"下："轪县故城在县北四十里，春秋时弦国之都也。"又云："本汉轪县，春秋时弦国，楚灭之，汉以为县，属江夏郡……天宝元年改为仙居县。"弦国故城又称仙居故城，位于光山县西北 24 千米的仙居乡仙居村，坐落在一条土岭上，横亘南北。城外西南部为洼地，下有一条小河接城西部蜿蜒东去，绕城东南流过。北有杏山，南有独山。城址平面呈不规则长方形，南北长约 260 米，东西宽约 160 米，面积约 4.2 万平方米，城外有城壕遗迹。①

进入春秋以后，弦始见于《春秋·僖公五年》："楚子灭弦，弦子奔黄。"至于弦亡的原因，同年《左传》载："楚斗谷於菟灭弦，弦子奔黄。于是江、黄、道、柏方睦于齐，皆弦姻也。弦子恃之而不事楚，又不设备，故亡。"其灭国时间为公元前 655 年。与之联姻的黄国，因受弦子之奔影响，不久亦为楚所灭。

道，姬姓国。始见于《左传·僖公五年》："楚斗谷於菟灭弦，弦子奔黄。于是江、黄、道、柏方睦于齐，皆弦姻也。"道与弦之间存在

① 张志清．淮河上游古城古国考［C］// 楚文化研究：第四集．郑州：河南人民出版社，1994.

着姻娅关系。楚灭弦时，道尚存在。道的地域在今河南驻马店市与确山县一带。确山古属汝南郡阳安县，西汉时始置朗陵县，后为安昌县，隋代改为朗山县，北宋改为确山县。道国故城位于驻马店市驿城区古城乡古城村。古城村原属确山县所辖。城址坐落在村北100多米处，平面呈不规则方形，南北长300米，东西宽270余米，面积8万余平方米。现城址保存较完整，并发现有明显的城墙遗迹，宽度8—10米，平均高出周围地面3米左右。城墙夯层厚8—15厘米，发现有5—10厘米的圆形圜底夯窝。城内文化层堆积厚2—3米。城垣四面有城壕围绕，壕宽10—15米，深2米不及底。城址中部发现有夯土台基、房基、灰坑等遗迹。采集到的陶器有排水管道、豆、盆、筒瓦、板瓦、瓦当，石器有斧、钺、凿，铜器有镞，铁器有刀、臿、斧等。①

据《左传·昭公十三年》："楚之灭蔡也，灵王迁许、胡、沈、道、房、申于荆焉。平王即位，既封陈、蔡，而皆复之，礼也。"杜预注："灭蔡在十一年。许、胡、沈，小国也。道、房、申，皆故诸侯，楚灭以为邑。"这就是说，鲁昭公十一年，楚灵王曾将许、胡、沈等国迁到楚境内地，原被楚灭的道、房、申等国遗民也同时另迁。至鲁昭公十三年，楚平王即位后，在让陈、蔡复国的同时，让他迁之国与另迁之民返回故地。据说楚平王将道国南迁之民安置在确山县任店镇南500米处的朗陵故城内，朗陵城开始发展壮大，在人们的心目中，简直可以与道城相媲美。有的著作甚至说："朗陵战国时属楚，为道国的都邑。"道国最终被灭，在黄亡不久的楚成王三十年至四十六年（前642—前626）之间。②

顿，姬姓国。《汉书·地理志》"汝南郡南顿县"班固注云："顿子国，姬姓。"颜师古注引应劭云："顿，姬姓国，迫于陈，后南徙，故号南顿。"《世本·氏姓篇》："顿氏，出顿子国……以国为氏。"顿的地

① 河南省文物局编．河南省文物志：上卷［M］．北京：文物出版社，2009．

② 何浩．楚灭国研究［M］．武汉：武汉出版社，1989．

望在今河南项城县西 4 千米的南顿乡。《水经注·颍水》："又东南过南顿县北，滍水从西来流注之。滍水于乐嘉县入颍，不至于顿。顿，故顿子国也，周之同姓。"《项城县志》载，清康熙二十年《大石桥碑记》："南顿之名久矣。环其地者为谷水，发于台陵岗。上通黄、沙诸河，下达淮、泗入江，为扬、豫往东巨津，而南顿适当冲要。"康熙二十九年，光武庙碑文："循谷河而北为南顿，古顿子国也，谷水分汝水而得名。……南顿在昔一都会也。北枕太昊之墟，左依颛顼之国，耿、亳在指顾下，古帝王多出其间。"道光二十四年《萧公庙桥碑记》："南顿，古顿子国也，星分角亢，地接羲陵，顿正是其险，谷水当其冲，自昔称为形胜地。"关于南顿之得名，顾栋高《春秋大事表》云："顿国本在今县北三十里，顿子迫于陈南奔楚，自顿南徙，故曰南顿。"顿于西周初年立国始封于北顿，在今商水县境。顿受到陈的威胁，结好于楚。进入春秋以后，始见于《左传·僖公二十三年》："秋，楚成得臣帅师伐陈，讨其贰于宋也。遂取焦、夷，城顿而还。"

关于顿国都城，有北顿与南顿之别。通常所说的顿国故城，一般系指北顿。该城位于商水县城东南 13 千米的平店乡李岗村，原有潁水从西北向东南流经城址中部。城址平面略呈正方形，城墙用夯土筑成，边长 500 米，面积达 25 万平方米。城外四周筑有城壕。城内出土有西周、春秋时期的建筑构件筒瓦、板瓦、云纹瓦当和生活用具圜底罐，以及楚蚁鼻钱等。城外发现有西周、春秋、战国及汉代墓葬。①顿国故城的墓葬区位于城东 5 千米处的朱集村一带。1975 年秋，这里出土一批周代青铜器，有鼎、簋、簠、车马器等。②南顿故城位于项城市城区西 4 千米的南顿一带，除包括南顿镇外，司老街村与崔街村均在故城内南部。城址东临新运河，南濒谷水。平面略呈方形，面积约 50 万平方米。因久经洪水冲刷淤积，风雨剥蚀及人为破坏，地面上已经见不到南、西、东

① 周建山. 古顿国考［N］. 中国文物报，2006-1-27.
② 秦永军，韩维龙，杨凤翔. 河南商水县出土周代青铜器［J］. 考古，1989（4）.

三面城墙的痕迹，仅光武台南侧一段北城墙，东西长 216 米，宽 10—30 米，残高 5—7 米，夯层厚 18—30 厘米，圜底夯窝较浅。城内散存大量板瓦、筒瓦和饰粗细绳纹的陶片。夯土层中含有鬲足、鼎足等陶片。城址内外发现有春秋和汉代墓葬。[①] 北顿故城是顿国的始封地，南顿故城是顿国南迁的都城。

公元前 496 年，顿子牂背楚而欲事晋，楚遂灭顿。《春秋·定公十四年》载："二月辛巳，楚公子结、陈公孙佗人帅师灭顿，以顿子牂归。"二月辛巳，即夏历二月二十三日。

房，祁姓国。《汉书·地理志》"汝南郡吴房县"颜师古注引孟康曰："本房子国，楚武灵王迁房于楚，吴王阖闾弟夫概奔楚，楚封于此，为棠谿氏。以封吴，故曰吴房。今吴房城棠谿亭是。"《通志·氏族略》："舜封尧子丹朱于房，今蔡州遂平，故吴房县是也。以楚后封吴王弟夫概于此，故谓之吴房。"房立国甚早。甲骨卜辞中多次提及的"方"，实即为房，遂平之房大约是武王灭商后迁徙而来并受封于此。《读史方舆纪要》云："吴房城，今县志，故房子国。……唐元和十二年，李愬攻吴房，克其外城而还，即平吴元济，因改县曰遂平。"《遂平县志》亦称今遂平县城"即古房子国城也"。房国故城又称吴房故城，位于遂平县老城中部偏东，即今瞿阳镇老城居民区，南濒汝河。城址平面呈东西长方形，东城墙长 981 米，西城墙长 1 074 米，南城墙长 837 米，北城墙长 922 米，城垣周长 3 814 米，面积近 88 万平方米。故城历经沧桑，屡罹毁坏。南、北两面城墙已被夷为平地，仅有西墙残垣长 33 米，高 1—2 米，北墙断壁长 550 米，高 3—5 米。从断面观察，城墙系夯筑，夯层厚 9—14 厘米，夯窝直径 4—5 厘米，深 2 厘米，呈圜底状。部分残垣显示出后期修补的痕迹。城内出土有铜镞、布币及陶鼎、豆罐及石斧、刀、镞等，多为春秋遗物。[②]

---

① 司峻．南顿故城考［J］．中州今古，1991（4）．

② 遂平县文化馆．吴房故城［M］// 河南文物志选稿：第八辑，1983.

历史上房与周的关系甚密。《国语・周语上》：“昔昭王娶于房，曰房后，实有爽德……生穆王焉。”今本《竹书纪年》周成王三十三年云：“命世子钊如房逆女，房伯祈归于宗周。”王国维疏曰：“以此为康王，殆涉昭王而误。”以为如房逆女的应为昭王，《竹书》将瑕误记为钊。韦昭注《国语》谓：“房，国名。又《纪年》成王三十三年，命王世子钊如房逆女，房伯祈归于京师。是则康、昭皆娶于房。”如此则周、房世代联姻。入春秋以后，房已微弱到不闻于世。《左传・昭公十三年》：“楚之灭蔡也，灵王迁许、胡、沈、道、房、申于荆焉。”楚灵王所迁之房，为故诸侯，前此房已为楚所灭。房国亡于楚成王三十至四十六年（前642—前626）。①

柏，柏皇氏后裔，西周封国之一。关于柏的地望，《左传・僖公五年》杜预注说：“柏，国名，汝南西平县有柏亭。”《汉书・地理志》“汝南郡西平县”注引应劭曰：“故柏子国也，今柏亭是也。”《水经注・㵐水》：“（㵐水）又东过西平县北。县，故柏国也。《春秋左传》所谓江、黄、道、柏，方睦于齐也。汉曰西平。其西吕墟，即西陵亭也。西陵平夷，故曰西平。”《路史・国名纪己》：“柏皇后，黄帝臣柏高，春秋之柏子国。楚灭之，今蔡（州）之西平有柏亭。”顾栋高《春秋大事表》：“柏国，在西平县西，有柏亭。”据考证，柏国始封地为宜阳柏谷城，并不在此。“在周武王、周成王时，淮水上游一带常被南淮夷骚扰，是周和东夷族拉锯战之地。要封柏国于此，时间当在周成王之后，约当周昭王征服淮夷的时候。所以周初封的柏子国，可能在今宜阳县南的柏谷城，以后才于周昭王时移封于此。这与‘汉阳诸姬’的移封于江淮之间的时间相近。”② 据民国《西平县志・舆地志》载：“西平县为柏皇氏遗族徙居地，在《禹贡》为豫州大陆之域，春秋时为柏子国。”春秋时期，柏国仅见于《左传・僖公五年》：“楚斗谷於菟灭弦，弦子奔黄。于是

① 何浩．楚灭国研究［M］．武汉：武汉出版社．1989：11．

② 何光岳．古柏国考［J］．河北学刊，1987（3）．

江、黄、道、柏方睦于齐，皆弦姻也，弦子恃之而不事楚，又不设备，故亡。”柏与江、黄、道、弦诸邻近小国联姻，又同齐国结盟，旨在防备楚国的侵略，楚国看到齐国鞭长莫及，乘淮汝诸国放松警惕之机，出其不意，各个击破，先后将其并入楚之版图，扫清了北上中原的障碍。于公元前642年—前626年，柏被楚成王所灭。[①]

柏国故城位于舞钢市尹集镇谢古洞村南，东与西平接壤，距离西平县出山镇朱苍庄“柏乡亭”近在咫尺。其地理坐标，大体上为东经113°20'—113°45'，北纬33°08'—33°25'。城址平面略长方形，南北长2 000米，东西宽1 000米，面积约200万平方米。地面上保留有断续的夯土城墙遗迹，残高1米左右。遗址中部隐然有高出附近地面的台地，夹杂有石灰层，面积有600多平方米，疑为宫殿或官府旧址。城内曾发掘出春秋时代墓葬，出土有铜鼎等遗物。[②]以柏国故城为中心，附近分布着10处冶铁遗址。西平境内有酒店、赵庄和冶炉城等3处，舞钢市区内有尖山、翟庄、沟头赵、石门郭、圪垱赵、许沟等6处。柏国故城位居诸遗址中央，从而呈现出众星捧月之势。柏亡之后，其都城称合膊或合伯，先后属楚、韩所有，继续得到发展，成为中原地区一个著名的冶铁大都会。

不羹，嬴姓。周灭商后在中原建立的封国，始见于《左传·昭公十一年》：“楚子城陈、蔡、不羹。”杜预注云：“不羹有二，一在襄城东南，一在定陵西北。”春秋时期，不羹分为东、西二国。东不羹城在今河南舞阳县北，西不羹城在襄城县东南。东、西二不羹于公元前534年—前531年，被楚兼并。[③]楚灭不羹后，对东、西二城进行了增筑加固，屯兵以威慑中夏。《左传·昭公十二年》，楚灵王曾说：“昔诸侯远我而畏晋，今我大城陈、蔡、不羹，赋皆千乘，子与有劳焉，诸侯

① 何浩. 楚灭国研究［M］. 武汉：武汉出版社，1989：11.

② 国家文物局主编. 中国文物地图集·河南分册［M］. 北京：中国地图出版社，1991：71.

③ 何浩. 楚灭国研究［M］. 武汉：武汉出版社，1989：12.

其畏我乎！”右尹子革回答说：“畏君王哉！是四国者，专足畏也。”由此可知，不羹是楚、晋争霸的牺牲品，楚修筑二不羹城，对中原诸侯起到了一定的威慑作用。

东不羹城位于舞阳县章化乡古城村，坐落在北舞渡镇西 5 千米的汝河、沙河与灰河三水交汇处，它以三水为天然屏障，是一处易守难攻的天险之地。城址面平略呈凸字形，西城墙长约 1 000 米，东城墙最短，长不足百米。城垣周长 5 500 米，城内面积约 75 万平方米。城南灰河沿岸的丘陵，传说为古外罗城即外郭城遗址，现在人们还称之为二道岭。城内东北部后古寨附近的楼圪挡，可能是宫殿区。出土有铜镞、带钩、车饰等，以及带有“定陵”戳印的陶片，表明这里是战国及汉代的定陵城，为东不羹城在此提供了确凿的证据。①

西不羹城亦称尧城，位于襄城县城东 12.5 千米的范湖乡尧城宋村西，地当文化河的东北侧，南距汝河 2.5 千米。城址削尧城岗而建，平面略呈长方形。南北长 1 500 米，东西宽 1 200 米，面积 180 万平方米。直到明万历年间（1573—1620），门垣犹存。城内文化层厚约 3 米，中部地势稍高，可能是宫殿区所在。尧城岗是其墓葬区，岗上发现许多春秋战国墓，20 世纪 80 年代，出土有鼎、鬲、豆等陶器，以及车马器和铜兵器。②

第十七节　陈国

陈，妫姓，立国于西周初年。《史记·陈杞世家》：“陈胡公满者，虞帝舜之后也。昔舜为庶人时，尧妻之二女，居于妫汭，其后因为氏姓，姓妫氏。舜已崩，传禹天下，而舜子商均为封国。夏后之时，或失或续。至于周武王克殷纣，乃复求舜后，得妫满，封之于陈，以奉帝舜

① 朱帜．河南舞阳北舞渡古城调查［J］．考古通讯，1958（2）．
② 襄城县地名办公室．河南省襄城县地名志［M］．1988：302．

祀，是为胡公。”《索隐》引《左传》曰：“武王以元女太姬配虞胡公而封之陈，以备三恪。”武王封陈，以其为成周东南屏障。

陈国地处黄河冲积扇南沿的颍水中游。春秋以降，楚国为了北上中原，开疆拓土，多次对陈用兵，灭而又复。陈国积弱，依附于楚，唯命是从，稍有不恭，即被吞噬。楚庄王、灵王和惠王时，先后三度灭陈。对此，《左传》有过明确的记述。鲁宣公十一年“冬，楚子为陈夏氏乱故，伐陈。谓陈人无动，将讨于少西氏。遂入陈，杀夏征舒，轘诸栗门，因县陈”。后楚庄王在大臣申叔时的劝谏下，乃复封陈，立陈灵公之子午为成公。昭公八年，“九月，楚弃疾帅师奉孙吴围陈，宋戴恶会之。冬十一月（应作十月）壬午，灭陈”。到了鲁昭公十三年，灵王被逼自杀，辛疾自立为楚平王，为了笼络人心，求得各国的和好，便兴灭国，继绝祀，封陈，以陈太师之子吴为陈君，即陈惠公。哀公十七年：“楚白公之乱，陈人恃其聚而侵楚。楚既宁，将取陈麦。……秋七月己卯，楚公孙朝帅师灭陈。”陈因楚内乱，结好于吴，终遭灭国。诚如韩席筹《左传分国集注·楚惠王灭陈》所论：“陈灵之荒淫，是以亡国，而卒不亡者，楚庄方欲图霸，未肯公然亡人国也。陈哀无道，国已亡矣，犹幸得复者，辛疾惩恶，欲假兴灭以为名也。迨春秋末，周室益微，霸者不作，强大日肆并吞，弱小几难自立。……况陈在楚之宇下，即竭诚事之，犹时有吞噬之处，乃背楚即吴，安有复存之理？”或以为陈未绝祀于楚惠王之时，而是迁国于楚西，地域与鄢、郢、巫郡相近，至宣王时才终为楚灭。[①]这种新说，应当引起足够的重视。不过即使彼时陈确西徙，也只是名存实亡，是附属于楚国的一个傀儡而已。

陈城所在，古属楚夏之交，左挹嵩山，右控商丘，南襟淮蔡，北枕魏梁，是主要的交通枢纽，实为舟车骈会的财赋之区。《元丰九域志》和《路史》均谓陈城为胡公所筑，暂无可考。《诗经·陈风》中同陈城有关的篇章，有“东门之枌”“东门之池”“东门之杨”“墓门”等。《左

① 何浩．楚灭国研究［M］．武汉：武汉出版社．1989：340.

传·宣公十一年》，楚子为陈夏氏乱故，伐陈。……遂入陈，杀夏征舒，轘诸栗门。这里提到的东门和栗门，即陈城之门。《吕氏春秋·似顺论》对此有更详细的记载："荆庄王欲伐陈，使人视之。使者曰：'陈不可伐也。'庄王曰：'何故？'对曰：'城郭高，沟洫深，蓄积多也。'宁国曰：'陈可伐也。夫陈，小国也，而蓄积多，赋敛重也，则民怨上矣；城郭高，沟洫深，则民力罢矣。兴兵伐之，陈可取也。'庄王听之，遂取陈也。"楚师伐陈，时在鲁宣公十一年（前 598）。《左传·襄公二十三年》："陈侯如楚，公子黄愬二庆于楚，楚人召之。使庆乐往，杀之。庆氏以陈叛。夏，屈建从陈侯围陈。陈人城，版队而杀人。役人相命，各杀其长，遂杀庆虎、庆寅。"庆氏城陈，时在鲁襄公二十三年（前 550）。《左传·襄公三十年》："六月，郑子产如陈莅盟，归，复命。告大夫曰：'陈，亡国也，不可与也。聚禾粟，缮城郭，恃此二者，而不抚其民。其君弱植，公子侈，大子卑，大夫傲，政多门，以介于大国，能无亡乎？不过十年矣。'"子产批评陈缮城郭，事在鲁襄公三十年（前 543）。由此可见，陈城既有城郭，又有沟洫，始筑的年代甚早。

关于陈城的地望，《水经注·渠水》："（沙水）又东南迳陈城北，故陈国也。"今淮阳城北有新蔡河，河水绕城东流向东南，入沙水。新蔡河是沙水支流之一，《水经注》作者郦道元将沙水支流统称沙水。陈国故城位于今淮阳城关一带，城址平面略呈方形。《淮阳县志》称城周"九里十三步"。而《元和郡县图志》则云："陈州州城枕蔡水，周围三十里。"前者指内城，后者指外郭城。经考察实测，内城即今淮阳老县城，周长 4 500 米，外郭城周长 15 000 余米，采用东周时期常见的内城外郭的格局。1980 年 5—6 月，对内城城垣进行试掘解剖，获知最早的城墙叠压在最下层，高度在 2 米以上，由夯土筑成，夯层厚 10 厘米左右。出土陶片以板瓦、筒瓦居多。据此认为该城始建于春秋时期。①

关于陈国的墓葬区，史无详载。清道光六年《淮宁县志》载："陈

① 曹桂岑．楚都陈城考［J］．中原文物，1981 年特刊．

胡公墓，旧州志谓在东南。”另据《左传·襄公二十五年》：“郑子产、子展帅车七百乘伐陈，宵突陈城，遂入之。陈侯扶其大子偃师奔墓。”陈侯为避来自西北方的郑师，而向东南逃亡，表明墓地应在城外东南。从考古发现来看，1961 年 12 月，淮阳县东南泥河村西北角的一个池塘内发现铜爵一件。次年 4 月，在同一地点又发现爵、觚、提梁卣、簋、戈五件铜器，和罐、尊、鬲、簋四件陶器。其中陶鬲、陶罐的形制与陕西长安客省庄和张家坡西周墓出土的早期陶器大致相同，这批器物很可能出自西周时期的陈国贵族墓。①

1973 年，淮阳县城东南的堌堆李出土西周的铜盘、铜簠各 1 件，盘为浅腹，双耳，圈足，口饰窃曲纹，圈足饰蝉纹，盘径 38.5 厘米，高 8 厘米，盘内有铭文 4 行 22 字：“曹公媵孟姬，悆母盘用祈眉寿无疆，子子孙孙永寿用之。”簠为长方形，口外侈，有四矮足，兽首形耳，口足饰窃曲纹，腹饰蟠虺纹，长 27.5 厘米，宽 21.5 厘米，高 8.5 厘米，盖已佚。器内铭文字数、内容与盘铭大致相同。② 此盘与簠均为曹公嫁女的媵器，曹国国君之女所嫁应为陈国王族，因而这里可能是陈国贵族的墓葬区。

除陈城外，在故陈国地域范围内，还发现西周春秋文化遗址 50 余处，其中比较典型的有沈丘的东冢、乳香台，商水的范台庙、朱集，项城的刘冢、南顿，鹿邑的栾台，郸城的段寨、丁寨，淮阳的平粮台、范丹寺等。以鹿邑栾台遗址为例，属于西周初年至成康时期的第五期文化遗存，主要为长方形竖穴土坑墓，有木质棺，皆为单人仰身直肢葬，流行腰坑和口含的葬俗。随葬陶器的基本组合是鬲、罐、簋、豆。鬲，侈口，窄斜沿，方唇，分裆，尖袋足，无实足根，表面饰绳纹。罐，口微侈，方唇，鼓肩，肩下斜直收，圜平底。簋，侈口，宽斜沿，方唇，腹微鼓，高圈足。豆，深盘，口微敛，盘壁直，下部折收，粗柄。属于春

① 刘东亚．河南淮阳出土的西周铜器和陶器［J］．考古，1964（3）．

② 淮阳县太昊陵文物保管所．淮阳县发现两件西周铜器［J］．中原文物，1981（2）．

秋末战国初的第六期文化遗存，其陶器器类有罐、盆、豆、碗和建筑材料。豆，方唇，浅盘，盘上壁直，折斜收，接细柄。筒瓦，唇颈较短，表面饰绳纹。①

传世陈器不多，见于著录的有王仲妫簠、陈厌鼎、陈公子甗等。另外，1976 年，陕西临潼县零口出土的一件西周陈侯簋，是陈嫁女于周王的媵器，浅腹，方座，双耳有珥，通高 25 厘米，口径 22 厘米，器身分别饰夔龙纹、变形兽面纹，器内有铭文 3 行 13 字："陈侯作王妫媵簋，其万年永宝用。"②1975 年秋，河南商水县朱集村出土一批青铜器，计有鼎、簋、簠和车马器等，其中鼎已佚，现存 3 簋 4 簠都有铭文。其中原仲簠高 28.3 厘米，宽 21.5 厘米，通高 18 厘米，器身分别饰交叠式兽体卷曲纹和变体鸟兽纹。器盖内铸有铭文 6 行 28 字："唯正月初吉丁亥，原仲作沦仲妫嫁媵簠，用祈眉寿万年无疆永寿用之。"据《春秋·庄公二十七年》："秋，公子友如陈，葬原仲。"原仲，陈大夫，死于公元前 667 年，为其次女作陪嫁所铸的媵器，应早于此年。这批器物无疑属于春秋初期，其造型、纹饰和风格与洛阳地区所出同类器物相同。③

第十八节　蔡国

蔡，姬姓。武王灭纣后，封其弟——周文王第五子叔度于蔡。蔡叔度因与管叔鲜作乱被迁而死，改封其子胡于蔡，是为蔡仲。《史记·管蔡世家》："武王既崩，成王少，周公旦专王室。管叔、蔡叔疑周公之为不利于成王，乃挟武庚以作乱。周公旦承成王命伐诛武庚，杀管叔而放蔡叔，迁之，与车十乘，徒七十人从。……蔡叔度既迁而死。其子曰胡，胡乃改行，率德驯善。周公闻之，而举胡以鲁卿士，鲁国治。于是周公言于成王，复封胡于蔡，以奉蔡叔之祀，是为蔡仲。"

---

① 河南省文物研究所．河南鹿邑栾台遗址发掘简报［J］．华夏考古，1989（1）．

② 临潼县文化馆．陕西临潼发现武王征商簋［J］．文物，1977（8）．

③ 秦永军等．河南商水县出土周代青铜器［J］．考古，1989（4）．

蔡处汝水中游，“南捍荆蛮，而北为中原之蔽”[①]。竹添光鸿《左氏会笺》说，蔡在“春秋时服楚最早，从楚最坚，受楚之祸最深，而其为楚之祸亦最烈。始以楚为可恃，故甘心服从，逮不堪命而反噬，则楚亦几亡”。顾栋高《春秋大事表·春秋时楚始终以蔡为门户论》云：“楚在春秋北向以争中夏，首灭吕、灭申、灭息，其未灭而服属于楚者曰蔡。……蔡自中叶以后，于楚无役不从，如虎之有伥，而中国欲攘楚，必先有事于蔡。盖蔡居淮汝之间，在楚之北，为楚屏。”由此可见蔡与楚国关系之密切程度。但是楚国为了北上东进，占据淮河中游地带，不惜寻找各种借口，动用武力，于周景王十四年（前531）和周贞定王二十二年（前447），两度兴兵灭蔡。《左传·昭公十一年》：“冬十一月，楚子灭蔡，用隐大子于冈山。”《史记·管蔡世家》载：“（蔡灵侯）十二年，楚灵王以灵侯弑其父，诱蔡灵侯于申，伏甲饮之，醉而杀之，刑其士卒七十人。令公子弃疾围蔡。十一月，灭蔡，使弃疾为蔡公。楚灭蔡三岁，楚公子弃疾弑其君灵王代立，为平王，平王乃求蔡景侯少子庐，立之，是为平侯。”这次蔡灭而复兴，同楚平王初立，为了稳定局势，争取中原诸侯承认有关。

蔡昭侯在位期间，蔡与吴一道伐楚，攻入郢都，从此与楚结怨，在楚国的逼迫下，迁都州来，至蔡侯齐时终为楚灭。《史记·管蔡世家》：“侯齐四年，楚惠王灭蔡，蔡侯齐亡，蔡遂绝祀。”时当周贞定王二十二年（前447），为战国之初。据《荀子》《战国策》等文献记载，楚灭陈、蔡后，再次使其复国，社稷虽存，却被迫迁往楚国西境，约在今湖北保康以东、南漳以北、襄阳西南的群山之中，蔡都也因此以高蔡为名。蔡之灭当在楚宣王二十七年（前343）左右。“楚惠王之后陈、蔡社稷复存。只是由于陈、蔡被迁于楚之西境丛山之中，少与中原交往，难为他国所知，以致其事迹未更多、更明确地记录下来。”[②]

---

① 高士奇．左传纪事本末［M］．北京：中华书局，1979：660．

② 何浩．楚灭国研究［M］．武汉：武汉出版社，1989：399．

蔡在历史上曾数次徙都：自西周初年受封建都上蔡，迄蔡灵侯十二年（前531）蔡被楚所灭，历时五百余年；楚灭蔡三年后，蔡平侯复国，迁都于吕亭，改称新蔡；蔡昭侯二十六年（前493），再迁州来（安徽寿县），称为下蔡。以上三都以上蔡故城保存最为完整，而贵族墓葬却以州来地区发现得最多。

上蔡蔡国故城坐落在上蔡县城关一带的芦岗东坡，附近汝、洪二水萦绕，形成了黄陵坡和蔡塘。城址布局，采用了内城外郭的格式，外城平面略呈长方形，东、南、西、北城垣的长度，分别为2 490、2 700、3 187、2 113米，周长10 490米。城墙残高4—11米，宽15—25米，夯层厚8—14厘米，夯窝径2—3厘米。城角略呈圆弧形，西南城角稍向外突出。城外有护城河，迄今所见城壕遗迹宽70—103米，深5—10米。现存城墙缺口甚多，可以判定为城门的有4处；南城墙3处，西城墙1处。城门附近城墙厚度明显加宽，内侧呈U字形深龛。应是“门卫房”一类的建筑设施，为守卫城门的士兵或看管城门“监者”的住所。

内城位于外城内西南部王庄村南的二郎台，二郎台是一处面积120万平方米的高地，高出现今地面6—7米。已在台的四周发现了城墙遗存。《上蔡县志·地理志》载，相传王村是蔡侯朝庙宫室所在。二郎台上曾发现很多古井及陶制排水管道，还有筒瓦、板瓦等建筑构件残片，说明当年台上有庞大的建筑群组。高台四周以城垣与沟渠环绕作为保卫宫室的防御设施。

手工业作坊区分布于故城内外。制骨作坊在宫殿区东北，这里出土有针、锥、簪等骨器及骨料和骨制半成品。故城内南部发现一座完整的窑址，口径90厘米，底径65厘米，残高70厘米，窑内堆满红烧土和春秋时期的陶片，可能是制陶作坊所在地。城内还发现铸铜作坊遗址两处：一处在宫殿区北，面积约2万平方米，已发现炼炉3个；另一处在故城东南部，这里有炼炉、铜渣出土。

关于贵族墓葬区，据《重修上蔡县志》载：“周蔡侯墓有二：一在县东北一里许，一在县西郭外。”故城内西南隅的翟村一带，曾经出土过春秋时期的鼎、壶、剑、戈、车马饰等铜器。另外，故城西北有 9 个古冢，群众传说为蔡侯墓。这些都为进一步寻找蔡国贵族墓葬区提供了线索。

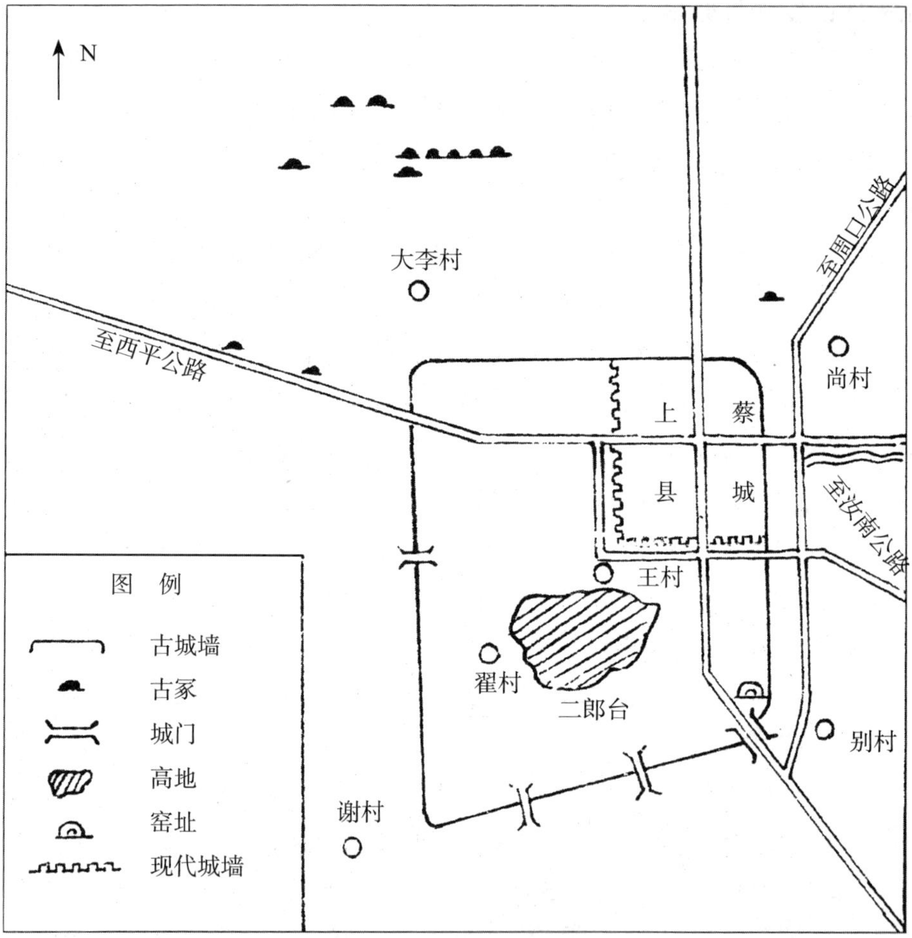

图 4-6 蔡国故城平面图

关于上蔡蔡国故城的年代，一般主张始筑于西周初年。游晓鹏推测："蔡叔虔受封之后，就开始营建蔡城，还没修好就摊上'三监之乱'，城也成了半拉子工程。蔡仲继续筑城，他亲自参与设计和修筑，两年间就筑好了蔡城。而这座城，历经三千年风雨，留传至今。"[①]不过，考古学家们大都不赞同这种观点，而是将它定为春秋城址。许宏说："历代文献均指此为春秋蔡国故城，春秋晚期楚灭蔡后属楚，曾对该城进行过增修。"[②]中国社会科学院考古研究所编著的《中国考古学》也将它列为东周城址。[③]1988 年河南省文物研究所派人对蔡国故城城垣进行解剖，发现有一段城墙建在春秋早期墓葬上面，从而认为该城始筑于春秋中期。[④]楚灭蔡后，一度对蔡城进行了增筑加固，蔡与陈、东西二不羹等城并称"四国"，成为楚师北伐中原的军事重镇。

1966 年 4 月，潢川县西北 10 千米的高稻场，发现一座春秋晚期的木椁墓，墓中出土 7 件春秋晚期青铜器：鼎、敦、簠、匜、盘、缶、舟各一。鼎盖上有一个六柱环形握手，颈侧有长方形附耳，三足呈外撇马蹄形，膝部饰兽面纹。敦上有圆鼓形盖，盖顶有六柱环形握手。器身敛口方唇，束颈鼓腹，圜底下附三只矮小兽形足。簠的盖与器身为长方形，各有两个兽面耳，足作曲尺形，造形相同，上下合成一器，盖内有铭"蔡公子义工作饮簠"八字。匜为环形耳，平底，长流。盘为侈口，方唇，圆腹，平底。缶为直口，方唇，圆肩，鼓腹，平底。舟为椭圆形口，圆腹小平底。[⑤]这批铜器的器形与安徽寿县蔡侯墓出土器物相同，铭文字体也颇类似。蔡于蔡昭侯二十六年（前 493）迁都州来，这批铜器应铸于东迁之前，亦即都新蔡之时。另外，河南固始万营山 2 号墓出土一批春秋晚期青铜器，有鼎、击、盘、匜、簠、敦、舟等，簠盖内有

① 游晓鹏. 叔虔封蔡与蔡仲复兴——豫地密码·千年古县系列之上蔡（一）[N]. 大河报，2014-9-3.

② 许宏. 先秦城市考古学研究 [M]. 北京：北京燕山出版社，2000.

③ 中国社会科学院考古研究所. 中国考古学·两周卷 [M]. 北京：中国社会科学出版社，2004.

④ 河南省文物研究所. 1988 年蔡国故城发掘纪略 [J]. 华夏考古，1999（2）.

⑤ 信阳地区文管会，潢川县文化馆. 河南潢川县发现黄国和蔡国铜器 [J]. 文物，1980（1）；赵新来. 潢川县出土蔡国铜器补正 [J]. 文物，1981（11）.

铭文“蔡季风”三字，器形与高稻场铜器类似，亦应为蔡器。①

1955年湖北宜城安乐坨出土一件蔡侯朱之缶，器物形制与安徽寿县蔡侯墓盥缶相似。蔡侯朱系平侯之子，于鲁昭公二十一年（前521）奔楚。《左传·昭公二十一年》：“蔡侯朱出奔楚。费无极取货于东国，而谓蔡人曰：‘朱不用命于楚，君王将立东国。若不先从王欲，楚必围蔡。’蔡人惧，出朱而立东国。朱诉于楚。”东国即蔡悼侯，朱奔楚后，蔡立东国为悼侯。蔡侯朱缶应是奔楚的遗留。②

蔡迁州来以后的文物出土较多。1955年在安徽寿县西门内发现一座土坑竖穴墓，南北长8.45米，东西宽7.10米，深3.35米。出土遗物580余件，其中铜器486件，有鼎、鬲、簋、簠、笾豆、尊、盉、鉴、盘、甬、钟、编镈、编（钮）钟以及兵器、车器等。铜器中有铭文的50余种：带盖大鼎自铭为“䵼”，平底无盖鼎自铭为“鼾”。铭文最完整和最长的有蔡侯编钟（1组9件）、蔡侯编镈（1组8件）、蔡侯盘、蔡侯尊、吴王光鉴。③器铭中屡见“蔡侯申”之名，此墓应为蔡昭侯申之墓。

1958—1959年，在安徽淮南市蔡家岗发掘了两座墓葬。墓在淮谢饭店旁公路南北侧的赵家孤堆，南孤堆为1号墓，南北长5.05米，东西宽4.26米，残存遗物仅21件，有铜矛、镦、削、铃、玉璧等。北孤堆为2号墓，南北长5米，东西宽4.13米，出土遗物91件，有铜剑、殳、戈、镞、镬和车马器等。除蔡器外，还出土有吴王夫差戈、吴太子剑、越王者旨于赐戈等吴越兵器。两座墓都有较大的坟丘，相距约200米，规模基本相同，均为竖穴土坑墓，斜坡形墓道在墓坑北端，长短宽窄也几乎相等，方向也一致。2号墓出土错金铭文“蔡侯产”剑三把，故将此墓

① 欧潭生．信阳地区楚文化发展序列［M］//楚文化觅踪．郑州：中州古籍出版社，1986．

② 仲卿．襄阳专区发现的两件铜器［J］．文物，1962（11）．

③ 安徽省文物管理委员会，安徽省博物馆．寿县蔡侯墓出土遗物［M］．北京：科学出版社，1956．

定为蔡声侯墓。[①]1号墓的墓主可能是蔡元侯。蔡迁州来后，历五侯而亡于楚，除昭侯、声侯外，侯齐是声侯之孙，系灭于楚的亡国之君，在位时间短，政绩不显著，墓规格不能同其祖相比，余下的只有成侯和元侯。根据古代“父昭子穆”的葬制，在北曰昭，在南曰穆。“这两座墓相距仅二百米，依山为陵，一北一南，北靠八公山为尊。因此，这两座墓应是上下父子关系。北孤堆（2号墓）即蔡声侯墓，而南孤堆（1号墓）当是其子之墓，即蔡元侯墓。”[②]

1982年，在安徽舒城县九里墩发掘一座春秋蔡墓。该墓为土坑竖穴墓，长8.6米，宽4.44米，有棺有椁，虽经两次被盗，仍出土文物140余件，有青铜礼器、兵器、乐器，以及数量众多的车马器和玉石装饰品。青铜礼器中有簠2件，器身与盖相合，器身作矩形，饕餮纹附耳，体饰蟠螭纹。敦1件，球形深腹，平口，半球体盖上有3个环纽，底有3个小矮蹄形足。从残存的鼎盖、鼎足推测，墓主生前过着“钟鸣鼎食”的奢侈生活，死后也陪葬了成组成套的列鼎。乐器中出土有甬钟1套，形制相同，大小递减，均为长甬有鼻，体有3排乳钉枚，饰蟠螭纹。铭为“建鼓”的青铜鼓座1件，鼓座上部的漆木鼓已残缺。鼓座圆形，直径80厘米，残高29厘米，重47千克。座身以对称的虎头龙身盘绕于上面，虎头立体凸出，突目露齿，张口耸耳，作怒吼状，形象狰狞，龙身浮雕在鼓座上，尾卷曲，造型十分奇特。兵器都放置在墓坑的南北两边。戈、矛、戟、殳都装有3米多长的木质杆，外髹黑漆为地，分段绘制朱色图案，末端有镦。矛、戟均铸有铭文。此外，还出土车马器180余件。

九里墩蔡墓出土的1件戈、矛分体联装的青铜戟上，铸铭文6字“蔡侯逆之用戟”。释者以为逆即蔡迁州来后的第二代君主——蔡成侯

① 安徽省文化局文物工作队．安徽淮南市蔡家岗赵家孤堆战国墓［J］．考古，1963（4）．

② 马道阔．谈蔡侯墓［C］// 文物研究：第3期．合肥：黄山书社，1988．

朔[1]。根据墓室结构、器物组合等多方面考证，九里墩春秋墓可能是蔡成侯之墓。

蔡迁州来后，历昭侯、成侯、声侯、元侯和侯齐五世而亡，除侯齐外，其余四君的墓均被发现。

第十九节　许国

许，姜姓，与申、吕皆为四岳之后。《左传·隐公十一年》："夫许，大岳之胤也。"《国语·周语》："许、齐、申、吕，由大姜。"《世本》称："许、州、向、申，姜姓也，炎帝后。"太岳为炎帝后，以上说法是一致的。

许字，古作鄦、𨛭、䎊、䜣、𦣞、無。许同莘说："许字古文作鄦。《说文》鄦下云：炎帝太岳之胤，甫侯所封，在颍川，从邑，无声，读若许。𣟼（無）下云：丰也，从林、𡘲，或说规模，字从大卌，数之积也。林者，木之多也。卌与庶同意，《商书》曰'庶草繁無'，推造字之意，盖其地林木丰茂，居民成聚，故从無从邑，于六书为会意。而甫侯受封于此，今之许县，犹为腴壤，豫省种秫黍及菸草者以许县所产为最佳，可证字有丰邑之义。自许字行而鄦字废，惟《史记·郑世家》'鄦公恶郑于楚'。许字作鄦，犹存古义，字亦作䜣，许子妆簠作鄦，古人作字，偏旁或左或右，无定体也。段玉裁曰'许当作䜣，为叔重姓而只作许者，盖自《诗》《春秋》皆叚许为之，此时地理亦作许县，故仍而不改……'"[2]这里所说的"许县"，即今之河南许昌。《左传正义·隐公十一年》引杜预《世族谱》说："许，姜姓，与齐同祖，尧四岳伯夷之后也。周武王封其苗裔文叔于许。今颍川许昌是也。"伯夷为尧秩宗。西周初年，周武王封伯夷之后文叔于许，始都许地。逮至平王迁都洛

① 杨德标．舒城九里墩墓主考［C］// 楚文化研究论集：第二集．武汉：湖北人民出版社，1991．

② 许同莘．许国史地考证．东方杂志［J］．1945（18）．

邑，郑国亦东徙新郑。许本小国，位于强邻郑国东南，春秋以来，备受欺凌。

鲁隐公十一年（前712），郑庄公联合齐、鲁伐许，许庄公奔卫。联军攻入许都，许大夫百里奉许叔居东偏，郑将公孙获处许西偏。小小许城，一分为二。郑国加强对许的监督，许国从此在大国控制下谋求生存，先后依附于齐、楚、晋，最终以楚为靠山。《春秋传说汇纂》卷十六引卓尔康说："许从楚最坚，虽晋文霸业方盛，而温会、翟泉盟，皆不能致其来。即以诸侯围之，犹然弗服，盖深信楚之可恃。"但郑国为了开疆拓土，竟然接二连三地侵夺许地。《左传》载，鲁成公十五年（前576）"许灵公畏逼于郑，请迁于楚。辛丑，楚公子申迁许于叶。"即今河南叶县南的旧县乡。旧许之地遂为郑国所有。此后，许又多次被迫迁国，《左传》对此有明确记载。《昭公九年》："楚迁许于夷。"夷在今安徽亳州西。《昭公十三年》："楚之灭蔡也，灵王迁许、胡、沈、道、房、申于荆焉。平王即位，既封陈、蔡，而皆复之。"楚灵王于鲁昭公十一年灭蔡。从这一年至鲁昭公十三年（前529）楚平王即位的三年之间，许由夷迁至荆山，由荆山归于叶。鲁昭公十八年，"楚子使王子胜迁许于析，实白羽"。析即白羽，在今河南西峡县东北。《春秋·定公四年》："许迁于容城。"容城在今鲁山县南约15千米处。长期以来，许一直寄人篱下，迁国于楚境之内。

鲁定公六年，郑乘吴楚之战中楚国新败，北境空虚之机，派兵侵许。《春秋·定公六年》："郑游速帅师灭许，以许男斯归。"所谓"灭许"，"只是郑师一度攻于许都，随即退出容城，'以许男斯归'，实即《左传》义例所指的'用大师焉曰灭'。并非'绝其社稷，有其土地'意义上的灭国"[①]。由此可见，在郑师侵许后，许国未亡，社稷尚存，仍都容城，并随楚出兵伐蔡。此后，许更进一步沦为楚的附庸。

关于许国灭亡，《汉书·地理志》"颍川郡许县"下班固注："许在

① 何浩．楚灭国研究［M］．武汉：武汉出版社，1989．

二十四世为楚所灭”。顾栋高《春秋大事表·列国爵姓及存灭表》说，许在“战国时灭于楚”。战国中期前段，魏国出兵攻占鲁阳，楚人为避免魏师以伐许为借口而南侵，更不能让许人继续待在方城以北的泜水附近影响楚国的军事防御措施，便于楚肃王八年（前373）至十年（前371）之间，出兵灭掉许国。①

许国最早建都于今河南许昌一带。《括地志》云：“许故城，在许州许昌县南三十里，本汉许县，故许国也。”《元和郡县图志》卷八“许州·许昌县”：“故许昌城，县南四十里，即许国故城。”《括地志》所载“三十里”应为“四十里”。唐宋时期的许昌县城，在今许昌市建安区张潘镇古城村东南。民国《许昌县志》卷一载：“古城地势雄壮，分内外二城，周围十五里。”《许州志》称其“周围九里一百二十九步”。据考古调查，该城址地处一土台之上，高出周围地面约2米，由内城与外城组成。内城在外城西北部，外城是在内城基础上扩建而成的。内城早于外城。诚如《许昌县志》云：“内城为周代许国都城原址，外城乃汉献帝都许时所扩建。”内城平面略呈长方形，东西长约1 220米，南北宽约1 180米，面积1.44平方千米。每边各有一座城门，城外有城隍，宽约6米。东、西、南三面城墙已遭破坏，仅有一段北墙依然蜿蜒起伏，清晰可辨。从西北城角地下城墙所见之夯土层，厚约5厘米，圜底圆形夯窝。直径0.7—0.8厘米。此外，城内还发现纵横的大道。在城内采集到的西周与春秋时代遗物，陶器有板瓦、排水管道，铜器有矛、戈、镞、爵、匜、觚、鼎，以及布币、玉璧等。②《左传·隐公元年》孔颖达《正义》云：“天子之城方九里，诸侯礼当降杀，则知公七里，侯伯五里，子男三里。”许为男爵，属小国，今内城遗址周约1.5千米，大体上与周制规定子男之国的都城规模相同，因而应为许都故城。外城建筑时间较晚。据潘元茂《魏王九锡文》：“遂迁许都，造我京畿。”它

① 何浩．楚灭国研究［M］．武汉：武汉出版社，1989.

② 陈有忠．许昌城址考［J］．中原文物，1985（1）.

大约建于东汉末年。《太平御览》卷一七七“居处五”引戴延之《西征记》曰：“许昌城本许由所居，大城东北九里，有许由台，高六丈，广三十步，长六十步，由耻闻尧让而登此山，邑人慕德，故立此台。”此台为后世邑人所立，当与许城有关。许国城垣迄今仍巍然高耸，蜿蜒起伏，其下叠压着新石器时代和夏商遗址。后汉建安元年，曹操迎汉献帝迁都于此。《宋书·州郡志》载：“许昌本名许，汉时旧县，三国时魏称许昌。”即指此城。许国原都许昌，北与郑国为邻，因为受到郑国的侵扰，被迫于鲁成公十五年南徙叶城。《左传·成公十五年》载：“许灵公威逼于郑，请迁于楚。辛丑（十一月三日），楚公子申迁许于叶。”许都叶城位于今叶县城南 15 千米的旧县乡旧县村周围，即澧河与烧车河汇流处西南侧，城址平面略呈长方形，面积 100 余万平方米。今旧县村外围尚可见到叶城城垣遗存。其北城墙残长 850 米，西城墙残长 1 160 米，西南城隅残高约 3 米。南城墙毁于建筑村舍，东城墙毁于农业学大寨之时，现已荡然无存。现存城墙多位于旧县村西南和西北，总长约 4.5 千米。城墙最高为 5.5 米。城垣断面可见夯层厚 10 厘米，土质细腻坚硬，含有沙石、贝壳等物。①

许国都叶时的贵族墓地，在城东垣外的许岗之上，这里分布着春秋大墓十多座。2002 年初，考古发掘的常庄 4 号墓，虽被盗掘破坏严重，仍然出土文物 312 件，比较重要的青铜器有编钟、升鼎、钺戈、多戈戟、戈、跽坐铜人、盘龙器座等，不少铜器上带有铭文，如“许公宁之车戈”“许公宁之用戈”等。据考证，此墓为许灵公之墓，墓内随葬品多作于许国徙叶之前，编钟、鼎、戈等当在旧许铸造，有的属于社稷重器，传世珍宝。②

鲁昭公十八年（前 524），楚又迁许于析。《春秋·昭公十八年》云：

① 河南省文物研究所，平顶山市文物管理委员会，叶县文化馆．河南叶县旧县 1 号墓的清理［J］．华夏考古，1988（3）．

② 平顶山市文物管理局，叶县文化局．河南叶县旧县四号春秋墓发掘简报［J］．文物，2007（9）．

“冬，许迁于白羽。”而《左传》则曰：“楚子使王子胜迁许于析，实白羽。”杜预注：“于《传》时，白羽改为析。”迄鲁定公四年（前 506），许又迁于容城。许都白羽 18 年。白羽城位于今河南西峡县城的莲花寺岗上，平面略呈长方形，东、南、西、北城垣，分别长 700 米、500 米、750 米、400 米。地面上遗有城垣一段，已经发现东、西、南三座城门。城墙的南、北两侧有城壕，东、西两侧紧临陡崖。城址内出土有铜剑、镞及陶罐、瓮等遗物。① 该城地近析水，故又名曰“析”，后称“析邑”。历史上许曾多次迁都，其他城址情况不详。

传世许器不多，见于著录的有许仲钟、许子妆簠、许子璋钟、许姬鬲等。

1975—1979 年间，在湖北当阳河溶乡赵家湖发掘一批楚墓，其中赵家湖 43 号墓出土一戈，短胡三穿，铭文错金 4 字，自援斜行迤逦及胡：“许之造戈。”戈内端部也有较为简单的错金文饰。② 许的古文作鄦，朱骏声《说文通训定声》云：“鄦，炎帝太岳之后，甫侯所封，在颍川，从邑无声，读若许。”李玄伯《中国古代社会新研》亦云：“许古作鄦，即无，亦以树木为图腾者。”《史记·郑世家》云：“鄦公恶郑于楚。”汉后书籍皆以许为之。此戈的许字亦作鄦。根据此字的字形结构：“鄦字从‘邑’从‘无’，但鄦下加‘𠙴’，上加‘冈’头，早期鄦不从邑，稍后有下加‘皿’的，如鄦仲尊、鄦姬鬲，加邑时代较晚，如鄦子簠、蔡太师鼎，大抵为春秋器，蔡太师鼎铭‘鄦叔姬’之‘赞’下加了‘𠙴’，看来‘𠙴’与‘皿’同意，皆表器皿之形，王国维曾指出过。此戈‘鄦”字又上加‘冈’头，从字形结构发展来看，较上述诸器较晚，置于春秋晚期比较合适。”③ 此戈为春秋晚期许国所造无疑。许从许昌之旧许先后迁于叶、城父、析与容城，都和赵家湖楚之墓地无关。赵家湖 43

① 韩维周，王儒林. 河南西峡县及南阳市两古城调查记［J］. 考古通讯，1956（2）.

② 宜昌地区文物工作队. 湖北省当阳县出土春秋战国之际的铭文铜戈［J］. 文物，1980（1）.

③ 黄盛璋. 当阳两戈铭文考［J］. 江汉考古，1982（1）.

号墓的时代为战国早期，比戈晚，作戈之时，许国尚存。因而此戈为中原地区流入今湖北境内后，成了墓主传家之物，后为墓主所用并随葬的。

1953年5月，湖南长沙仰天湖25号楚墓出土简文中，有“鄦阳公一纺衣，绿缌之□”[①]。仰天湖楚简属于遣册性质，即死者随葬物的清单。此简文记载鄦阳公赠了一件衣服给该墓死者。鄦即许字，鄦阳的位置在今芷江县北，鄦阳公之所以称“公”，因为他是楚的县尹。河南之舞阳在战国中期之后已被魏占去，楚人只得把那些南逃的许人安置到今湖南新晃、芷江一带，并设县尹称鄦阳公，完全是楚的臣属和行政官员了。

第二十节　楚灭中原诸国之文化分析

楚对中原诸国的兼并，是东周史上的大事，早为史家所关注。清代高士奇作《左传纪事本末》曾经指出：“春秋灭国之最多者，莫楚若矣。……夫先世带砺之国，棋布星罗，南捍荆蛮而北为中原之蔽者，最大陈、蔡，其次申、息，其次江、黄，其次唐、邓，而唐、邓尤逼处方城之外，为楚门户。自邓亡，而楚之兵申、息受之；申、息亡，而楚之兵江、黄受之；江、黄亡，而楚之兵陈、蔡受之；陈、蔡不支，而楚之兵且交于上国矣。”楚向中原地区的扩张，不仅是楚国势力发展壮大的标志，也是楚文化北渐的过程。中原诸小国被灭以后，当地原有文化发展序列终止，并逐渐为楚文化所取代，这是毋庸置疑的史实。至于灭国之前的文化面貌究竟如何？有必要加以认真的分析。

被楚兼并的中原诸国，大都处于中原南部边缘地带的丹江、淮水流域。有姬姓国家，也有嬴、允、曼等庶姓国家，既有中原文化的因素，也受到楚文化的影响。因而情况比较复杂。其中最具代表性的，莫过于

① 湖南省文物管理委员会. 长沙仰天湖第25号木椁墓［J］. 考古学报，1957（2）.

黄国文化了。

潢川县隆古乡的黄国故城，平面略呈长方形，城内有宫殿建筑和作坊遗址，贵族墓地在城外较远处，这些特征同中原地区的古城址没有什么两样。而标准的楚城在规划设计上别具一格，其特征为：一、选址——临水居高；二、布局——王城、府第居东；三、建筑——多有水门；四、交通——引流入城，重水道；五、防御——削折城隅，除死角。而其宫室建筑，则是以“层台累榭”为特色的。[①] 这些现象在黄国文化中无一处可以找到。

以光山宝相寺黄君孟夫妇合葬墓和天鹅墩黄季佗父墓为代表的黄国墓葬，皆为土坑竖穴墓，平面呈长方形，其棺椁有两种形式，即：黄夫人的单棺重椁，黄君孟和黄季佗父的单棺单椁。这些方面都和黄河中游的三门峡市虢国墓葬基本相似。[②]1956—1959 年间，在三门峡市上村岭共发掘虢墓 234 座，全部为长方形土坑竖穴墓，棺椁都已腐朽。从遗留痕迹知道，其中 26 座是单棺重椁，114 座一棺一椁，86 座有棺无椁，2 座无棺无椁，6 座情形不明。[③] 从墓室构造和棺椁制度来看，黄国的习俗虽然承袭着中原文化，但也保留着浓郁的地域文化特征：墓外筑有封土，墓内填以青膏泥，棺外施彩漆，棺侧设边箱，棺底铺竹席、朱砂、花椒等。这些设施和葬俗为江陵、长沙、信阳等地的春秋晚期以后的楚墓所习见。

黄国墓葬内出土有成组的青铜器，其组合、形制、纹饰和铭文，颇能反映该国文化的特殊风格。现以宝相寺黄君孟夫妇墓同上村岭虢墓、鄂西豫南楚墓进行比较如下：

例一：黄君孟墓出土鼎、豆、壶、鑐各 2，盘、匜各 1，并诸多杂器。

例二：黄夫人墓出土鼎、豆、壶、鑐、盉、鬲各 2，盘、匜各 1，

① 张正明. 楚文化志［M］. 武汉：湖北人民出版社，1988.

② 裴明相. 论黄与楚、虢文化的关系［J］. 江汉考古，1986（1）.

③ 中国科学院考古研究所. 上村岭虢国墓地［M］. 北京：科学出版社，1959.

并诸多杂器。

例三：虢太子墓（M_{1025}）出土鼎 7，鬲、簋各 6，壶 2，甗、豆、罐、盉、盘各 1，并诸多杂器。

例四：第 1810 号虢墓出土鼎 5，鬲、簋各 4，壶 2，甗、豆、盉、盘各 1。

例五：当阳金家山 9 号楚墓出土鼎 2，簋 2，盏 1，舟 1 等，并杂器。

例六：淅川下寺楚令尹子庚墓（M_2）出土鼎 15（其中列鼎 7），鬲、簋各 2，禁、盘、匜、舟、鉴各 1，并诸多杂器。

上述例一、二的器物时代属春秋早期，例三、四的器物属两周之际，例五、六的器物属春秋中期。

从器物组合来看，代表中原文化的虢墓中有鼎、鬲、簋、壶、豆、甗、盉、盘；代表楚文化的楚墓中有鼎、鬲、簋（或簠）、盘、匜，簠在楚墓中出土较多，一般每墓 2 件，也有 1 件或 4 件的；代表黄国文化的黄墓中有鼎、豆、壶、𫓨、盘、匜。相比之下，黄墓有中原的鼎、豆、壶、盘，不见鬲、簋、甗、盉；有楚的鼎、盘、匜，不见鬲、簋（或簠）。这种形式介乎中原与楚文化之间而独具特色。

就器形而论，黄鼎与虢鼎皆为敛口，鼓腹，方形立耳，蹄足。这同以附耳，圈纽盖为特征的楚鼎相比，似有明显的差异。黄壶为扁圆形，长颈，鼓腹，矮圈足，夔兽耳，盖为平底环纽。虢壶为抹角长方体，壶身由盖、身、圈足、环耳组成。二者相比，形状绝异。黄盘与虢盘皆为微侈，方唇，浅腹，有对称附耳，平底，圈足。楚盘则为敛口，方唇，浅腹，平底，浮雕夔足，颈部有环耳一对，形制与黄盘近似而稍异。黄匜与虢匜皆为椭圆形，前有宽流，后有兽首形鋬，底有四足。楚匜流作圆口兽头状，平底，无足，为黄匜之变体而稍有不同。从器物形制来看，黄器近乎虢而远于楚。有人对黄君孟夫妇墓出土的 36 件铜器进行剖析，认为这批铜器的造型主流与春秋初中原青铜器相类。但在黄夫人墓室所出的几件青铜器形制迥异，别具一格。

黄君孟夫妇墓共出土玉器185件，而有131件出于夫人之墓。玉器的主流形制也是上承商周传统之古风。然而黄夫人有两件玉饰却与众不同。有一件人首玉饰，状若玦，形若一盘龙，其头为人首，人首高鼻、卷发，不类中国人相貌。黄君墓之文物充分揭示了黄国与中原商周文化一脉相承的古老文化传统关系。在其夫人遗物中，却有的显示出异方异域的情调。①

从铜器纹饰考察，虢器所饰花纹，以窃曲纹、兽带纹、重环纹、波带纹、鳞纹、垂鳞纹最为普遍，兽首纹、瓦纹也很多，还有饕餮纹、夔纹、龙纹、云雷纹、重环纹等。黄器保留着一些西周沿袭下来的传统花纹，如窃曲纹、重环纹、波带纹、垂鳞纹，但窃曲纹、垂鳞纹明显减少，虢器中出现的饕餮纹、象首纹、鳞纹、龙纹基本绝迹。在黄器中占主导地位的是蟠螭纹，这种蟠螭纹是春秋时期出现的新纹饰，有横S形的，有斜S形的，有相互重叠或纽结的，特征都是从螭口吐出小舌，垂于颈部。黄君孟夫妇墓出土的青铜器，多饰以吐舌蟠螭纹，而且比较细密。楚器纹饰是在虢、黄铜器基础上发展起来的。早期盛行的窃曲纹渐次绝迹，而广泛使用蟠虺纹、绹索纹、云雷纹、夔龙纹等。

从铜器铭文上来看，虢器铭文内容简短，大体有两种体例：一是只署作器者的国别、身份、姓名及器名。如“虢太子元徒戈”；二是除上述外，另加附祝托语“子子孙孙永宝用享”。铭文的部位，多在器内。黄器铭文特点与虢器相似，但有新的突破，即其结尾“永祜宝灵冬灵后”和多器同铭的作法是过去少见的。楚器不乏长篇铭文，淅川下寺2号墓出土的王子午鼎腹部铭文14行，每行4至6字，共84字。这种情况虽为虢、黄铜器所无，但多器同铭的做法却与黄器相同。

通过上面的分析，似可得出如下结论：“黄、虢、楚三文化之间存在着一些相同的因素。这些因素是在频繁的政治和经济交往中相互渗透形成的；另外，也有某些相异的东西，它们可能是受某一地区的特殊地

① 郭伯南．黄君孟及古黄国［N］．中国文物报，1988-06-21．

理条件影响所造成的。严格地说，三种文化性质不同，它们所代表的地区也有明显的区别：虢国文化属中原文化的范畴，楚国文化为南方文化的体系，而黄国文化则是在特殊的地理条件下以中原文化为基础发展起来的带有浓厚地方色彩的文化。”①

具有明显地域特征的黄国文化，有着自身的礼俗制度，且对周围地区起着辐射作用，具有比较深远的影响。试从墓制的特点出发，对宝相寺黄君孟夫妇墓、信阳平桥樊君夔夫妇墓、新野小西关曾子仲谑夫妇墓进行考察，可知三座墓的位置都在今河南南端，处于北纬 32 度北一条横线上。其共同特征：尽管有的一次挖成，有的两次挖成，最终形成的是两人骈列一大墓坑之中的合葬墓。《礼记·檀弓下》载：“孔子曰：‘卫人之附也离之，鲁人之附也合之，善夫。’”郑玄注：“附，谓合葬也。离之，有以间其椁中。”根据浚县辛村卫墓资料，卫人合葬之离不是在椁中以物隔开，而是相并列的两个墓坑。依此，宝相寺等合葬墓与卫人的礼制不合，不能叫作离之。②樊人与曾人的墓制特点与黄略同，应被看成是受黄国文化影响的结果。

除黄国文化外，我们还可以再从器形学特征，对申、应、曾、陈、蔡等国文化作对比研究。

南阳市北郊砖瓦厂出土一批西周晚期标准申器，簋为鼓腹凹底，喇叭形圆足，下附三兽首纹小足，子母口上有盖，顶为圆形握手，器表饰蟠龙纹、瓦纹、窃曲纹、垂鳞纹。在形制和纹饰上，同《两周金文辞大系图录考释》中著录的鲁士商叡簋、虢季子簋基本相同。盘为敞口，平折沿，方唇，浅腹，附耳，平底，喇叭形圈足，饰凸弦纹、鱼纹和蟠龙纹，同上村岭虢国墓地出土的Ⅰ式盘大致一样。鼎为敞口，平折沿，方唇，立耳，圆腹，圜底，蹄足，器表饰重环纹、窃曲纹和凸弦纹，形制与上村岭Ⅰ式鼎、毛公鼎、虢文公鼎颇相近。马镳的造型同陕西扶风县

① 裴明相. 论黄与楚、虢文化的关系［J］. 江汉考古，1986（1）.

② 李学勤. 光山黄国墓的几个问题［J］. 考古与文物，1985（1）.

召李村 M_1 出土的西周马镳极为相似，车軎的形制、纹饰同浚县辛村大墓中出土的同类车器相似。南阳西关煤厂春秋时期的彭宇墓出土的Ⅰ式铜鼎和铜壶，分别与湖北随州八角楼和罗山出土的同类器物形制相同，属于申国被楚灭亡后彭姓贵族的遗物。

平顶山市北滍村 M_1 内以鼎、簋、壶、盘、盉、甗配套随葬，这是西周中晚期中原贵族随葬礼器的基本组合形式。随葬器物遵循列鼎制度，1 组 5 件，皆平沿外折，立耳，半球形腹，蹄足，足内侧有凹槽，器表饰窃曲纹、重鳞纹。其形制与传世的厉王时期的鬲攸从鼎，宣王时期的毛公鼎、虢文公鼎，及上村岭 M_{1052} 出土的 VIA 式鼎比较接近。簋皆敛口，鼓腹，两牛首耳，圈足下附三小足。簋盖隆起，喇叭形握手，覆置如碗。器表饰重环纹、瓦垅纹。其形制与厉王时期的叔向公簋，上村岭 M_{1820} 出土的 IB 式簋近似，仅纹饰稍异。方壶为长方口，修长颈，下腹外鼓，方圈足，两牛首耳各衔一铜环，壶口承盖。器表饰窃曲纹、三周鳞纹。其形制与上村岭 M_{1820} 出土的Ⅱ式壶相似。此外，铜器中的甗、戈、车轭，石器中的圭、贝，玉器中的圭、玦、璧、璜、佩等，与上村岭虢国墓中所出的同类器物几乎如出一辙，而鬲与长安沣西张家坡 M_{157} 出土的西周中晚期陶鬲器形略同。

新野县城关镇小西关村南寨沟发现的曾子仲谚墓内，出土的春秋早期曾器中，鼎口微敛，唇外折，鼓腹，圜底，贯耳，器表饰重环纹和垂带纹，其形制同上村岭 M_{1692} 所出 VIA 式铜鼎，《两周金文辞大系图录考释》所收单鼎、邓伯氏鼎，《商周彝器通考》所收雍作母乙鼎等近似。盨口微敛，唇外折，折肩，腹下收成小平底，两兽首环耳，带盖，盖呈覆盘状，顶端有圈形捉手，器表饰蟠螭纹、窃曲纹。其形制与郏县所出日夭盨相同。敦口微敛，唇外折，深腹，圜底，三矮蹄足，颈部附有二兽形环耳，颈下饰窃曲纹。其形制同新郑所出弦纹敦近似。匜为椭圆形，深腹，平底，下附 4 个兽形矮足。前端有流，尾有兽形鋬。器表饰重环纹和瓦纹。其形制和郏县、新郑出土铜匜、上村岭 M_{1602} 所出Ⅰ式匜、《两周金文辞大系图录考释》所收史颂匜相似。

豫东南的鹿邑栾台遗址，共分六期文化，其中第五期文化遗存系西周初年至成康时期，第六期文化遗存系春秋末战国初期，大体上属陈国文化范畴。栾台五期墓葬陶器组合为鬲、罐、簋、豆，与长安沣西张家坡西周墓第二期陶器的组合形式相同。栾台五期 M_7 所出陶簋，为侈口，宽斜沿，方唇，腹微鼓，高圈足，腹壁有凹弦纹。豆为深盘，口微敛，盘壁直，下部折收，粗柄，盘口与柄下端有凹弦纹。罐口微侈，方唇，鼓肩，肩下斜直收，圜平底，器表留有被抹的绳纹痕。这些陶器器形与张家坡 M_{33}、M_{71} 的同类器相同。栾台六期文化遗存发现较少，但从豆、筒瓦等器形观察，同曲阜鲁故城第五期同类器物存在着一致的面貌。

安徽寿县西门内蔡昭侯墓出土春秋晚期的铜器、玉器、骨器、漆器、金叶等 500 余件。其中鼎为带盖，圜底，蹄足。簠为兽耳，曲尺形足。方壶为方口，圆腹，盖顶作镂空的莲瓣形，两耳兽形附环，四兽作足，背承壶底，头部昂起。这些铜器的形制及花纹，都与新郑出土的郑器相似。陈梦家指出："蔡器在时间上是春秋中期与战国初期的锁链，在地域上处于豫南中原诸国和淮南吴、楚、越的中间。蔡器不但接近于邻近的郑国铜器，也接近于同时期与它相距更远诸国。蔡器中嵌镶纯铜的文饰，是春秋中期以后新兴的一种技艺，我们以前曾经因为它们常见于燕、赵地区的铜器上，以为是北土系的特色。由于蔡器的出土，此种推测应加修正。"[①] 蔡与燕、赵都掌握了这种铜器的嵌镶工艺，表明其在文化上的一致性。若以出土文物中的带匕的升鼎、盉、方鉴来看，却颇具楚风。因而可以毫不夸张地说它"既承袭新郑的风格，又具有楚器的特征"[②]。

此外，西周时期鄀国的鄀公諴鼎、邓国的邓公诸器，以及春秋早期江国的江小中母生鼎等，均属中原文化系统。春秋早中期偏晚的邓公乘

① 陈梦家．编辑后记［M］// 安徽省文物管理委员会，安徽省博物馆．寿县蔡侯墓出土遗物．北京：科学出版社．1956：19．

② 李则纲．序言［M］// 安徽省文物管理委员会，安徽省博物馆．寿县蔡侯墓出土遗物．北京：科学出版社．1956：1．

鼎、邓公簋，春秋中期以后的上鄀府簠、鄀儿罍（下鄀器）、𨟭钟（吕器）、江叔𪔜鬲等，其形制均具楚风。

综上所述，可知中原南部诸国文化在西周晚期均属中原文化范畴。约从春秋早期开始，渐渐受到楚文化的影响，从器物的形制和花纹来看，出现了一些楚文化的因素。楚灭中原诸小国以后，使得当地原有的文化发生深刻的变化，并被纳入了楚文化的范畴。早在20世纪30年代之初，郭沫若通过对两周青铜器的研究，在《两周金文辞大系图录考释·序文》中提出著名的南北两系文化说："由长江流域溯流而上，于江河之间顺流而下，更由黄河流域溯流而上，地之比邻者，其文化色彩大抵相同。更综而言之，可得南北二系。江淮流域诸国南系也，黄河流域北系也。南文尚华藻，字多秀丽；北方重事实，字多浑厚，此其大较也。徐、楚乃南系之中心，而徐多古器，其文献中每视荆舒为蛮夷化外，足征乃出于周人之敌忾。徐、楚均商之同盟，自商之亡，即与周为敌国，此于旧史有征，而于宗周彝铭，凡周室与'南夷'用兵之事尤几于累代不绝。故徐、楚实商文化之嫡系。南北二流实商、周之派演。商人气质倾向艺术，彝器之制作精绝千古，而好饮酒，好田猎，好崇祀鬼神，均其超现实之性之证。周人气质则偏重现实，与古人所谓'殷尚质，周尚文'者适得其反。民族之商、周，益于地域之南北，故二系之色彩浑如泾渭之异流，然自春秋而后，氏族畛域渐就混同，文化色彩亦渐趋画一，证诸彝铭，则北自燕、晋，南讫徐、吴，东自齐、邾，西讫秦、鄀，构思既见相同，用韵亦复一致，是足征周末之中州确已有'书同文，行同伦'之实际。未几至嬴秦而一统，势所必然也。"由于历史条件的限制，郭氏一些提法并不恰当，尚需认真研究，但关于长江、黄河南北两大文化系统论却有可取之处。楚文化为南系中心，中原文化为北系代表，地处丹江、淮水流域（不包括淮水中下游地区）的中原南部诸国，其文化虽有明显的地域特征，但均同中原文化有较为密切的关系。西周至春秋时期，楚文化尚未形成独具特色的文化体系，因而对北方诸国尚未具有强大的辐射力，相比之下，倒是受到中原文化深远影响，因而大体而论，中原南部诸国文化此时仍可归入北系，亦即中原文化圈内。约从春秋早期晚段开始，楚国势力蓬勃发展，随着对中原地区的用兵，版图不断向北扩展，中原南部诸国纷纷被楚兼并，当地原有文化序列忽然中断，遂由北系转为南系，进入新的楚文化圈之内。

第五章　东周时期中原楚墓及文化研究

东周时期，特别是春秋中叶至战国中期，是楚民族历史上的黄金时代。楚从僻居一隅的小邦，一跃而成为拓地千里的泱泱大国。其疆域之辽阔，国势之强大，东周列国很少能够与之相匹敌。当其全盛之时，势力不断向四面扩张，特别是黄河流域的中原地区，是其觊觎已久的目标。楚对中原用兵的历史，也是楚文化北渐的过程，当地旧有的文化逐渐被楚文化所代替，因其地域属于中原，不妨称之为中原楚文化。春秋战国之际，特别是春秋中期以后，也是楚文化最为光彩夺目的历史时期。

第一节　楚国势力的发展壮大

春秋时期，楚国势力不断发展，开始强大起来。楚国之强，始于楚武王熊通。《史记·楚世家》载：

> （楚武王）三十五年，楚伐随。随曰："我无罪。"楚曰："我蛮夷也。今诸侯皆为叛相侵，或相杀。我有敝甲，欲以观中国之政，请王室尊吾号。"随人为之周，请尊楚，王室不听，还报。三十七年，楚熊通怒曰："吾先鬻熊，文王之师也，蚤终。成王举我先公，乃以子男田令居楚，蛮夷皆率服，而王不加位，我自尊耳。"乃自立为武王，与随人盟而去。于是楚始开濮地而有之。

楚从"筚路蓝缕"到"欲以观中国之政"，从"子爵"之位到"僭号称王"，其国势之强弱，泾渭分明，不可同日而语。《楚世家》又云："（楚文王）十一年，齐桓公始霸，楚亦始大。"楚武、文二世为庄王问鼎中原奠定了基础。清高士奇《左传纪事本末・楚伐灭小国》论：

> 楚为鬻熊之裔，国于荆山，至熊通始大，吞灭小国，僭称王号，天子使人赐胙曰："镇尔南方，无侵中国。"未尝比于冠带诸侯之列也。及其雄心弗戢，狡焉启疆，渐且幅员数千里，带甲数十万，而燎原之火，遂不可扑灭矣！

楚国经过武、文二世的对外征伐，开始进入中原腹心地带的通道。《左传・哀公十七年》楚文王"县申、息，朝陈、蔡，封畛于汝"。楚国疆域越过南阳盆地，到达汝水之滨。南阳盆地是著名的战略要地，西出武关，东连江淮，南达荆楚，北通洛邑，高山峻岭为控扼之塞，宽城平野为屯兵之地，方城为城，汉水为池，进可以攻，退可以守，楚之强大始于灭申，从而造成了对中原大国的严重威胁。

对建立楚国霸业作出巨大贡献的是楚庄王。《韩诗外传》卷二载，楚庄王任命"孙叔敖治楚，三年而楚国霸"。《吕氏春秋・情欲》云："世人之事君者，皆以孙叔敖之遇荆庄王为幸，自有道者论之则不然，此荆国之幸。荆庄王好周游田猎，驰骋弋射，欢乐无遗，尽傅其境内之劳与诸侯之忧于孙叔敖，孙叔敖日夜不息，不得以便生为故，故使庄王功迹著于竹帛，传乎后世。"鲁宣公三年（前606），楚庄王伐陆浑戎，来到洛水之滨，陈兵于周王室境内，耀武扬威，向周大夫王孙满询问九鼎之事。《左传・宣公三年》："楚子伐陆浑之戎，遂至于雒，观兵于周疆。定王使王孙满劳楚子。楚子问鼎之大小轻重焉。对曰：'在德不在鼎。……周德虽衰，天命未改。鼎之轻重，未可问也。'"据《史记・楚世家》记载，楚庄王对王孙满的回答十分不满，竟然狂妄地说："子无阻九鼎，楚国折钩之喙，足以为九鼎。"傲岸之气，溢于言表。这是对周王室和中原诸国的一次示威和挑战。鼎为周王室的国宝重器，是王权的象征。楚子问鼎，据杜预对《左传》的注释："亦欲逼周取天下。"表明楚拟取代周室，妄图称霸中原的勃勃野心。鲁宣公十二年（前597），楚、晋在邲（今河南荥阳东北或曰郑州市郑东新区）展开决战，以楚胜告终。《新书·先醒》评论说："庄王战服大国，义从诸侯，戚然忧恐；圣智在身，而自错不肖，思得贤佐，日中忘饭，可谓明君矣。"在位期间整顿吏治，改革朝政，发展生产，开拓疆土，观兵周郊，败晋服郑，问鼎中原，称霸诸侯。如果说楚武王与文王时楚国之强，构成了楚国发展史上的第一个里程碑，那么，楚庄王霸业的完成，便是楚国发展史上的第二个里程碑。

楚灵王之世，锐意北进，大城陈、蔡和东西二不羹，赋皆千乘，以此作为同中原大国较量的堡垒，旨在使诸侯皆畏于楚。他在同右尹子革的对话中，竟然赤裸裸地提出向周讨鼎的要求："昔我先王熊绎与吕伋、王孙牟、燮父、禽父并事康王，四国皆有分，今吾使人于周，求鼎以为分，王其与我乎？"这比当年楚庄王问鼎更进了一步。他还寻找借口，向郑国提出领土要求，《左传·昭公十二年》载："昔我皇祖伯父昆吾，旧许是宅。今郑人贪赖其田，而不我与。我若求之，其与我乎？"他因郑国疆域内有古代楚人同姓昆吾旧址，故向郑讨还土地。《左传·昭公十三年》还载："初，灵王卜曰：'余尚得天下！'不吉，投龟，诟天而呼曰：'是区区者而不余畀，余必自取之。'"表现了征服天下的狂妄野心。对于楚灵王求鼎之事，吴曾祺说："问鼎是其乃祖故事，此复言及者，知楚人耽耽之欲，未尝一日忘之。"① 楚灵王投龟诟天，求鼎索田，堪称春秋末之枭主。史家评述："斯人不死，中原未得高枕而卧也。"② 当时由于各种因素的制约，方才使其未能得志于天下。

战国时期，经过吴起变法，楚国出现了"宣威盛世"，成为七强之一，走上新的繁荣时期。楚宣王时，任用昭奚恤拥重兵驻守在楚国北部边境，以其强大的军事力量，对中原诸国起到威慑作用。《战国策·楚策一》载：

①② 韩席筹. 左传分国集注［M］. 南京：江苏人民出版社，1963：687.

荆宣王问群臣曰“吾闻北方之畏昭奚恤也，果诚何如？”群臣莫对。江乙对曰：“虎求百兽而食之，得狐。狐曰：‘子无敢食我也。天帝使我长百兽，今子食我，是逆天帝命也。子以我为不信，吾为子先行，子随我后观百兽之见我而敢不走乎？’虎以为然，故遂与之行。兽见之皆走。虎不知兽畏己而走也，以为畏狐也。今王之地方五千里，带甲百万，而专属之昭奚恤；故北方之畏奚恤也，其实畏王之甲兵也，犹百兽之畏虎也。”

北方对楚国的畏惧，犹如百兽之畏虎，从军事实力和经济实力来看，楚是威震中原的天下强国。《战国策·楚策一》还载有苏秦游说楚威王时曾经提道：“楚地西有黔中、巫郡，东有夏州、海阳，南有洞庭、苍梧，北有汾陉之塞、郇阳。地方五千里，带甲百万，车千乘，骑万匹，粟支十年，此霸王之资也。”《淮南子·兵略训》称：“楚人地南卷沅湘，北绕颍泗，西包巴蜀，东裹郯邳，颍汝以为洫，江汉以为池，垣之以邓林，绵之以方城，山高寻云，谿肆无景。……楚国之强，大（丈）地计众，中分天下。”楚国地域辽阔，是当时版图最大的国家。《战国策·楚策一》云：“凡天下强国，非秦而楚，非楚而秦。”“纵合则楚王，横成则秦帝。”楚是当时唯一能与秦国抗衡的国家。

楚国发展壮大的历史，也是一部灭国史。春秋战国时期，以楚灭国最多。梁启超《国史研究·霸政前记》云：“春秋为楚所灭之国，见于经传者，凡四十二。实则犹不止此数。”何浩认为，楚在春秋期间灭48国，战国期间灭12国，共计60国，而据文献中的有关说法及考古发现中某些尚待研究讨论的国名来看，实际上可能会突破这个统计数据。被楚所灭的国家中，以中原地区所占比例最大。楚在中原等地进行的灭国战争，不仅改写了先秦时期的政治格局，还引起了所在地区以及楚国自身在文化方面的一系列连锁性变化。即“楚人进一步吸取了北方诸夏的文化传统，反过来又大面积地向南方扩大了华夏文化的影响，而且不断地融合了蛮、夷、巴、濮、百越诸族的文化精华，并在此基础上形成了光辉灿烂的楚文化”[1]。楚灭中原诸国，不仅对铸造楚文化产生了深远的影响，也为后来秦始皇统一中国奠定了基础，可以说在推动历史进程方面起到了一种积极的作用。从楚国发展史考察，战国中期是其势力的鼎盛时期，伴随着大规模的开疆拓土，也把中原楚文化的发展推向顶峰。

第二节　长城——楚文化的丰碑

长城，是人类文明史上的奇迹，是自然和人文的混合产物，亦即气候、植被和人类经济活动所交织的巨大文化产物。《诗经·小雅·出车》云：“王命南仲，往城于方，出车彭彭，旂旐央央，天子命我，城彼朔方。赫赫南仲，猃狁于襄。”有人据此认为，周宣王为了防御北方游牧部落——猃狁的进攻，曾在朔方修筑长城，成为周朝的北部屏障。不过，南仲在朔方所修筑的究竟是城堡还是长城，尚无定论，但史家所公认的是东周列国中最早修筑长城的是楚国。鲁僖公四年（前656），齐桓公率领齐、鲁、宋、陈、卫、郑、许、曹等国讨伐楚国，军队到了陉地，楚成王派屈完迎敌，齐师退次召陵，两军阵上，当齐桓公向屈完炫耀武力时，二者之间有一段绝妙的对话。《左传·僖公四年》载：

> 夏，楚子使屈完如师，师退，次于召陵。齐侯陈诸侯之师，与屈完乘而观之。齐侯曰：“岂不穀是为？先君之好是继，与不穀同好如何？”对曰：“君惠徼福于敝邑之社稷，辱收寡君，寡君之愿也。”齐侯曰：“以此众战，谁能御之？以此攻城，何城不克？”对曰：“君若以德绥诸侯，谁敢不服？君若以力，楚国方城以为城，汉水以为池，虽众，无所用之。”屈完及诸侯盟。

① 何浩. 楚灭国研究［M］. 武汉：武汉出版社，1989.

齐桓公率领的诸侯联军在楚国坚固的防御设施面前，感到难以取胜，只好就此收兵。这里提到的“方城”，就是著名的楚长城，始筑于前7世纪前后。

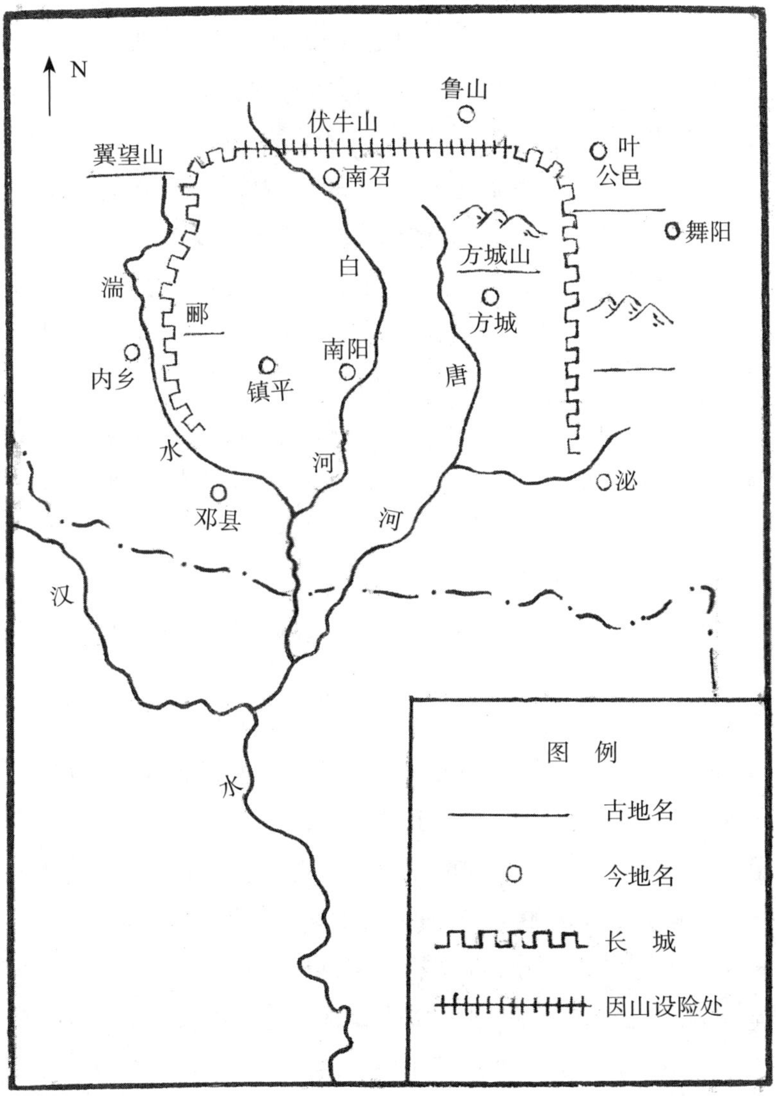

图5-1　楚长城示意图

楚长城的地望，文献记载在今豫南地区。《史记·齐太公世家》："楚方城以为城。"《史记集解》引杜预："方城山在南阳叶县南。"《汉书·地理志》"南阳郡"下说："叶，叶公邑。有长城，号曰方城。"《水经注·氵无水》说："氵无水东北迳于东山西，西流入氵无。氵无水之左，即黄城山也。有溪水出黄城山，东北迳方城。《郡国志》曰：叶县有方城。郭仲产曰：苦菜、于东之间，有小城，名方城，东临溪水。寻此城致号之由，当因山以表名也。苦菜即黄城也，及于东，通为方城矣。世谓之方城山，水东流注氵无水……盛弘之云：叶东界有故城，始犨县，东至溍水，达比阳界，南北联联数百里，号为方城，一谓之长城，云郦县有故城一面，未详里数，号为长城，即此城之西隅，其间相去六百里，北面虽无基筑，皆连山相接，而汉水流其南，故屈完答齐桓公云：楚国方城以为城，汉水以为池。《郡国志》曰：叶有长山，曰方城。指此城也。"氵无水即今甘江河。方城山亦名黄城山、长山、苦菜山，地当叶县之南，具体在今方城县境。《元和郡县图志》卷二十一"唐州方城县"云："方城山，在县东北五十里。"县乃隋代改置，取方城山为名。方城县又称裕州，明万历十二年（1584）《裕州均田碑记》云："裕州于春秋隶楚。盖屈完对齐桓之言曰：'方城以为城。'今方城山在裕州境，山傍有楚壁垒斥堠云。"

楚长城即方城行经地域，随山迂曲，势同方形半环，共分东、西、北三大部分。西线长城南起今邓州市，北达内乡北境的翼望山。《史记正义·越王勾践世家》引《括地志》云："故长城在邓州内乡县东七十五里，南入穰县，北连翼望山，无土之处，累石为固。"穰县故城在今邓州市东南郊，翼望山在今内乡县北境，《水经注·氵无水》："郦县有故城一面，未详里数，号为长城。"郦县即今内乡县，"故城一面"即指此长城而言。北线长城西起翼望山，东至鲁山县，城东南的犨县故城，依伏牛山为险，横贯于鲁山与南召二县之间。东线长城，北起叶县南境之小顶山，经叶县、方城县至泌阳县东北中阳山溍水之滨，折向西南，入唐河县境。"综论楚之方城，其缘附之地，大抵西南自邓县之东北境起，沿今镇平县西境北行，入内乡县东北境。自此折向西北，逾湍河，经郦县故城北，达翼望山。复折向东行，沿伏牛山脉，经嵩县、内乡及鲁山、南召等县交会之地，而东至鲁山县之东南境。自此转向东南行，入叶与方城二县交界之地，先经黄城，后达于东。复自于东沿舞阳、方城两县交会之地而南，入泌阳中部之中阳山，即溓水发源地。自此又转向西南，约经今泌阳治之西北境，入唐河县界。”①

考古发现的楚长城遗迹，同文献记载基本一致。西线长城北起翼望山之汉王城，沿其西部的山岭南下至西峡县丹水镇袁店村东之八里岗。八里岗及长城河北的红石山梁上有土之处原来应有城墙，无土之处累石为固。八里岗北部位于郦县故城北约 8.5 千米，秦汉时属郦，故《水经注》云：“郦县有故城一面。”八里岗以南至内乡县大桥乡南均为浅山区，这些小山形成的天然屏障所起的作用与长城相同。大桥乡南即邓州之十林乡，故也可以说是长城南入穰县。八里岗向称“冲秦晋之要，通吴楚之津”。是当年楚国一处重要关津。郦、北郦、阳城、汉王城可能是楚西线长城的边地列城。郦城与八里岗之间的土岗北侧有长城铺，明代称长城驿。东边有一条河自西峡流入内乡，在八里岗以西称丹水，八里岗以东绕长城铺而过的则称长城河。驿、河得名的由来，应与楚长城有关。楚筑西线长城，主要是为了防御秦军袭击南阳这个重要基地。可能始筑于楚顷襄王元年（前 298），终止于秦昭襄王十五年（前 292）。楚长城不是一次修筑的，西线长城是其中修筑时间最晚的一段长城。②

关于北线楚长城，过去曾对东段进行了考察。北线东段的大关口，位于方城县独树乡的中辛庄与叶县接壤处。东边为横亘于叶县西南之黄石山西麓的擂鼓台、北岭头、尖山诸峰，西边为伏牛山东麓之对门山、旗杆山、香布袋山诸峰。西、东两山夹峙，形成隘道，称为“大关口”。在大关口东西两面的山坡上，可以见到楚长城遗迹。

① 张维华．中国长城建置考（上编）［M］．北京：中华书局，1979：36.

② 柴中庆．楚长城西段考［C］//楚文化研究论集：第四集．郑州：河南人民出版社，1994.

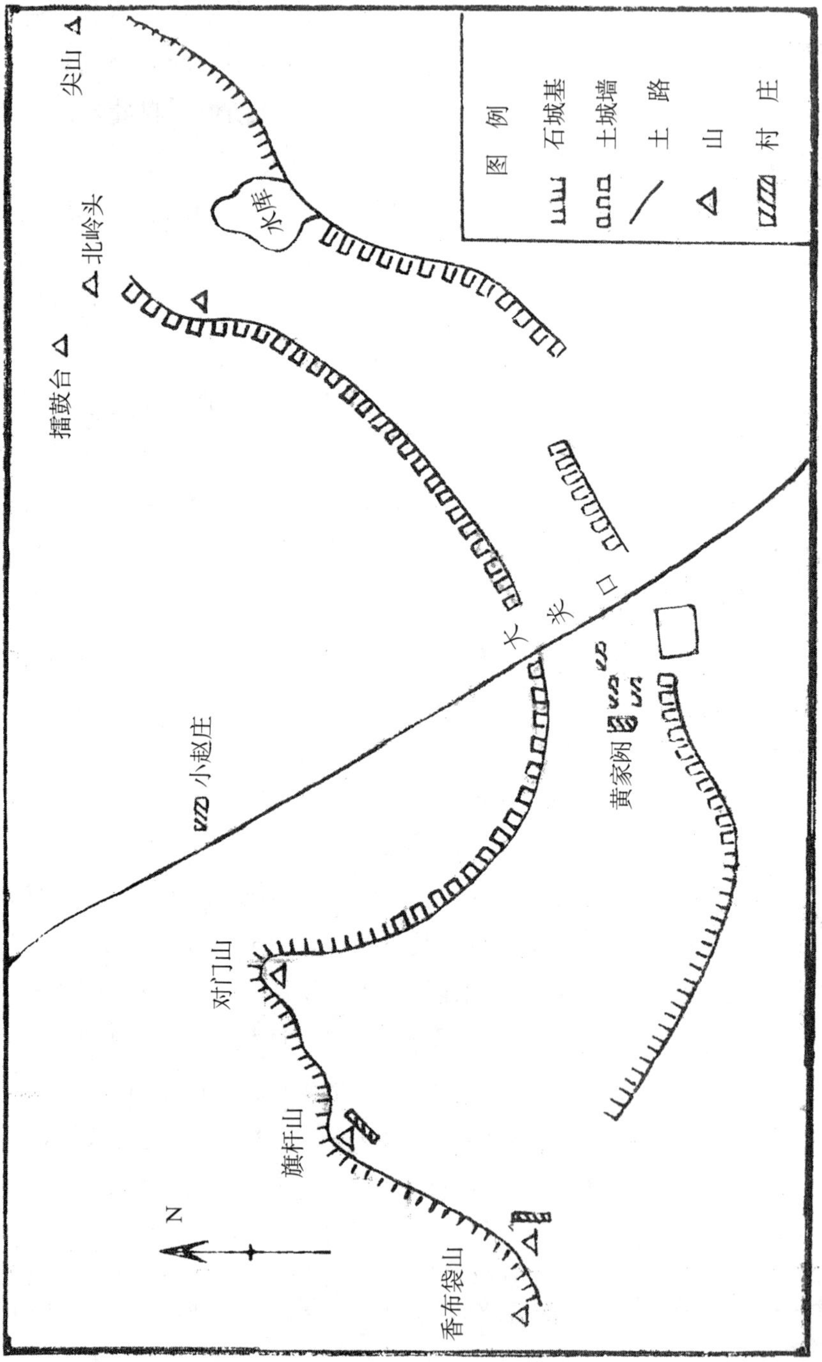

图 5-2　大关口楚长城遗迹分布示意图

大关口南北相距 30 米，位于黄家闸村东侧。在黄家闸村南、北两面均筑有城墙，北面沿山岭西北行 400 米到对门山为土垣，再向西伸延经旗杆山至香布袋山为石墙。黄家闸村南亦有一道城墙，向西直至香布袋山。这两道城墙依山势而筑，形成大关口西面的南缘与北缘。

紧靠大关口东边为 10 米高的红土悬崖，从崖东行数百米，南到尖山陡崖，北至北岭头，南北两边分列两道土城墙，残高 1.5—3 米，宽约 10 米。北墙全长 810 米，南墙全长 640 米，南墙与北墙相距 200—300 米。城墙沿山坡边缘而筑，底铺大乱石块，上加积土，不见夯层。这两道城墙系两条防线配置，完全是军事要塞布局。黄石山大关口因山势阻塞，关口以北十里的孤石滩水库为泽薮，城垣遗存雄踞山险，左通伊、洛，右达郑、许，控申、吕之门户。山岭北侧之城墙借山势而增高其壁垒，布局配置全为防御北方。

关于东线楚长城，北起与尖山连接的小顶山，小顶山向南伸出一岭，岭下有一条长约 6 千米的土岗，残高 4 米，为红土堆筑，夹有碎陶片，显然为人工堆筑。该岗北与黄石山直线相连，由此往南可达泌阳境之象河关，由象河关东南沿山行，可达中阳山之滍水——今沙河。转向西南，直抵唐河。①

2008 年 10 月至 2009 年 3 月，河南省文物考古研究所派人对豫南地区楚长城资源进行调查，获知楚长城北线、东线的人工墙体多为土石混筑，连绵延续较长，远看宛若一条蛟龙蜿蜒在山体的北侧，被当地村民俗称为“土龙”。经对舞钢市杨庄乡平岭村北的墙体进行解剖，了解到长城墙体修筑前，先将自然山体平整，然后再在平整过的自然山体上东西向修筑两道南北并行的石砌墙体。地势较高处，北侧石砌墙体宽 2.25—2.35 米，南侧石砌墙体宽约 1.85 米，地势较低处，北侧石砌墙体宽约 2 米，南侧石砌墙体已凌乱。两道石砌墙体外侧，地势较高处与地势较低处修建维护石砌墙体的小护坡，发掘区中部则挖建活土或生土

① 王彦芬．楚方城考［C］// 楚文化研究论文集．郑州：中州书画社，1983．

基槽。北侧基槽深 56—78 厘米，南侧基槽深 30—40 厘米。两道石砌墙体之间的距离约 4.9 米，墙体残高 1.56 米，主要使用堆筑法，局部为夯筑。在墙体最底层堆积有炭化的木棍或堆积掺杂有炭化木棍的石块层，这种现象在中国古代建筑史上是极其罕见的。

楚长城的关堡，北线上有分水岭、鲁阳关，东线上有泌阳县象河关、虹桥关等。楚长城还建有烽燧，这批烽燧就名字而言多叫望火楼，后因语音厄变或称之为望花楼、看花楼、玩火炉、王和楼，亦有叫烽火台、狼烟洞的。这些烽燧以楚长城为界，长城沿线及长城内、外均有烽燧分布。长城之外的上蔡县蔡国故城的北城墙和西城墙上各有一个烽燧；楚长城沿线有叶县保安镇五里坡坡顶山上和方城县拐河镇军章老薄地各有一个烽燧；长城之内的方城县四里店乡老景庄村西、米家河村南、刘庄村西北、马沟村西九里岗、拐河镇舒家庄村东北等地，也发现有烽燧。烽燧大多近似圆形覆锅状，少数则呈上小底大的圆形覆斗状。这些烽燧中间从上到下堆积大量红烧土，红烧土中夹杂有木炭。个别烽燧地表发现有较多的筒瓦、板瓦，说明烽燧顶部原来可能有建筑。烽燧往往分布在关口两侧，遥相呼应，以及用来连接关与关或关与城。通过调查试掘，对于楚长城的人工墙体、关堡与烽燧分布情况有个比较全面的了解。①

综上所述，楚长城即方城最早系指楚之北塞——方城山而言。今古城址座于山险，前有泽蔽，左通伊、洛，右达郑、许，控申、吕之门户，城墙皆在山岭北侧，借山势而增高其壁垒，布局配置全为防御北方。《水经注·汝水》：“楚盛周衰，控霸南土，欲争强中国，多筑列城于北方，以逼华夏，故号此城为万城，或作方字。”列城就是一系列依地形排列的防御性小城，城与城之间或依险为屏障，或筑墙相连接，使得进可以攻，退可以守，这同春秋时期楚人的扩张意图相适应。战国时

① 李一丕等. 豫南地区楚长城资源调查、发掘与研究［C］// 楚文化研究论集. 武汉：湖北美术出版社，2011.

期，因军事上的需要，又在南阳盆地东西两面扩建了防御设施。“其扩展方城之上限，当在魏据鲁阳、秦占商於之时，即楚肃王至宣王之间；其下限当在顷襄王七年，司马错攻楚取宛之前。”① 约于前 351—前 292 年之间，方城成了捍卫南阳盆地的半弧形边塞。楚方城的建筑对于控霸南土，进逼中原而言，具有双重战略意义。从文化范畴来说，对于齐、魏、韩、赵、燕、秦诸长城的建筑起到了示范作用。

第三节　丹淅流域的毛坪楚墓

龙城位于淅川李官桥盆地中部的丹江东岸，正值丹、淅入汉处，四周群山耸峙，丘陵起伏，附近土地富饶，素有粮仓之称。城址平面略呈方形，南北长 900 米，东西宽 800 米。城墙残宽 8 米，夯土筑成，夯层厚 7—10 厘米，这座春秋古城，大部分已被淹没在丹江水库内。龙城西距下寺约 10 千米，下寺和丹江口间有均口作天然屏障。“均口的形势险峻，岸陡水急，具有战略意义：退据均口，防守下寺，固若金汤；顺流而下，南出均口，足以断汉水的东西交通；再顺汉水而下，犹如高屋建瓴，足以威胁江汉地区。”② 龙城地势如此险要，被当代史家判为楚都丹阳。春秋以降，楚都南徙，龙城地位发生变化，从国都变成了军事重镇。龙城附近，丹江水库区内及东西两岸分布着 20 余处墓地，经过考古发掘的有毛坪、下寺、和尚岭与徐家岭等处。

龙城以北 25 千米的毛坪，位于淅川县南 35 千米的丹江水库区内，三面环水，一面依山，成为一个半岛状的小山包。丹江与淅水在其北面汇合后，从东部流向李官桥，向南注入汉水。墓地正处在马蹬和李官桥两个河谷平原的咽喉地带。1974—1975 年间，在毛坪发掘楚墓 27 座，山坡东部的 19 座为第一发掘区，山坡西部的 8 座为第二发掘区。

① 王彦芬. 楚方城考［C］// 楚文化研究论文集. 郑州：中州书画社，1983.
② 裴明相. 楚都丹阳试探［J］. 文物，1980（10）.

这批楚墓都属中小型的土坑竖穴墓，方向以南偏西和南偏东为主，葬式多为仰身直肢单人葬。葬具已经腐朽，仅存棺椁痕迹。土坑竖穴墓又可分为两种：一种没有台阶；一种在墓圹两侧或四边设有台阶，有的墓底铺一层白膏泥。两个墓群的27座墓中，3座无随葬品，1座墓主仅在口内含玉玦1件，2座为铜器墓，21座为陶器墓，有的陶器墓中也随葬少量的铜兵器和玉石器，共计出土遗物167件。其中铜器32件，有鼎、簠、盘、匜、兵器和车马器等。鼎为子口承盖，方形或环形附耳，深腹，圜底，兽面蹄足。盖作覆盘形，其上有鼻纽衔环或环形握手。鼎腹上部和盖面均饰以弦纹和蟠虺纹。簠为长方体，口呈矩形，折腹，平底，底附长方圈足，四周中部有4个对称的缺口，盖面和器腹皆饰以细密的蟠虺纹。盖和器形状相同，大小一样，上下对称，合起来成为一体，分开则为两个器皿。盘为圆形，直口，沿外折，浅腹，沿下四周附以4个对称的圆鼻衔环耳，圜底下部有3足，腹部饰以细密的蟠虺纹。匜为扁圆形口，颈微束，平底，流高而较长，管筒状，上饰镂孔蟠虺纹，尾高而内收，有鋬，上腹部及颈部饰弦纹、蟠虺纹和三角云纹。

出土陶器132件，有鬲、鼎、罐、长颈壶、壶、敦、矢、豆、盘、匜等。鬲为敞口，折沿，束颈，深鼓腹，分柱状袋足和锥状袋足两种。鼎多为敛口带盖，方形附耳，蹄足较高，并有刀削痕迹。罐分长颈与短颈两种。壶为敞口，广肩，鼓腹，覆盘形盖，盖周有3个扁形立纽，或呈平底，或作圈足。豆为浅盘、喇叭形圈足，分长柄与短柄两种。敦器盖扣合如同球形，器腹下部有3个扁形足，器盖上部有3个卷曲状立纽。匜为椭圆形口，有流，浅腹，平底。此外，还出土3件玉石器。①

关于这批墓葬的分期与年代问题，主要根据22座墓葬的陶器组合情况，大体可分四期：

第一期：M_2、M_4、M_8、M_9、M_{10}。器物组合为鬲、豆、罐。鬲与洛

① 淅川县博物馆，南阳地区文物队．淅川县毛坪楚墓发掘简报［J］．中原文物，1982（1）．

阳中州路西周鬲相仿，又同浏城桥 1 号墓出土的 1 式鬲相似，介于二者之间。罐与豆分别与洛阳中州路所出同类器物相似。因而其时代可能在春秋中期或中期偏晚阶段。

第二期：M_{5}、M_{6}、M_{13}、M_{16}、M_{18}。器物组合为鬲、豆、长颈壶。鬲与一期没有明显区别。豆柄比一期高。长颈壶同湖北江陵雨台山所出的同类器物相仿。该期的 M_{18} 为铜器墓，无论是礼器或是车马器均与淅川下寺楚墓相同。因此其时代当属春秋晚期。

第三期：M_{1}、M_{3}、M_{7}、M_{14}、M_{22}、M_{23}、M_{27}。器物组合为鼎、豆（敦）、壶。鼎深腹，耳较宽，足较粗，盖作平顶，具有一些早期特征。个别墓中开始出现细高足鼎。壶皆平底，豆柄较高，与洛阳中州路东周墓中 IB 式陶豆相仿。其时代可能在战国早期。

第四期：M_{11}、M_{12}、M_{17}、M_{19}、M_{25}。器物组合为鼎、敦（豆）、壶。鼎皆作浅腹，体近盒状，足低矮，而且盒大量出现。该期墓葬中既没有发现代表战国晚期的盒，也没有发现战国晚期形式的鼎。其时代可能在战国中期。①

从春秋中期到战国中期，正是楚从盛到衰的时期。这些墓葬从一个侧面反映了楚文化在中原文化基础上的发展过程。

第四节　丹淅流域的下寺楚墓

龙城西面 10 千米的下寺，位于淅川县城南丹江水库西岸的龙山脚下，东距丹江西岸 6 千米。此处原有一座名叫“下寺”的寺院，与西北方向的上寺遥遥相望。上寺和下寺合称香严寺。自丹江水库建成蓄水后，下寺及龙山已大部分被淹没。下寺墓群主要分布在龙山山脊之上。龙山，是一个大致为南北走向的小山，北高南低，高出丹江河床 20—30 米。其东、南、西三面现已被水淹没，仅北面山脊露出水面。1978 至

① 黄运甫．略谈淅川毛坪楚墓的分期及其特征［J］．中原文物，1982（1）．

1979年间，两次在此清理发掘春秋中晚期大中型墓9座，小型墓15座，以及与主墓相关的车马坑5座。根据墓葬的分布与时代的早晚，可将这批墓葬分为三组。同组墓相距较近，各组之间相距较远。龙山南端的甲组，包括M_7、M_8、M_{36}及M_{8CH}、M_{36CH}两个车马坑。龙山中部的乙组，南距甲组墓约100米，包括M_1、M_2、M_3、M_4及M_{2CH}一个车马坑和散布在各组南北的15座小墓。龙山北部的丙组，南距乙组墓约90米，包括M_{10}、M_{11}及M_{10CH}、M_{11CH}两个车马坑。三组墓中以中间的乙组规模最大，4座大中型墓骈列，15座小型墓分布于南北两侧，南边9座，北边6座，车马坑位于M_2的西侧，从这组墓葬的分布位置来看，M_2为这组墓葬的主墓。

2号墓（M_2）为长方形竖穴土坑墓，方向为北偏东79度，墓口东西长9.10米，南北宽6.47米，深3.88米。墓内用夯土夯实，坑底四周有熟土二层台。墓内有巨大的木构椁室和两具漆棺，均已腐朽。从残留的灰痕可知，椁高2米左右，椁板厚10厘米左右，下面还有三根长5.4米的垫木承放椁身。两棺南北骈列于墓室的西部，南棺较大，北棺较小。棺外椁内均有随葬遗物，墓室东部主要放置大型礼器和少量乐器，墓室南部主要放置乐器，墓室西南角放有大量的车马器及兵器等。两棺之上有大量的金箔残留，南棺内还放置有许多小型玉器等。北棺上有多层漆皮痕迹。在双棺与椁室西壁之间还放置有大量的车马器、兵器和大片金箔等。随葬青铜器551件，其中有礼器、乐器和车马器等。此外，还随葬有玉、石、骨器921件，海贝4 432枚。

车马坑（M_{2CH}）位于龙山西坡，与3号墓东西相对，相距33.5米，因为M_3内没有车马器，唯在2号墓中随葬有大量车马金属饰件，故而判断为2号墓的陪葬坑。坑为长方形，南北残长21.1米，东西宽4.5—4.6米，深0.65—0.78米。坑内埋葬车6辆，马19匹。车马西向，南北骈列，4马1车的两乘，2马1车的4乘。19匹马都是杀死后放入坑内的，坑南部破坏较严重，只清出3匹马，未见车迹，估计也应是4马1车。此坑内有车7辆，但缺1马。

2号墓不仅处于整个墓地的中心，也处于乙组墓的正中。墓内出土鼾鼎7件，盖与腹部均铸有铭文。盖铭为“倗止（之）脀鼾”4字。腹铭为：“唯正月初吉丁亥，王子午择其吉金，自作鬻彝脀鼎，用享以孝于我皇祖文考，用祈眉寿，𠧪恭舒迟，畏忌翼翼，敬氒盟祀，永受其福。余不畏差，惠于德政，悊于威仪，阑阑兽兽。令尹子庚，殹民之所亟，万年无期，子孙是制。”大意说：楚康王某年元月月初丁亥这天，王子午选择了精美的铜，铸造了礼器脀鼎用来祭祀祖先文王；用来祈求长寿；又恭恭敬敬，小心翼翼地用来进行盟祀，希望永远受到福泽。我不畏惧，也不软弱，既给人民施以德政，又以身作则，做出榜样，保卫楚国，因而作为令尹的子庚，受到了楚国民众的敬重。希望子孙后代，永远按照上面的话，作为自己行动的准则。铭文中提到的“王子午”即“令尹子庚”。《左传·襄公十二年》载：“秦嬴归于楚，楚司马子庚聘于秦，为夫人宁，礼也。”杜预注：“子庚，庄王子，午也。诸侯夫人既没，归宁使卿，故曰礼。”《左传·襄公十五年》载：“楚公子午为令尹。”《左传·襄公二十一年》：“夏，楚子庚卒。”由此可知，王子午为楚庄王之子，先任司马，后任令尹。这组鼾鼎系子庚生前任令尹时所铸，时间在前558年—前552年。因而该墓是楚令尹子庚之墓。

1号墓位于2号墓之南23米处，墓室比2号墓大，随葬的青铜器却较少，没有兵器和车马器，玉器中的装饰品比2号墓多，有笄、梳、环等。死者当为女性。该墓出土有铭铜器20件，其中浴缶2件，盖顶内及口沿上铸有相同的铭文22字：“唯正月初吉丁亥，孟縢（滕）姬择其吉金，自作浴缶，永宝用之。”滕为国名，姬为姓。因而该墓应为孟滕姬之墓。

3号墓位于2号墓之北13米处，墓室比2号墓小，随葬青铜礼器也较少，没有兵器和车马器，出土玉器较多，墓主人亦应为女性。礼器中缺少编钟、编磬等，表明其墓主的身份比1号墓低。出土的青铜匜和盘上，有内容近似的铭文。匜铭：“唯正月初吉丁亥，蔡侯作媵鄬中姬丹会匜。用祈眉寿，迈（万）年无疆，子子孙孙永宝用之。”姬为姓，邟是地名，此匜是蔡侯为其女邟中姬丹所作的媵器。因而该墓应为邟中姬丹之墓。

1 号墓与 3 号墓骈列于 2 号墓之南北，为三人异穴合葬。令尹子庚墓居中，孟媵姬在南，邟中姬丹在北。这可能是子庚的两位夫人。两位夫人一名滕姬，一名邟中姬丹。“孟”有大意，“中”是行二，表明二人在夫家的顺序。

大、中型墓南北两侧的 15 座小型墓，墓室形制相同，均为狭长方形的竖穴土坑墓，墓室一般长 1.8 米—2.3 米，宽 1 米左右，仅容一棺。墓内多无随葬品，只有少数墓内葬有碎小玉石类的装饰品。这些小墓又是附葬在大墓的一侧，无疑为大墓墓主人的殉葬墓。

甲组墓中的 8 号墓、7 号墓是两座规模较大的楚墓。8 号墓为长方形土坑竖穴，从残存的遗迹来看，可知为一椁两棺，南棺内的死者为一年龄 50 岁左右的男性。随葬的鼎和匜上，铸有内容大体相同的铭文。如匜铭文 29 字：“唯正月初吉丁亥，楚叔之孙以邓，择其吉金，铸其会匜，子子孙孙永宝用之。”以邓既称楚叔之孙，说明他同令尹子庚同族。此墓应当为以邓之墓。墓西 5 米处，为一长方形车马坑，坑内埋葬 3 车 10 马。车马向西，南北骈列。1 车 2 马的一乘，1 车 4 马的两乘。此车马坑当为 8 号墓的陪葬坑。

7 号墓位于 8 号墓之北 6 米处，亦为长方形竖穴土坑墓。随葬的青铜簠上，铸有铸文：“唯正月初吉丁亥，中妃卫用其吉金自作旅簠，子子孙孙用之。”随葬的匜底铸有铭文：“唯正月初吉乙亥，宣王之孙，雍子之子东姬，自作会匜，其眉寿万年无諆，子子孙孙永宝用之。”该墓同 8 号墓骈列，规模较小，随葬器物也较小，未出兵器和车马器，表明墓主人为女性，可能是中妃卫，中妃卫和东姬为一人。

下寺楚墓随葬遗物非常丰富，据 M_8、M_7、M_{36}、M_1、M_2、M_3、M_4、M_{10}、M_{11} 等 9 座大中型墓，15 座小型墓及 M_{2CH}、M_{36CH}、M_{10CH} 等 3 座车马坑统计，共出土各种器物 8 527 件。主要为青铜器，有 1 240 多件，其

中礼器 200 余件。还有大量玉饰、玛瑙、料珠、石、骨等装饰品。

墓中器物的放置均有一定的规则：同类器物放在一起，匜置盘中，匕置于鼎盖之上，或放在鼎侧与鼎下，或落入鼎内。瓢在浴缶旁，勺置隮缶侧。青铜礼器的基本组合为鼎、簠、浴缶、盘、匜，较大的墓则数量增多。特大的墓不仅鼎式增多，且有鬲、簋、壶、盉、钢、盏、盆、鉴、俎、豆、禁、乐器等。

鼎分多式，有鬻鼎、盬鼎、鼾鼎、鑐鼎、饤鼎和立耳无盖鼎。2 号墓出土的 7 件王子午鼎，形制相同，大小相次。最大的一件通高 68 厘米，口径 66 厘米；最小的一件通高 61.3 厘米，口径 58 厘米。这种鼎器形高大，有盖，侈口，方唇外折，立耳外撇，颈内收束腰，腹微鼓，平底，蹄足。盖面饰蟠虺纹两周，正中有桥形纽一个。腰部有半圆形腰箍一道。耳部、口沿和腰箍均饰浮雕蟠螭纹。器身周围附有怪兽 6 个，昂首、凹腰、扬尾。口衔鼎口外沿，足攀腰箍。怪兽头顶两侧有角，由两条卷曲盘绕的夔龙组成。腰部和尾上又饰饕餮兽面两个。鼎足粗大，上部饰兽形扉棱，自名为“鼾”，即升牲之鼎。鼎呈束腰形状，属于楚文化系统，目睹此物使人即刻联想起楚王好细腰的故事，或许是楚俗在器物形态方面的表现。

簠为长方体，全器分为上下对称的器身和器盖两部分，器身和器盖均大口，直沿，斜腹，平底。盖口沿四壁有 4—6 个兽面边卡。盖身及平底的四角，附有矩形足四个，足作凹弧形外撇，四足之间形成扁桃形空裆。器身及盖饰有细密的蟠虺纹。

浴缶有盖，小口窄沿，直领，广肩，圆鼓腹，平底。肩上附有对称的兽头环耳，盖及肩、腹，饰有蟠虺纹。

隮缶有盖，方唇外折，广肩，鼓腹，小凹底，矮圈足肩部两侧有链环耳一对。盖顶微鼓，正中有竖环纽，纽上又套可活动的小环。器表饰变形蟠虺纹，并镶以红铜云纹。盘为方唇，折沿，浅腹微鼓，平底或底部微圜，腹上有对称的环耳，下附三蹄足或小型兽首竖环足。器表饰蟠虺纹、绹索纹、锯齿纹等。

匜为椭圆形，有兽头状流。环形握手以镂孔或浮雕兽面为饰，通身饰蟠虺纹或绹索纹。有的器底有铭文。

鬲为短颈直口，沿外折，鼓腹，柱足或蹄足，有平裆与弧裆两种。腹饰蟠虺纹，口沿有铭。1 号墓出土的鬲裆内刻有 15 字铭文：“邛（江）叔䣒作其隮鬲，子子孙孙永宝用之。”鬲内置一小铜匕。

敦由两个半球状的盖和身扣合而成，盖顶有三环纽，底有三蹄足，器身两侧还有两对对称的竖环耳。

簋可分两式：一为圆首拱形盖，折沿，侈口，短颈，小斜肩，浅腹，平底，三个矮兽面蹄足，肩部有两个对称环耳，盖上和腹部饰蟠虺纹、三角云纹和绹索纹，盖顶圆首内饰重环纹；二为器形厚重，敛口，子母口唇，鼓腹，圈座，腹部有两个夔龙半环耳，器身和器盖均有四个兽形扉棱，通身饰蟠虺纹、重环纹和瓦纹。

提梁盉有盖，小口，直领，圆腹，圜底，腹上有提梁，盉前有怪兽形管状流，后有龙形尾，三蹄足。提梁作拱形，两端皆成龙首状，提梁后部有提链与盖相连。盖顶平，正中有竖环纽，三蹄足上部铸作兽首之状。器身布满蟠虺纹及绹索纹。

方壶为方口，圆腹，盖顶镂孔附环，两兽作足，背承壶底。1 号墓出土的龙耳虎足方壶，壶上有冠，中空，四壁镂出蟠虺纹，壶冠下沿四边各有兽首边卡 4 个，卡住壶口使冠盖不易脱落。口外侈，弧颈，颈侧有双龙环耳，垂腹，长方形圈足，圈足下有双虎承托。作为双耳的龙首，高鼻，突眼。龙头向上，尾朝下，前足攀附于壶颈上突出的方柱，后足蹬着壶腹，凹腰卷曲。圈足下之双虎作踞伏状，以背承虎，虎首为高鼻突眼，头顶两角外挑，唇吻外卷，口吐长舌，壶身及龙耳、虎耳上，均饰有细密的蟠虺纹。

鉴为敞口，方唇，直领，斜腹内收，平底，矮圈足。两侧有半环状双耳，耳上部呈兽首状，兽角作海螺形。器表饰蟠螭纹、三角纹和绹索纹。

俎为长方形，面部微凹，呈马鞍状。四足扁平，断面呈凹槽形，俎面及四足均饰镂孔矩形花纹，周围又饰以细线蟠螭纹。

铜禁 1 件，出自 2 号墓，呈扁平立体长方形，周围由数层粗细不同的铜梗组成，禁面四边和四个侧面饰双层镂孔网状云纹。禁身四周攀附有 12 个怪兽，有角，张口伸舌，凹腰，卷尾，前爪攀附禁沿，后爪抓禁外壁。禁下有 12 个虎状足，虎首饰高冠，昂首吐舌，挺胸凹腰，扬尾。前足前伸，后仅有一管状足支撑器身。通高 28.8 厘米，通长 131 厘米，通宽 67.6 厘米，重 94.2 千克。整个器形庄重瑰丽，精美绝伦，堪称瑰宝。

乐器有铜钮钟、甬钟、镈、石磬、排箫等。钮钟每套 9 件，形制相同，大小相次。1 号墓出土的一套钮钟，最大一件通高 21.5 厘米，重 2.265 千克；最小的通高 11.75 厘米，重 0.781 千克。钟体呈合瓦形，顶部为长方形竖环纽，螺旋状篆枚。舞部内壁有长方形的范撑槽。鼓部内壁有凸起的长条形钟攠。钟口内唇突出。钟表饰蟠螭纹。在钲部和鼓部铸有铭文。一般为两钟共铭，前后衔接，共 46 字："唯王正月初吉庚申，□□□□自作永命，其眉寿无疆。敬事天王，至于父兄，以乐君子。江汉之阴阳，百岁之外，以止（之）大行。"

甬钟出于 2 号墓，1 套 26 枚。形制相同，大小相次。最大者通高 120 厘米，重 152.8 千克；最小者通高 23.35 厘米，重 2.8 千克。钟身合瓦形，钟口大而舞部小，舞部正中有甬，甬作八棱体，上细下粗，接近钟体处附有旋及斡。旋作带状，斡作长方形，中有长方孔。柱状篆枚。钟口唇向内突起，在左右鼓对应的内壁各有钟攠一个，攠作长条形。器表饰绹索纹、蕉叶纹、圆窝纹、蟠虺纹。在钲和鼓部铸有铭文，一铭或铸于一钟，或多钟共铸一铭。铭文为："唯正月初吉丁亥，王孙诰择其吉金，自作龢钟。……用匽以喜，以乐楚王、诸侯、嘉宾及我父兄、诸士。"因而定名为王孙诰甬钟。

镈的形状类似钟而口沿平。10 号墓出土镈一套 8 件，形制相同，大小相次，最大的一件通高 26.46 厘米，重 2.25 千克；最小的一件通高 17.95 厘米，重 1.23 千克。镈身呈合瓦形，体较长，顶部略小于下部，舞上有以两条镂孔夔龙组成的纽，篆间有螺旋形枚。镈口近平，近口部内壁突起，鼓部内壁有长条状钟攠。器表饰蟠螭纹、夔龙纹。钲和鼓部所铸铭文提到："黝择吉金，铸其反钟。"因而定名为黝镈。

石磬呈矩形，鼓部窄而长，股部宽而短。鼓和股的上边折角处有系绳的圆孔。鼓和股的下边呈弧形。2 号墓出土的一套共 13 枚青灰色石磬，形制相同，大小相次，最大的一件通长 48 厘米，通高 20 厘米；最小的一件通长 19.6 厘米，高 9.6 厘米。

石排箫略呈三角形，上端平齐，钻有 13 孔，下端长短依次递减，刻成 13 管并列之状，中间刻一模带，以示用带缚管。1 号墓出土的一件白色石排箫，管壁厚 0.1 厘米，最长一管 15 厘米，最短一管 3 厘米，色似汉白玉，形如飞翼，仍能吹出高低不同的音阶。

车马器分别出于各组的主墓内，它的数量常与陪葬车马坑内的车马数量相对应。当时很可能是将车马器埋入墓室，车马则埋入陪葬坑内。车马器有车軎、车辖、马衔、马镳、带扣、铜泡、铜环等，车马坑内的马车为漆木制作，车由轮轴、舆（车箱）、辕等组成。两个车轮在舆的两旁，由车舆下的轴连接。舆作长方形，有的还有顶棚。车辕为圆柱形，前细后粗，粗头与舆底相连。

兵器多出于有车马器的墓内，计有戈、矛、剑、镞、钺等。不少戈上铸或刻有铭文。

生产工具出于主墓，主要有铜锼、铜锛、铜镰、铜削等。

装饰品主要出于陪葬墓内。有璧、璜、簪、梳、琮、玦、珠、牌等。

杂器有铜带钩、金箔等。

淅川下寺春秋楚墓分布集中，出土文物丰富，其中以青铜器为大宗。从青铜器上的"楚叔之孙"铭文，可知这是一处楚国贵族墓地。下寺出土青铜器的铸造工艺水平很高，使用了浑铸、分铸、浑铸与分铸相结合的多种范铸方法。器物的附耳、环纽、腿足和其他附件，有用浑铸和分铸法的，但绝大多数是焊接上去的。铜禁、铜壶盖冠、铜盏附件、铜带钩、鼾鼎附兽等，还采用了失蜡法熔模铸造工艺，将我国使用失蜡法铸造青铜器的历史提早了一个多世纪。墓中出土大批乐器，数量之多，制作之精，都是极其罕见的。下寺楚墓所出编钟，保存完好，纹饰精美，音质纯正，音频准确，声律和谐，采用了七声音律，十二个半音齐备，能旋宫转调。特别是1号墓所出9件一组的钮钟，是历年来出土编钟中音响效果最好的。其中$M_{1:23}$钮钟正鼓音基频为882.5赫兹，与国际标准音A_5（880赫兹）只相差2.5赫兹。所出的石排箫，发音清晰，是迄今我国发现时代最早的石排箫。上述乐器为研究我国音乐史提供了重要的实物资料。

根据下寺楚墓出土器物的组合关系、形制特征、器物花纹和铸造工艺的变化序列来看，其时代可分为三期：第一期为甲组墓，属春秋中期后段（前620—前571）；第二期为乙组墓，属春秋晚期前段（前570—前521）；第三期为丙组墓，属春秋晚期后段（前520—前476）。[①]

第五节　丹淅流域的和尚岭与徐家岭楚墓

和尚岭位于淅川县城南丹江水库西岸龙山脚下，地处龙山南端分出的东岭，西距西岭即下寺墓地400余米，两岭之间隔一深沟。和尚岭是一处春秋楚国贵族墓地，已对其中两座楚墓进行了发掘。

1号墓为长方土坑竖穴墓，墓壁斜直，口大于底。墓口东西长6.8米，南北宽6.44米；墓底东西长5.5米，南北宽5.2米；墓深3.38米。椁室四周有熟土二层台，残高0.72米，宽0.5—0.75米。墓内葬具为一棺一椁，皆已腐朽，仅存朱红色痕迹和贴于椁上的金箔残片。根据残痕看，椁东西长约5.5米，南北宽约5.2米，残高0.75米。椁的南北两端分别有一道垫木。棺置于椁室的西部，南北向放置。该墓多次被盗，从

① 河南省文物研究所，河南省丹江库区考古发掘队，淅川县博物馆. 淅川下寺春秋楚墓［M］. 北京：文物出版社，1991.

残存的遗物看，青铜礼器多置于椁室的北部，车马器放置在棺室的南部，石编磬放置在椁室的中部偏南，玉器则置于棺内。出土的青铜器中，有鼎6件，还有簠、壶残片，戈、矛、殳等兵器，軎、衔、环等车马器，璧等玉器，以及海贝和石编磬等共40余件。这批遗物中最能说明问题的是铜器：鼾鼎2件，形制相同，大小相次。无盖，侈口，方唇外折，长方形立耳外撇，颈内收，束腰，腹部微鼓，平底，蹄足。鼎耳饰三角形纹，颈部饰蟠螭纹，并有两个兽形饰，凹腰处饰绹索纹，腹部饰垂鳞纹。其中1件完整的口径26厘米、通高46厘米。鼎的底部有4字铭文："克黄之鼾。"圆鼎4件，形制大体相同，子母口，附耳，鼓腹，圜底，蹄足。鼎盖隆起，盖上有3个环纽或1个桥形纽，饰卷云纹，纹中填漆，耳为圆角长方形，内有长方形孔，内外有纹饰。器身满饰与盖相同的纹饰。有一圆鼎盖内铭文为："曾太师郑。"壶1件，已残，其座较好，上有"克黄"二字。

2号墓位于1号墓北9米处，也在和尚岭之上。亦为方形土坑竖穴墓，墓口略大于底部，东西长7.48米，南北宽7.36米；墓底东西长5.5米，南北宽5.15米；墓深7米。椁室四周有活土二层台，残高1—1.2米，宽0.54—0.8米。葬具为一椁二棺，均已腐朽。椁室南北长4.45米，东西宽4.2米，高0.75米。椁的东、西两端各有一道垫木槽。棺置于椁的北部，外棺长2.46米，宽1.24米；内棺长1.76米，宽0.54米。棺内死者仰身直肢，为20多岁的女性，当为2号墓的墓主人。此外，尚有3个殉人。墓内随葬品丰富，青铜礼器放置在椁室东部，车马器放置在椁室西部，铜镇墓兽座等放置在椁室中部。玉器放置在棺内墓主人身上及头部。出土器物中，有青铜鼎7件、钮编钟9枚、镈钟8枚、簠2件，另有敦、壶、缶、盘、镇墓兽座、斗、勺、匜、軎、衔等，以及玛瑙环、玉璧、璜、方牌、石编磬等百余件。其中鼎可分为二式：Ⅰ式鼎为直口，直腹，平底，蹄足，长方形附耳；Ⅱ式鼎为子母口，鼓腹，圜底，圆环状附耳，蹄足。两者的盖均微隆起，正中有一个桥形纽，纽内套一圆环，盖的周边有3个环纽，上饰绹索纹。盖及器身饰蟠虺纹、绹索纹、夔纹等；敦为圆球状，盖的顶部和身的下部各有两个环纽，并饰绹索纹，纽上有小足，盖身内近口沿处有铭曰“中姬”；簠身呈长方形，大口，直沿，斜腹，平底，四矩足，足间有扁桃形缺口，盖与器身同；缶为直口，折沿，直领，鼓腹，平底，有盖，盖上有喇叭状握手。器身饰绹索纹、龙纹、蟠虺纹等；镇墓兽座为正方形，盝顶，顶中央有一管状把，内有朽木柄残痕。管部饰夔纹和兽面纹。方座的四角由底及上弧线内收，饰凤鸟、虎及圆形花纹。方座顶上有铭曰“曾中”。钮钟扁体较长，上部略小于下部，舞平，上有长方形纽。钟口向上收成弧形，钲的两侧各有三组枚，每组枚间有篆带，篆带饰三角形纹和云纹，鼓部饰蟠龙纹。钲与鼓部有铭文，由两钟、三钟或四钟组成一句。其中有的铭文为：“倗子受作諆彝歌钟其永配厥休。”镈钟形制相同，大小相次，呈合瓦形，体较长，上部略小于下部，舞上有两条夔龙组成的纽。篆间有螺旋形枚。篆带均有长方形调音孔。舞部饰蟠虺纹，篆带饰三角纹或夔纹，鼓部饰蟠龙纹，钲及左右鼓部有铭文，一镈一铭或多镈共铭。有的铭文为：“唯十又四年三月，唯戊申无作昧爽，倗子受作諆彝歌钟，其永配厥休。”①

和尚岭1、2号墓出土青铜器上所铸铭文，为该墓断代及考证墓主人的身份提供了重要依据。从铜器器形和纹饰变化来看，1号墓稍早于2号墓。1号墓出土铜鼎和方壶座上，均铸有“克黄”的铭文。克黄是楚国令尹子文的孙子，楚庄王时任箴尹。其事迹载于《左传·宣公四年》：

及令尹子文卒，斗般为令尹，子越为司马。蒍贾为工正，谮子扬而杀之，子越为令尹，己为司马。子越又恶之，乃以若敖氏之族，圄伯嬴于轑阳而杀之，遂处烝野，将攻王。王以三王之子为质焉，弗受。师于漳澨。秋七月戊戌，楚子与若敖氏战于皋浒。伯棼

① 河南省文物研究所等. 淅川县和尚岭春秋楚墓的发掘［J］. 华夏考古，1992（3）.

射王，汏辀，及鼓跗，著于丁宁。又射，汏辀，以贯笠毂。师惧。退。王使巡师曰："吾先君文王克息，获三矢焉，伯棼窃其二，尽于是矣。"鼓而进之，遂灭若敖氏。

初，若敖娶于䢵，生斗伯比。若敖卒，从其母畜于䢵，淫于䢵子之女，生子文焉。䢵夫人使弃诸梦中。虎乳之。䢵子田，见之，惧而归以告，遂使收之。楚人谓乳谷，谓虎於菟，故命之曰斗谷於菟。以其女妻伯比，实为令尹子文。

其孙箴尹克黄，使于齐，还及宋，闻乱。其人曰："不可以入矣。"箴尹曰："弃君之命，独谁受之？君，天也。天可逃乎？"遂归，复命，而自拘于司败。王思之文之治楚国也，曰："子文无后，何以劝善？"使复其所，改命曰生。

若敖氏之乱发生于楚庄王九年（前605）。是楚国贵族集团内部的一次势力较量，最后以若敖氏失败而告终。克黄身居箴尹要职，为楚谏官，以国事为重，出使齐国归而复命，免遭株连。庄王念其祖父子文治国有功，虽不加祸于他，却令其改名曰生，从此不再重用。鼎与方壶铸造年代应在克黄改名之前，是标准的楚式鼎、壶，当为典型的春秋中期楚器。该墓应为克黄之墓。

2号墓的钮钟、镈钟上所铸铭文，均提及"唯十又四年三月唯戊申"，"戊申"为楚庄王十四年（前600）三月十八日。该墓随葬器物中不见𬭚鼎、兵器，规格略低于1号墓，墓主人为女性，应为克黄夫人之墓。墓中随葬的敦上有铭曰"中姬"，可能是夫人之名。曾为姬姓，1、2号墓中均发现有曾器出土，表明克黄夫人可能是曾国之女。

和尚岭两座楚墓的年代比下寺2号墓早。

徐家岭楚墓位于和尚岭北的徐家岭上。共发掘10座楚墓和1座车马坑。9号墓和10号墓位于岭的最高处，其余楚墓分布在岭南、岭东低洼处。10号墓平面呈"甲"字形，墓口近方形，长13.8米，宽13米，东部有长方形斜坡墓道，墓内一椁二棺，均已腐朽。椁长5.10米，宽

4.40 米，高 1.40 米。墓内随葬品丰富，青铜器中有鼎 10 件，敦 2 件，壶 4 件，簠 2 件，方座簋 4 件，鬲 5 件，方盖豆、圆豆各 2 件，圆鉴 2 件，以及缶、盘、钮钟、镈钟、矛、戟、戈、剑、镞、衔等。玉石器有玉璧、瑗、环、佩、璜、料珠和石编磬，共 200 多件。簋、鼎、戟上有铭文，是考证墓主人身份的重要资料。

9 号墓位于 10 号墓南，其西北角有一座车马坑，残长 17 米，宽 4.6 米，深 0.7 米，残留车 5 辆，马 17 匹，有二马配驾一车、四马一车和六马一车三种。9 号墓平面近方形，长 13.6 米，宽 12 米，深 12 米。葬具有棺有椁，椁东西长 5.6 米，南北宽 4.8 米，高 1.25 米。该墓在战国末年被盗。墓内葬 3 人，残留的随葬品中，青铜器有鼎、簠、鬲、鉴、缶、盘、匜、怪兽、车马饰、戈、矛、剑等，鼎、簠、鬲上铸有铭文。其中青铜怪兽造型生动，制作精致，高 0.48 米，为龙首、虎颈、虎身、虎尾、龟足，脊背上有一方座，座上又有一怪兽，口衔一龙，龙昂首，蛇身。怪兽身上镶嵌绿松石，其图案有凤鸟纹、龙纹、涡纹等，另一件的后腿上有一插座。从出土的位置和造型看，这两个怪兽可能是一个鼓架。

其余墓葬中也有少量遗存。如 3 号墓中出土青铜器有编钟、鼎、敦、剑、戈、矛等。从出土遗物推断，徐家岭墓地的时代为春秋晚期至战国初期。①

徐家岭 9 号墓随葬的鼎、鬲上铸有“𨛭子受”铭文，这同和尚岭 2 号墓编钟、镈钟上的铭文相同。“𨛭子受”的铸器在两个墓地被发现，为探讨徐家岭与和尚岭两处楚国贵族墓地的关系提供了重要资料。

第六节　淮河上游的苏庄天湖与白狮子地楚墓

淮河发源于河南桐柏山，经河南、安徽两省到江苏省注入洪泽湖。

① 曹桂岑．丹江口水库发现楚国贵族墓［N］．中国文物报，1992-08-30．

出湖后分成两路下泄，主流通过洪泽湖南岸的三河闸，经高邮湖、邵伯湖，于江都区三江营入长江；另一路通过湖东岸的高良涧闸，经苏北灌溉总渠于扁担港注入黄河。地处淮河上游的正阳苏庄、罗山天湖和固始白狮子地，约于春秋时期并入楚国版图，纳入楚文化的范畴。20 世纪 80 年代以来，考古工作者曾对这里的楚墓进行了清理发掘，出土一批珍贵文物。

苏庄楚墓位于正阳县城东北的寒冻乡苏庄村西南地的土岗上，这里自南而北分布着 5 座土冢，当地群众称之为“五女冢”。汶河从“五女冢”西北 100 米处流过，向东南注入汝河。1986 年考古工作者对其中的一座土冢进行发掘，此冢即是“苏庄 1 号楚墓”。

苏庄 1 号楚墓为大型木椁墓，原有封土高 3 米余，后被夷为平地。墓圹呈长方形，口部东西长 10.7 米，南北宽 8.95 米。四壁设二层台阶，逐级内收，台壁近于垂直。台阶距地表的深度：一级台为 0.6 米，二级台为 1.2 米，宽度均为 0.7 米。墓圹内填有青灰色的“白膏泥”。墓圹东边有一条斜坡墓道，全长 13.45 米，口宽 4 米，底宽 3.52 米。

椁室东西长 5.24 米，南北宽 4.14 米，高 2.5 米。用制作规整的方形栎木构筑而成。分棺室、头箱和边箱，棺室为三层椁，头箱和边箱均为双层椁。棺室东西长 3.30 厘米，南北宽 2.38 米，高 2.50 米。头箱东西宽 1.84 米，南北长 3.82 米，高 1.42 米；边箱呈东西向，与椁室长度同，宽、高皆为 1.42 米。木棺长 2.06 米，宽 1.06 米，高 1.14 米。前后两端宽度相同。棺盖、左右棺板和底板皆由四块巨大的独木板制成。木棺表面髹黑漆，但微含紫色。内涂朱漆。棺底四隅及中部左右两侧有六堆拌着朱砂的花椒。棺内人骨架已朽，故墓主性别年龄及其葬式不详。

此墓两次被盗，铜器被洗劫一空，其他器物多被打碎，边箱以随葬陶器为主，兼有铁器、漆器。头箱主要放置漆器，还有玉器。经过整理，可复原的共有 71 件。陶器均为泥质灰陶，器表大多饰有黑地，部分有朱绘图案，少数残留有银色金属物质的痕迹。有鼎、敦、壶、钫、豆、罐、盂、盘、盉、井等，豆盖与豆盘上多饰三角点状纹、卷云纹、连续波折纹和半圆弧形纹；漆器均残破，皆为木胎，器表髹漆，然后施以彩绘。可辨认的有杯、圆盘豆、案、俎、勺、大鼓、小鼓、鼓杖、瑟、木杖、床等。其中一件鸟形器，残高 54 厘米，长 41 厘米，残宽 91 厘米，可能为某一器物附件。此鸟立姿，昂首，短颈，垂尾，做展翅欲飞状。通体髹黑漆地，并用红、银等色绘以变形卷云纹、梅花点纹。鸟尾的羽毛亦用银色绘制。此鸟制作细腻，堪称佳作。此外，还有玉璧、玉璜、玉佩、铁削等。

此墓出土的陶鼎、壶、敦、钫、盉等与江陵战国晚期楚墓出土的同类器物相同，与淮阳马鞍冢楚墓出土的特大陶鼎、壶、敦等器物相近。此墓出土漆木器的形制和纹饰与信阳长台关楚墓出土同类器物相似。鉴于墓中出土的立耳外侈鼎、螭耳、细颈壶等早期因素较多，因而其时代略早于战国晚期。《荀子·礼论》云："天子棺椁七重，诸侯五重，大夫三重，士再重。"此墓主室具有三重椁板，与"大夫三重"的形制符合，因而墓主人应为"士大夫"级。

苏庄一号楚墓出土的浅腹高足鼎、圈足壶和漆木器等均为典型楚器。但是陶器组合为鼎、敦、壶、钫、豆。盖豆和无盖豆是中原地区东周墓中常见的器物，鼎、豆、壶为其基本组合形式。陶器中带有浓厚的中原文化特征，说明此墓在一定程度上受到中原文化的影响。此墓边箱内出土的一件黑陶井，小口微向外侈敛颈，筒形直壁，无底。颈部有五周凸弦纹。此陶井是我国楚墓随葬品中较早的一例，在以往楚墓中不见或罕见。①

天湖楚墓位于罗山县西南蟒张乡天湖村竹竿河西岸的北坡上。1980 年 7—11 月间，考古工作者在这里发掘战国楚墓 20 座，这些楚墓均为长方土坑竖穴墓，随葬的主要是陶器，只有少量兵器，而且都放置在墓坑的一侧。在这些楚墓中，有 3 座空墓，8 座无鼎墓。大部分设有椁的

① 驻马店地区文化局，正阳县文化局．河南正阳苏庄楚墓发掘报告［J］．华夏考古，1988（2）．

痕迹，方向大都朝东或向西。墓底面积最大的是 5.85 平方米，最小的是 1.8 平方米。如 36 号墓墓口长 3.4 米，宽 2.6 米，深 3.5 米。墓底长 2.4 米，宽 1.6 米。填土为黄褐色的五花土，墓底四周有宽 35 厘米、深 30 厘米的熟土二层台。随葬品放置在墓底南侧，出土有陶器、铜器、漆木器等。

天湖楚墓共出土青铜器 33 件：戈为长援，直内，宽胡。剑为环首，圆茎，双凸箍。矛为圆銎，长柄，束腰。出土陶器 168 件：鬲为大口，宽沿，束颈，斜腹，低平裆，高腿柱足，与湖南长沙、湖北江陵雨台山战国楚墓所出同类器物相似；钵为斜腹圜底，与江陵雨台山楚墓所出同类器物相似；罐形鼎、钵形鼎、附耳外撇鼎和直附耳平底鼎与长沙、江陵等地战国楚墓出土的鼎类同。束颈球腹矮圈足壶，长颈溜肩圆腹圈足壶，侈口束颈球腹平底罐，以及体、豆、盆等，也都盛行于湖北、湖南战国楚墓中。因而罗山天湖楚墓为战国墓葬，其时代从战国早期一直延续到战国晚期。天湖楚墓的陶器组合是鼎、豆、壶、罐，与湖北战国楚墓鼎、簠（或敦）、壶的组合形式不同，可能是地域特征的表现。楚墓下面为商代息族墓葬。“可以肯定的是，叠压在罗山蟒张天湖商代晚期息族墓葬上面的是战国楚族墓葬。周灭商以后，息族在罗山一带保持了一段很短的时间，以后很可能迁到息县一带，变成西周姬姓息国。到了战国，楚族才开始把罗山蟒张天湖作为墓地。”[1]

白狮子地楚墓位于固始县城东南高岗土坡上。1980 年考古工作者对 1、2 号墓进行了清理发掘。1 号墓为大型木椁墓，方向正东，墓上残存封土堆高 1.5 米，墓口东西长 12 米，南北宽 11 米，墓圹四周有一个宽约 60 厘米的二层台，墓底东西长 7.6 米，南北宽 6.7 米，墓深 10 米，墓坑内的填土上部为黄土，下部为人工夯筑的青膏泥。单棺双椁，椁用方木砌成，外椁南北总长 5.9 米，东西宽 3.8 米，高 2 米。内椁内主棺长

① 河南省信阳地区文管会，河南省罗山县文化馆．罗山天湖商周墓地［J］．考古学报，1986（2）．

2.7 米，宽 0.74—0.9 米，高 1.1 米，棺座为井字形，长 2.7 米，宽 1.9—2.2 米。棺板髹漆两层，里黑外红。在椁外和内外椁之间发现 13 具陪葬棺，死者的身份应为奴隶。随葬的 700 余件遗物，分别放置在头箱、内椁内外及主箱内，墓圹西南隅也发现一批陶器和残存的粮食。出土青铜器 696 件：鼎为附耳、带盖、圆腹、圜底、蹄足。盖上都有 3 个小纽，作卧式水牛形。蹄足上部为繁缛的兽面纹。附耳中空，两面各饰两组勾连卷云纹。壶为束颈，鼓腹，圈足，带盖，两铺首衔耳环。匜为平底，扁圆，素面。熏炉为方唇，束颈，直腹，圆口，平底，上腹部有两兽头鼻纽，纽上各套一环，器底附加三兽形蹄足。此外，还有剑、匕、戈、镞、矛、锛、凿、车饰等。玉器 2 件：一为黑色玉瑗，一为淡青色玉环。陶器有鼎、鬲、罐等。其中罐分圜底和平底两种。漆木器有梳篦、戈柲、镞杆等。

2 号墓位于 1 号墓东南 35 米处，南北长 3.1 米，东西宽 1.65 米。棺椁已朽，尚可以看到棺上遗留下来的漆皮。出土陶器有鼎、罐碎片，及两件细柄圈足陶方豆；铜器有戈矛等，其中“郙王剑”剑身有脊，扁形柄，圆形首，通长 40 厘米，剑身有铭文 1 行 7 字：“郙王[illegible]自作承锃。”

白狮子地 1 号墓椁棺结构与出土铜器的风格，同长沙浏城桥 1 号墓一致，根据出土器物和有关历史背景分析，可知白狮子地 1、2 号墓的年代均为战国早期。[①]

1988 年 1 月，考古工作者又在白狮子地山岗上发现一座大型战国木椁墓。墓上封土已被夷平，墓为东西向，深 9 米，墓室为四边台阶竖井式。墓穴内填土为白膏泥。重棺单椁，椁为方木砌成，长 6.06 米，宽 3.55 米，高 2.25 米。主棺位于椁室北壁，外棺长 2.67 米，宽 1.49 米，高 1.25 米。内棺长 2.14 米，宽 0.56 米，高 0.73 米。围绕棺室，有用隔梁分开的头箱、边箱和脚箱，在脚箱内靠外棺西头，置一具陪葬棺。随

① 信阳地区文管会，固始县文化局．固始白狮子地一号和二号墓清理简报［J］．中原文物，1981（4）．

葬品分别置于各箱内，铜器有鼎、敦、壶、盘、匜、铲、勺、锛、剑、戈、矛、镞、带钩、车马饰等。陶器有鼎、方壶、圆壶、方豆、圆豆、盆、罐等。漆木器有琴、瑟、鼓、盒、奁盒、耳杯、俎、豆、梳、雕刻车饰等。还有玛瑙、玉环等装饰品。随葬品均大小配套，陶器和木漆器多饰彩绘。该墓出土文物丰富，造型优美，工艺精湛，具有战国晚期楚文化特征。表明战国晚期白狮子地仍为楚国的重要墓地。①

第七节　城阳故城与长台关楚墓

城阳故城又名楚王城，位于信阳市平桥区长台关乡苏楼村西，坐落在一处西高东低的漫坡之上。西北二面是宽谷深壑的十字江，东距淮河不远，南面有大道可通“义阳三关”——大隧关（今罗山九里关）、直辕关（今鄂豫交界处武胜关）和冥厄关（今信阳平靖关）。《信阳县志》盛赞这一带“地形阻隘，北接陈、汝，襟带许、洛，连接襄、郢，肘腋安、凤”。控制三关，堪称全楚之襟要，自古南北抗衡，无不以此为兵家必争之地。《读史方舆纪要》卷五十“信阳州·武城下”引郡志说：“今州北六十里有楚王城，即楚武王破申时所筑。”民国《续修信阳县志》更有较详细的叙述：“（楚王城）城东西约四十丈，南北略长，基址尚存，东南面城壕宽十余丈，深二丈许，农人引水灌田，至今犹享其利。西北两面城外为洼地，下一小河，名十字港，两山夹之，旧地理志曰：此地名什字镇，有甘露庵古刹（已圮），耕时尝发现古铜矢镞、碎金、蚁鼻钱、盘、匜等。城之东有苏楼等村庄，地中多瓦砾，间亦发现以上各物，殆古城郊人烟稠密处。”明清志书说楚王城为春秋时楚武王所筑，显然是据地名进行推测，并无其他根据。楚王城最早记载，系出现于前508年梁魏争夺义阳的战争中，《资治通鉴》卷一四七据《魏书》《梁书》有关纪传加以考订综合，载梁天监七年十月，马仙琕曾“进顿

① 詹汉清．固始发掘一座大型战国木椁墓［N］．中国文物报，1988-03-8．

楚王城”。楚王城或称“楚州”“楚城”，其前身来自“城阳”。《战国策·楚策四》：“秦果举鄢、郢、巫、上蔡、陈之地，襄王流揜于城阳。”流揜就是流寓的意思。前278年，秦将白起拔郢，楚顷襄王仓皇出走，东北保于陈城，途经城阳，寓居于此，并以城阳为临时国都，这就是楚王城得名的由来。①

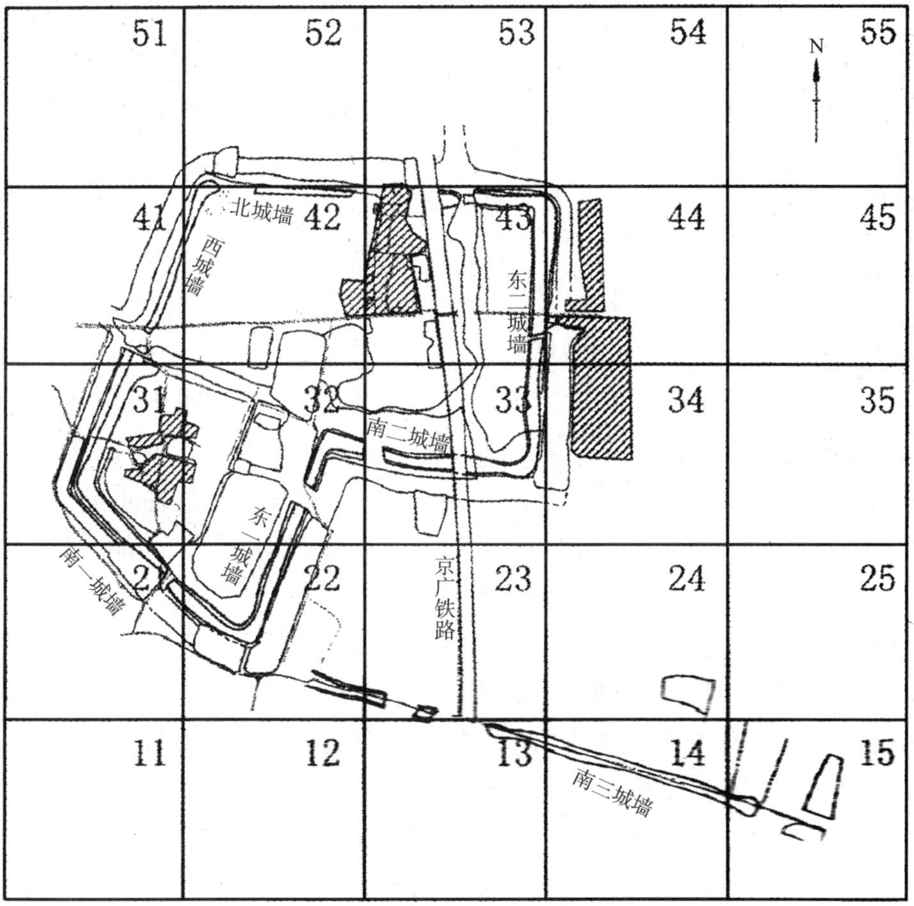

图 5-3　城阳城址平面图

① 黄盛璋．楚王城［J］．历史研究，1960（1/2）．

《水经注・淮水》云："淮水又东，油水注之，水出县西南油溪，东北流迳平春县故城南……又东北注于淮。淮水又东北迳城阳县故城南，汉高帝十二年，封定侯奚意为侯国，王莽之新利也，魏城阳郡治。淮水又东北与大木水合，水西出大木山……其水东迳城阳县北，而东入于淮。……淮水又东，得浉口水源……浉水又北迳贤首山西，又北出，东南屈，迳仁顺城南，故义阳郡治。"浉水即今浉河，仁顺城就是信阳城。油水今仍名油河，《信阳县志》或写作"游河"，其注淮处正在楚王城之西南。大木水今称明港河，从桐柏县东北之天目山（即大木山，《元和郡县图志》称天木山）白龙潭发源，东南流经明港至淮河镇杜家湾入淮，正流经楚王城之北，东合淮河。从《水经注》有关水道的记载来看城阳的位置，可以完全肯定楚王城即城阳城。

有关城阳城的考古工作，过去仅做过零星的调查。2009—2011 年，为了实施国家文物局课题"信阳地区先秦城址考古学调查"项目，河南省文物考古研究所对该城址进行了系统的考古工作，勘探面积 110 余万平方米，发掘面积 424 平方米，基本上搞清了城址的范围、布局、城墙、城壕的宽度以及城内遗迹的分布情况。根据最新考古资料，可知城址地势西高东低，平面呈曲尺形。现存部分可分南北两城，北城较南城大，总面积 90 万平方米。南北两城的城墙按逆时针顺序分别编为西城墙、南一城墙、东一城墙、南二城墙、东二城墙与北城墙。邱庄以东，尚有一段续分布的墙垣，与南一城墙大致在一条线上，称南三墙。由于南三城墙的确认，原来曲尺形的城址平面变为近长方形，扩大了城阳城范围与面积。南北两城当为内城，外城南部则以南三城墙为界，东至淮河故道，北部、西部的边界尚不清楚。

各段城墙保存状况不一，以西城墙南段与南一城墙西段保存最好。西城墙全长 750 米左右，宽 13—30 米，南段外侧发现有护坡，夯土厚 1 米余。南三城墙残长 1 030 米，城垣自西向东渐薄，有的墙垣两侧发现有护坡。除西城墙中部向东凸出 30 余米外，南北两城之间并未发现连续或断续分布的夯土墙垣，却发现有大面积夯土基址。该处夯土基址地势较高，北部发现东西向灰沟，将南北两城分开，说明南北两城以灰沟分开，而非夯土墙垣。

城壕与城内发现的灰沟互相贯通，宽 23—55 米。西城壕的南、北两段并未直线汇通，而是折而向西 25 米处汇通，借助地势向西北下泄。北城壕地势西高东低，落差较大。全长 804 米，宽 23—39 米。城壕东部与 G1 贯通，向北流入城外一处较大面积的池塘。

南北两城的 6 段城墙上有十几处缺口，可能为城门出口的有 8 处，可分为水门与陆门两类，其中水门是由于有灰沟通过或贯通灰沟形成的，如西二出口、东南出口、东三出口、北出口，其中南三出口为“墙下出口”，尚不能确定是否为暗口。陆门处则不见灰沟，如西一出口、南一出口、南三出口、东出口。

在道路与排水系统方面，城内仅发现一条南北向道路，宽 50 米左右，位于北城东部，贯通北城及南三城墙。城内发现 9 条灰沟，这些灰沟相互贯通，并与城壕相通。G3 将南北两城分开，西北通过西二出口与西城壕相通，东部与 G5、G8 及现代池塘相通，通过此池塘与 G4 贯通。

北城东部发现南北向的 G1，北部打破北城墙形成“北出口”，南部与 G4 相通，向南从南二城墙下穿过，与南二城壕与东二城壕相通。

南城西南部的 G2 沿西城墙、南一城墙东行，并与 G6、G7 相通。南城东部由数条灰沟将该处分割成南、北两片相对独立的区域。

城内大型夯土基址皆分布在南城北部，共两处，总面积超过 7 300 平方米。两处基址平面形状虽不规则，布局却显精心，如基址边缘连线多为直线，外侧多看灰沟环绕，基址之间不见叠压打破关系。夯土基址 1 位于南城西北部，东西最宽 100 米，南北最宽 123.2 米，面积 6 500 平方米，夯土为红褐色，厚 0.7—0.8 米。坐落在一处高台上，北部稍高，南部渐低，东部隔 G5 与夯土基址 2 相望，北部亦分布有灰沟，凸显其重要性。

城墙夯层内包含物极少，仅见零星陶片，两侧护坡及北部灰沟中出土有较多的鬲、豆、板瓦等残片。根据出土遗物及层位打破关系，可知该城的修筑年代当不晚于战国早期。[①]

城阳城西南的小刘庄村后有一高约50米的土岗。该岗南北长10余千米，上面分布着许多土冢，应是城阳的墓葬区。1957年、2002年和2015年，考古工作者对其中4冢进行了发掘，这就是著名的长台关1、2、7、8号楚墓。

1、2号墓骈列于东西一条直线上。1号墓在西，2号墓在东、二者形制、结构、规模相似，同为大型木椁墓。

1号墓圹呈长方形，东西长14.5米，南北宽12.05—12.55米；深10.35米。东面有一条斜坡墓道，墓道平面长14米，斜长17.3米，宽4—5.2米。墓的圹壁自墓口以下至木椁顶部依次缩成阶梯状的四层土台；从二层台底至椁室周围，皆填以青灰色的“白膏泥”。这种“白膏泥”富有黏性，与湖南长沙战国墓的填土相同。

椁室东西长8.95米，南北宽7.60米，高3.25米，共分前室、主室、右侧室、左侧室、后室、左后室、右后室等7个墓室。各室之间无门可通，均用长方形栎木建造，主室为三层椁，其余各室均为单层椁。方木制作匀称规整，两端都有榫和槽，各室四隅榫卯套扣，非常牢固。

主室内有棺两重。外棺长2.25米，宽1.18米，高1.10米。盖板、左右壁板与底板分别由4块独木板制成。棺表涂黑漆，内髹朱漆。内棺仅存残破棺板4块，除底板表面髹黑漆外，盖板和两块壁板皆有彩绘，图案内容相同，都是以带状的云纹组成变形兽面。墓内随葬器物903件，包括生活用具（木漆器、陶器、铜器）、兵器、乐器、车马器、木俑和镇墓兽、装饰品、丝织物、竹编、书写工具和竹简、杂器、植物种子遗骸等。

乐器中有铜钮编钟一套13枚，其中6枚已被人取出，另7枚并列

① 河南省文物考古研究院．河南信阳市城阳城址2009—2011年考古工作主要收获［J］．华夏考古，2014（2）．

地挂在一个倾倒的彩绘木质钟架上，还有两件完整的木质钟槌。各钟形制相似，大小相次。最大的一件高 23.6 厘米，重 4.36 千克。最小的一件高 8.33 厘米，重 0.398 千克。皆为长方纽，铣部外侈，钟腔呈扁圆状。器表饰雷纹、三角纹、绳纹、蟠螭纹和变形饕餮纹。1 号钮钟上铸有铭文 12 字："唯型篙屈栾晋人，救戎于楚境。"这套编钟的测音结果表明：凡是两钟之间音分值差接近 100 的，它的音程距离接近半音；音分值差接近 200 的，它的音程距离接近全音；音值分差接近 300 的，它的音程距离接近一个半全音。12 号钮钟与 13 号钮钟的音分值差竟达 452。这套钮钟音律准确，是我国已发现的最古老的乐器之一。还有漆绘锦瑟 1 件，瑟侧和瑟面用金、朱红、石黄、赭红、灰绿等色描绘出射猎、舞蹈、奏乐、宴饮、巫神等图案，并有人面兽身，蛇身兽头，或双手各持一蛇，或双手合持法器，或单列缓行，或张弓欲射，或缚兽而归等形象，色泽鲜艳，光彩夺目。又有彩绘大鼓、小鼓各 1 件，形制相近。大鼓放置于彩绘的连尾伏虎鼓座上，鼓的两侧各附有铜质鼓环，鼓壁饰以极为规矩匀称的彩绘变形卷云纹图寒。

漆木器均用木料雕制成器，除个别者（如木方壶、篦等）外，大部分髹黑漆，并加饰各种彩绘图案。器形包括案、棺板、床、枕、俎、方盒、耳杯、豆、勺、匜、方壶、车盖、小巧玲珑的几等。漆木器数量既多，制作又精。后室出土的一件彩绘木雕镇墓兽，作蹲坐状。头似怪兽，顶插两只彩绘鹿角，两耳翘起，双目圆睁，张口吐舌，舌垂至腹，胸部绘出双乳，后肢微屈，双尾微卷，背部雕有 4 条对称的卷云纹。前肢上举，两爪持蛇，作吞食状。全身除眼舌髹红漆、耳爪髹黄漆外。其余各部皆髹褐漆并绘有红、黄相间的鳞纹。其形体之魁伟，技法之精巧，色彩之鲜艳，实属罕见。

铜器除铜编钟外，还有鼎、壶、盘、匜、敦、盉、炉、镜、奁、环等。皆为实用器。胎壁较薄，多数器表无纹饰，唯少数器外或镶嵌以松绿石（奁），或错以银质云纹（错银铜饰），或涂以彩漆图案（镜）。其中引人注目的是，铜炉内还装满木炭，并有木制炉架。铜奁周壁和底部，均有兽形透雕镂孔，非常精美。此外还有兵器与车马器等。

玉器皆出于主室，有璧、璜、佩、管、带钩等。玉质细润，晶莹有光。琉璃器皆出于前室，有蓝色琉璃珠、绿色花琉璃珠等，均极精致美观。陶器种类繁多，有鼎、豆、盘、方鉴、圆鉴、簠、瓮、壶、箕、钩、刀、勺等。其中以彩绘陶壶最为珍贵。

书写工具箱出于左后室。箱内放有 12 件修治竹简的工具，有铜锯、锛、削、尖刻刀、锥、毛笔等。竹简 148 枚，均系墨书写于简上，可分两组。一组出于前室东部，共 119 支，全部残损，残余 470 余字，这是一部竹书，该书久已佚失，其作者不详。另一组出于左后室，共 29 支，保存较完整，残存 957 字，原简当有千余字。这部遣策，是记载随葬品的名称和数量的清单。

此外，还发现有菱形花绢等丝织品，八字纹竹席和花椒、柿核、栗子、杏核等。

2 号墓位于 1 号墓道东 9.07 米处，墓圹平面呈长方形，上口东西长 14.50 米，南北宽 12.1 米，圹壁由 7 层台阶组成。台面的宽度并不规整，一般在 28—45 厘米，东部有斜坡状墓道，长 14.65 米，宽 4.5 米。椁室由规整的方木筑成，顶部东西长 8.30 米，南北宽 7.10 米，四周填白膏泥，分前室、左侧室、主室、右侧室、后室、左后室、右后室。主室在椁室中间，有三层椁木，椁内置棺，棺分内外两重。外棺也是由 6 块木板以榫卯拼合而成，长 2.51 米，宽 1.27 米，棺外髹黑漆，棺里在黑底上再涂成朱色。内棺套在外棺之内，长 1.95 米，高 0.50 米，宽 0.57 米。棺的里外皆髹漆，棺里朱色，棺外黑色，黑漆上再绘金、棕、银、黄等色的连续变形饕餮纹图案。该墓被盗两次，还出土各类器物 414 件，其中漆木器居多，铜器、铁器较少。

漆木器中的乐器，包括一套 13 枚钮钟、2 只钟槌和 1 件钟架，18 枚木质编磬和 1 件磬架，3 件木瑟，2 件鼓、1 个鼓座和两副木鼓杖。特别应该指出的是，悬置大鼓的木质彩绘凤虎鼓座，其形制为两只连尾凤鸟立于相背的连尾伏虎座上。两凤形体相似，长颈。昂首，喙内衔椭圆形珠。凤身外表纹饰，除眼珠周围及耳部嵌白玉外，通身髹黑漆，再以灰漆绘出羽毛等纹饰。如类部饰卷云纹，颈部饰鳞纹，背部饰变形三角纹，凤尾及凤翅先浮雕出一根一根的羽毛纹，然后再沿着每根羽纹的轮廓绘以纤细的绒毛。座为两只连尾伏虎，张口，外露齿，椭圆眼，尾巴上翘，四肢前屈，作蹲伏状。体涂黑漆，并饰银灰色云纹。连尾凤由冠、颈、身、翅、腿五个细部组成，每个细部分别雕成后，再以榫眼接成整体。鼓的悬法是以绳穿系鼓环，悬缚于双凤背部。这只连尾双凤伏虎鼓座，是一件十分珍贵的艺术品。此外，漆木器中还有俎、杯、豆、壶、几、案、盒，床、枕、篦、梳、镇墓兽、双鹿角器、俑等。其中木质花瓣形盒盖，系由盖和纽组成，盖作椭圆覆盅状，内涂朱漆，器表绘出繁复精致的图案。盖面图案由 4 条蟠龙组成。纽由 6 个莲瓣组成。通高 6.5 厘米，口径约 20 厘米。是一件镂雕精致的木质艺术品。木质俑 10 件，分立俑和长衣俑两类，用木块雕出人的轮廓和衣着，俑体皆涂黑漆，并于前身绘出各类饰物，其发式皆为圆顶，脑后梳成椭圆形。这批彩绘木俑的发现，可以看出我国古代交领、右衽、束腰、长衣并佩戴珠、璜、彩环等饰品的民族服制的原初形态。

陶器有鼎、敦、鬲、俎、钩、叉、锥、壶、盆、瓮、尊、盘、匜、箕、鉴等。其中彩绘的高足壶、方壶、方框和兽上的图案比较精致。此外，铜镜背面绘有彩漆的蟠虺纹，铁带钩正面用金质的三角颗粒和银质的卷云纹嵌制成夔龙状，极其精巧而生动。还出土一批兵器、车马器，以及枣核、葫芦子、花椒、小米、栗子、梅核等植物种子遗核，皮囊、皮编织物等。

关于信阳长台关两座楚墓的时代，郭沫若和林巳奈夫认为属春秋晚期；[①] 中山大学古文字研究室的同志主张为战国中晚期；[②] 河南省文物研

① 郭沫若. 信阳楚墓的年代与国别［J］. 文物，1958（1）；（日）林巳奈夫. 中国殷周时代的武器［M］. 京都：京都大学文科学研究所，1972：517.

② 中文系古文字研究室楚简整理小组. 江陵昭固墓若干问题的探讨［J］. 中山大学学报，1977（1）.

究所的同志则将它们定于战国早期，其相对年代早于湖北江陵望山 1 号墓，而晚于安徽寿县蔡侯墓。[1] 对于这个争论不已的问题，自从湖北随州曾侯乙墓发掘后，基本上得到了解决。“信阳长台关 1 号墓与江陵望山 1 号墓最初曾定为春秋晚期墓或战国早期墓，也因有曾侯乙墓等作标尺，可知应定在战国中期为宜。”[2]

信阳长台关楚墓的遗物丰富，除 1 号墓葬有两组竹简外，两墓还分别出土有成组的乐器，成套的车马器、兵器，生活用的色彩鲜艳的漆木器，镶嵌有金银图案的铜、铁器，种类繁多的陶器，镂雕精巧的玉器，编织细密的竹器、丝织品等，为研究古代文字、音乐、艺术、礼制等提供了重要资料，是 20 世纪 50 年代考古史上空前的发现，显示了楚文化的独特风格和发达水平。

根据《礼记》等书有关古代葬制的规定，大夫之椁“再重”，大夫之棺“一重”，大夫之翣六，大夫之豆八。从长台关 1、2 号楚墓的椁、棺及遣册所载翣、豆之数来看，两座墓墓主的职位均应为楚国的大夫。有人认为，信阳长台关楚墓位于城阳城外西南 400 余米的高地上。《东周典型楚墓初探》：“规格很高，且葬制与江陵典型楚墓非常接近，应是扼守楚北方重镇的楚高级官吏。”这种推测是有一定道理的。

7、8 号楚墓形制与 1、2 号墓相同，均为“甲”字形墓，斜坡墓道都在墓室东部，均出土有大批珍贵文物。

第八节　汝水流域的旧县卧龙岗楚墓

汝水是发源于伏牛山而流经河南临汝、郏县等地的一条大河。上游即今河南北汝河；自郾城以下，故道南流至西平会氵亢水（今洪河），又南经上蔡西至遂平东会潕水（今沙河）；此下即今南沙河及新蔡以下的

① 河南省文物研究所. 信阳楚墓［M］. 北京：文物出版社，1986：121.
② 张正明. 楚文化志［M］. 武汉：湖北人民出版社，1988：423.

洪河。汝水流域诸国在东周时期被楚灭亡，其地域先后纳入楚之版图。叶县旧县和上蔡卧龙岗等地，发现一些战国楚墓。

叶县旧县村位于叶县城南的澧河与烧车河交汇处，系东周楚国叶邑所在。今旧县村外围尚可见到叶城城垣遗址，北垣残长 850 米，西垣残长 1 160 余米，西南隅残高约 3 米。《水经注·汝水》云："醴水又屈而东南流，迳叶县故城北。……楚惠王以封诸梁子高，号曰叶公，城即子高之故邑也。……醴水又迳其城东，与烧车水合，水西出苦菜山，东流侧叶城南，而下注醴水。醴水又东迳叶公庙北，庙前有《沈子高诸梁碑》。"醴水即澧水，旧县与《水经注》所载古叶城地望契合。在旧县东北傍河 1.5 平方千米的范围内，分布着 10 余座大型土冢，即旧县楚墓群。1985 年 11 月至 1986 年 5 月间，考古工作者对墓地东北部的 1 号墓进行了发掘。

旧县村 1 号墓为大型木椁墓。该墓略同于信阳长台关和正阳苏庄楚墓，平面呈甲字型。墓圹上宽下窄，口部东西长 17.44 米，南北宽 13.12 米，四壁斜直。墓底距地表 12 米，东西长 11.72 米，南北宽 8.5 米。除北壁外，其余三面均有二层台。墓圹东面有一条斜坡式墓道，墓道东端又向南折，呈曲尺状。东西长 17.32 米，南北宽 4.53 米，南折部分南北长 9.6 米，东西宽 4.10 米。墓道及土圹内木椁四周上下均堆积有不规则的鹅卵石。积石间的缝隙以沙填实。此墓多次被盗，20 世纪 70 年代中期，因河水泛滥将土圹西北隅积石冲出后，当地农民曾从墓室中取出铜鼎八九件，钮钟六七件及一些车马器和陶器，大多佚失，仅有 3 件铜鼎尚藏于叶县文化馆。

该墓葬具为双椁重棺。椁室由方木筑成。长 6.2 米，宽 3.65 米，分为主室、侧室、东室和西室。主室为双椁，其他各室为单椁。主室内棺木已朽，尚可看到重棺的痕迹。外棺东西长 2.30—2.50 米，南北宽 1.64 米，四周有数枚铅质棺钉。死者的骨架已腐朽无存，其头向、性别、年龄及葬式不详。

随葬品分别置于椁室及棺内，共 70 余件。铜器有鼎、壶、高柄壶、小瓶、戈、提勺、编钟等。20 世纪 70 年代中期，考古工作者从此墓中取出的鼾鼎两件，平沿外折，长方鼎耳曲附于鼎腹内侧。敞口方唇，束腰，平底，有三只上宽下窄的高蹄足。耳及腹部均饰蟠螭纹。其形制与安徽寿县蔡侯墓出土的鼾鼎相近。编钟尚存 6 枚，其中 5 枚出土时骈列地挂在一个钟架的横梁上，另一枚出于盗洞边缘处。6 枚编钟形制相同，大小依次递减。钟身表面饰 S 纹、三角纹、蟠虺纹、蟠螭纹、绹索纹、变形饕餮纹、变形龙纹等，钲部及鼓部所铸铭文多被锉去，可以辨认的有“康乐□□”“□保眉□”等。其形制和风格同淅川下寺 1 号楚墓所出同类器物极为相似。

玉器有璧、璜、佩、条形玉饰等。其中出自棺室的一件碧绿色透雕玉佩，长 9.9 厘米，宽 5.8 厘米，厚 0.4 厘米，系由 4 龙、4 凤、2 蛇盘绕成一体，栩栩如生，且有以纤细的网纹、线纹、变形卷云纹组成的精美图案。这枚玉佩玲珑剔透，晶莹鲜润，造型优美，实属一件难得的珍品。

漆木器有瑟、梳、鹿等。出于东室的一件漆绘木雕双鹿，长 33 厘米，宽 22.2 厘米，残高 14 厘米。双鹿作向背伏卧状，雄鹿体态肥壮，仰首而视；雌鹿娇小玲珑，回首张望。双鹿造型极为生动。双鹿通身髹黑漆，然后以红、黄、银灰、赭石诸色绘以斑点纹、卷云纹等。双鹿颈部各有一向上突起的圆柱状物，以方形子榫与鹿身相连，雄鹿颈部之圆柱物已失，仅存榫眼。

出于棺内的两件琉璃跽坐人俑，高分别为 1.9 厘米和 1.95 厘米，形象相同。双髻高耸，二目圆睁，高鼻阔嘴，眉须俱全，脑后梳髻。上身光袒，双乳外露，腰系革带，作跽坐状，自上而下有直径 0.1 厘米的透孔，显然这透孔是墓主人生前用来系佩带的物品。

东侧室出土的 15 件铅马饰，长方形，长 3.2 厘米左右，中空以穿革带。正面饰变形云纹，以凹弦纹相隔。背面有长方形透孔。这种铅质马饰，除辉县和邢台大汪村外，在同期墓葬中也颇少见。

此外，该墓出土随葬品中，还有陶器、骨角器、石器、金箔及 41

枚核桃。

旧县楚墓年代均为战国早期，墓主享以重棺及青铜礼器和珍贵玉器随葬，其身份可能是楚大夫级的贵族。[1]

卧龙岗位于上蔡县城西4千米处，1981年至1984年间，先后在岗西侧发掘4座楚墓。其中1、2号墓口均无封土，平面呈“甲”字形。

1号墓墓口东西长5.5米，南北宽4.5米，深5米，东面有台阶形墓道，长6.75米，宽2.35米。墓道东头2.4米长为斜坡状，余为台阶状。墓圹深1.1米处有一台阶，宽0.6米，以下为墓室。棺椁和人骨架均已腐朽。从痕迹看为单棺单椁。椁室东头棺椁之间置随葬品，因曾被盗，所剩无几，仅见簠、匜、豆、高足壶、壶、铜环、石环等。

2号墓墓口东西长22米，南北宽20米，深7.3米，东侧有斜坡墓道，残长3米，宽2.6米。墓圹四壁各有12层台阶。椁室位于墓圹正中，东西长3.5米，南北宽2.6米，四周有熟土二层台，底挖三条横槽。椁盖板上铺一层苇席。从残存的遗迹看，为单棺单椁，棺椁内外均髹红漆。该墓被盗，残存随葬品有陶器、铜器和骨角器。

陶器中有鼎、簠、敦、壶、钫、高足壶、方豆、豆等。鼎有大、中、小三种，圆腹圜底，子母口，带盖，倒“U”形附耳，腹部饰一周或两周凸弦纹，兽面蹄足，经刀削成实心多棱体。方豆的盘壁外面绘红色连续图案。

其他器形，仅见残片，铜器有鼎足、盖弓帽、鸟形饰件、铃形器，以及铁镢、铅饰、骨贝、骨璧、玉璜等。此外，还有两段鹿角，通身绘黑彩卷云纹和带状纹，尖部涂朱。根部削成楔形以便插入其他物体上。从形状上看这两段鹿角应为镇墓兽的角部。

过去在2号墓西10余米处，曾发现车马器和马骨，推测应为该墓的车马坑。

① 河南省文物研究所，平顶山市文物管理委员会，叶县文化馆. 河南省叶县旧县1号墓的清理［J］. 华夏考古，1988（3）.

1、2号墓的随葬品组合基本相同，皆为鼎、簠、壶，而不见盖豆。陶鼎足呈兽面蹄形，刀削成多棱多面体，与江陵七、八期楚墓和淮阳楚墓特征基本一致，有别于同期中原陶鼎风格。同时，这里的彩绘方豆不见于江陵，江陵的兽面蹄形足为空心体而这里为实心体，后者更接近于淮阳楚墓的鼎足作风。从而可见其地域特征。

上蔡卧龙岗楚墓年代，大体上为楚都迁陈之前的战国时代。虽多次被盗，但2号墓有12层台阶，墓口面积在400平方米以上（不包括墓道），大于望山1号墓和淮阳马鞍冢楚墓，仅次于江陵天星观1号墓。此外还发现大型车马坑。从其规模推测，应为楚国高级贵族之墓。[①]

① 河南省文物研究所．上蔡砖瓦厂战国楚墓清理简报［J］．中原文物，1986（1）．

第六章　楚国东徙及其文化的衰颓

楚自春秋以来，对外采取扩张政策，北上中原，称霸争雄，风风扬扬，不可一世。长期大规模的兼并战争，沉重的徭役负担，使列国百姓都陷入了深重的灾难之中，争城以战，杀人盈城；争野以战，杀人盈野。《战国策·秦策四》记载了兼并战争造成的悲惨景象："刳腹折颐，首身分离，暴骨草泽，头颅僵仆，相望于境；父子老弱系虏，相随于路；鬼神狐祥无所食，百姓不聊生，族类离散，流亡为臣妾，满海内矣。"战国后期，楚国政治黑暗腐败，为了维护贵族的政治和经济利益，不惜用惨重的刑法镇压人民。《绎史》卷一二〇《诅楚文》载楚怀王"暴虐不辜，刑戮孕妇，幽刺亲戚，拘圉其叔父，置诸冥室椟棺之中"。贾谊《新书·春秋》云："楚怀王心矜好高人，无道而欲有伯王之号，铸金以象诸侯人君，令大国之王编而先马，……诸侯闻之，以为不宜，故兴师而伐之。楚王见士民为用之不劝也，乃征役万人，且掘国人之墓。国人为之振动，昼旅而夜乱。齐人袭之，楚师乃溃。"由此可见，当时楚国已处于矛盾尖锐的内外交困时期。不仅在对齐的东线战场上屡屡失利，还在对秦的西线战场上一败涂地。楚怀王十七年（前312）楚、秦交兵，激战于丹阳，秦斩楚甲士八万，生擒大将军屈匄、裨将军逢侯丑等七十余人，一举占领了汉中地区。楚又倾全国之兵袭秦，战于蓝田，再次遭到惨败。秦国占据汉中平原，使其本土与巴蜀连成一片，陷楚于不利地位。此后，楚在同秦、齐、韩、魏的交兵中，多次败北。后来怀王被骗入秦，客死异邦。楚顷襄王继位后，政治上无所作为，未能改变积弱的局面，在强秦的逼迫下，不得不放弃郢都，东徙陈城。楚国从此一蹶不振，进入了历史上的"滞缓期"。楚文化也失去了昔日的光彩，呈现出一派衰败的景象。

第一节　楚国东徙与灭亡

在东周列国中，除了楚国以外，以秦的势力发展最快，战国时期，“秦地半天下，兵敌四国，被山带河，四塞以为固”[①]。土地肥沃，物产丰饶，民富国强。所谓“西有巴蜀、汉中之利，北有胡貉、代马之用，南有巫山、黔中之限，东有肴、函之固。田肥美，民殷富，战车万乘，奋击百万，沃野千里，蓄积饶多，地势形便，此所谓天府，天下之雄国也”[②]。当时唯一能同秦抗衡的是楚国，秦要完成统一大业，只有得楚方能并天下，因而将其战略重点放在对付楚国上。在列国纷争的政治角逐中，从各自的利益出发，曾经兴起了合纵连横活动，游说之士，奔走呼吁，或倡连横之说，要各国割地事秦；或竭力主张合纵，号召山东六国联合抗秦。当时的形势是，“天下未尝无事也，非从即横也。横成则秦帝，从成即楚王”[③]。秦国采取远交近攻，各个击破的政策，以连横胜利合纵失败而告终。秦在占绝对优势的情况下，又向楚发动大规模的进攻。在三年的时间内，屡战屡胜，攻克郢都，楚顷襄王闻风丧胆，被迫迁都于陈城。对此史籍有如下记载：

（秦昭襄王）二十八年，大良造白起攻楚，取鄢、邓，赦罪人迁之。二十九年，大良造白起攻楚，取郢为南郡，楚王走。（《史纪·秦本纪》）

（楚顷襄王）十九年，秦伐楚，楚军败，割上庸、汉北地予秦。二十年，秦将白起拔我西陵。二十一年，秦将白起遂拔我郢，烧先王墓夷陵。楚襄王兵败，遂不复战，东北保于陈城。（《史记·楚世家》）

（秦昭王二十八年）白起攻楚，拔鄢、邓五城。其明年，攻楚，

① 《战国策·楚策一》。
② 《战国策·秦策一》。
③ 《战国策·秦策四》。

拔郢，烧夷陵，遂东至竟陵。楚王亡去郢，东走徙陈。秦以郢为南郡。(《史记·白起传》)

白起，小竖子耳，率数万之众，兴师以与楚战。一战而举鄢郢，再战而烧夷陵，三战而辱王之先人。(《史记·平原君传》)

顷襄王二十年，秦白起拔楚西陵。或拔鄢、郢、夷陵，烧先王之墓。王徙东北，保于陈城，楚遂削弱，为秦所轻。(《战国策·秦策四》)

秦与荆人战，大破荆，袭郢，取洞庭、五都、江南，荆王亡奔走，东伏于陈。当是之时，随荆以兵，则荆可举。(《战国策·秦策一》)

秦果举鄢、郢、巫、上蔡、陈之地，襄王流揜于城阳。(《战国策·楚策四》)

秦与荆人战，大破荆，袭郢，取洞庭五湖江南，荆王君臣亡走，东服于陈。(《韩非子·初见秦》)

秦大良造白起伐楚，拔郢，烧夷陵。楚襄王兵败，遂不复战，东北徙都于陈。(《资治通鉴》)

楚郢都失陷于楚顷襄王二十一年（前278）。楚是一个“地方五千里，持戟百万”的强国，其所以屡战屡败，丧师失地，不得不东北保于陈城，据秦将白起事后所作的分析说：“是时楚王恃其国大，不恤其政，而群臣相妒以功，谄谀用事，良臣斥疏，百姓心离，城池不修，既无良臣，又无守备。故起所以得引兵深入，多倍城邑，发梁焚舟以专民，以掠于郊野，以足军食。当此之时，秦中士卒，以军中为家，将帅为父母，不约而亲，不谋而信，一心同功，死不旋踵。楚人自战其地，咸顾其家，各有散心，莫有斗志。是以能有功也。”[①] 楚在百姓离心、士无斗志的情况下，以涣散之兵同“死不旋踵”的秦军作战，其失败是必然

① 《战国策·中山策》。

的。

郢是楚之都城。王观国《学林》云：“盖楚尝居郢而霸，则先世之威名已著于郢矣。”或谓楚人都郢而王，去郢而亡。此话未免失之偏颇。楚失郢都，楚国虽然没有立即灭亡，但却成了由强转弱，由盛变衰的重要标志。

郢都失陷后，楚顷襄王为形势所迫，带着残兵败将，先逃到中原南部重镇城阳。据《战国策·楚策四》载，楚顷襄王在城阳滞留期间，曾经召见庄辛，共谋对付强秦的策略，商讨补败扶倾之计：

> 庄辛谓楚襄王曰：“君王左州侯，右夏侯，辇从鄢陵君与寿陵君，专淫逸侈靡，不顾国政，郢都必危矣。”襄王曰：“先生老悖乎？将以为楚国袄祥乎？”庄辛曰：“臣诚见其必然者也，非敢以为国袄祥也。君王卒幸四子者不衰，楚国必亡矣。臣请辟于赵，淹留以观之。”庄辛去之赵，留五月，秦果举鄢、郢、巫、上蔡、陈之地，襄王流揜于城阳。于是使人发驺，征庄辛于赵。庄辛曰：“诺。”庄辛至，襄王曰：“寡人不能用先生之言，今事至于此，为之奈何？”庄辛对曰：“臣闻鄙语曰：‘见兔而顾犬，未为晚也；亡羊而补牢，未为迟也。’臣闻昔汤、武以百里昌，桀、纣以天下亡。今楚国虽小，绝长续短，犹以数千里，岂特百里哉？……君王之事因是以。左州侯，右夏侯，辇从鄢陵君与寿陵君，饭封禄之粟，而载方府之金，与之驰骋乎云梦之中，而不以天下国家为事。不知夫穰侯方受命乎秦王，填黾塞之内，而投己乎黾塞之外。”襄王闻之，颜色变作，身体战慄。于是乃以执珪而授之为阳陵君，与淮北之地也。

庄辛所献之策，被誉为“天下之善规”。《大事年》亦云：“顷襄既失郢都，复召庄辛，闻其言，至于色变体慄，此其所以能稍复故地也。”楚顷襄王在城阳听取了庄辛的建议，采取“亡羊补牢”的措施，方能勉维残局，稍复故地。城阳即楚王城，因为做过楚顷襄王临时国都而称著：“城阳所以叫做楚王城、楚城、楚州，是有其一定的来源的，城阳县虽置于西汉，但它的前身却是来自楚之城阳……庄襄王流掩的城阳一定就是这里的城阳城，西汉的城阳原来就是利用楚城阳的基础建置的。案楚国国都所在常称郢，南北朝于义阳置郢州，郢州不能无本，唯一可能就是与襄王流寓城阳时所设临时国都有关，大约六朝时人对城阳的来源是清楚的，所以才有楚王城、楚城、楚州之称。……楚在这一带所设的行政管理单位，想必就是城阳、冥阨等塞都归其管辖，地位冲要，所以襄王的流亡国都方一度设在这里。”①

关于楚顷襄王在城阳停留的时间，有人认为长达三年。其理由是白起拔郢后，陈地也被秦军占领。直到数年后，陈被楚收复，方才东迁陈城。②这种说法，是据《战国策》所载：“秦果举鄢、郢、巫、上蔡、陈之地，襄王流揜于城阳。”而进行推测的。陈、蔡何时被灭？《左传・哀公十七年》说楚惠王十一年灭陈，《史记・楚世家》载楚惠王四十三年灭蔡。因而“陈、蔡实灭于楚惠王”之说已成定论。但史籍中关于楚惠王之后仍有陈、蔡的记载，如《史记》中的《蔡泽列传》《吴起列传》，《战国策》中的《秦策三》《齐策五》《楚策四》，《荀子・强国篇》，《淮南子・道应训》以及《新序》卷二等。不过，这些史书提到的陈、蔡，并非指淮河以北春秋时期的原陈、蔡故地，上蔡又称高蔡，位于今鄂西北的荆山地区，约在保康以东、南漳以北、襄阳西南一带。陈在今房县、竹山一带，与高蔡密迩并存。“《楚策四》中的‘鄢、郢、巫、上蔡、陈之地’，其中的鄢、郢、巫均为地名，‘上蔡’与‘陈’，显然也只会是地名，不会是国名。蔡国已经在 60 多年前被楚宣王所灭，楚郢之西也不会还存在一个蔡国。此‘陈’，也根本不是淮北颍东的陈国。在秦昭王二十八年至三十年的三年之内，围绕在郢都及其以西楚境

① 黄盛璋. 楚王城［J］. 历史研究，1960（1—2）.
② 欧潭生. 信阳楚王城是楚顷襄王的临时国都［J］. 中原文物特刊，1983.

作战的秦师，并未进入淮河以北、方城以东的楚之北境，秦师既未占领上蔡，也未占领上蔡东北的陈国故都陈城。此时陈城仍为楚地。”[①] 淮河以北的陈城并未被秦军攻占，楚人也不需要花费三年时间去收复陈城，因而楚顷襄王没有必要在城阳寓居三年之后再徙陈城。顷襄王在城阳的事迹仅见于《战国策》，所居时间于史无征，估计不可能超过一年。

《史记·楚世家》说：“二十年，秦将白起拔我西陵。二十一年，秦将白起遂拔我郢，烧先王墓夷陵，楚襄王兵败。遂不复战，东北保于陈城。”陈城即今河南淮阳，位于黄河冲积扇南沿的颍水中游。史称其地左挹嵩山之秀，右控商丘之糜。南襟淮蔡，荆涂众山遥拱于前；北枕魏梁，河济诸流近绕其后。实为舟车骈会的财赋之区。在古史传说时代，这里是太昊和炎帝的故都，为华夏与东夷两大集群文化融合交汇之所。西周初年，武王封虞舜后裔妫满于此，它遂成为陈的都城。楚惠王灭陈设县，加强了对陈城的控制与建设。

楚国地域辽阔，可作新都的城邑很多，之所以东迁陈城，以此作为新都，主要是迫于秦的军事威胁，为避秦的军事锋芒。城阳虽然形势险要，控扼三关，但毕竟西距秦的南郡太近。楚师新败之后，仍然心有余悸，相比之下，都陈较为安全。从当时形势分析，秦发兵攻陈的可能性是不存在的。《史记·魏世家》记载：“伐楚，道涉谷，行三千里而攻冥阸之塞，所行甚远，所攻甚难，秦又不为也。若道河外，倍大梁，右上蔡、召陵，与楚兵决于陈郊，秦又不敢。”秦攻楚都陈城，需借道于韩、魏，或经过随西地区。照前一种方案去做，因同韩、魏为敌，兵出之日而忧其不返；按后一种方案进行，则“随水右壤，此皆广川大水，山林溪谷，不食之地也”。穿越实有困难。诚如《史记·春申君列传》中春申君食客朱英所云：“秦逾黾隘之塞而攻楚，不便；假道于两周，背韩、魏而攻楚，不可。”因而，从当时的政治军事形势来看，都陈为最佳选择。

---

① 何浩．楚灭国研究［M］．武汉：武汉出版社，1989．

陈城以南属楚版图，其西及北为古代夏王朝的地域。《史记·货殖列传》中称："陈在楚夏之交，通鱼盐之货，其民多贾。……陈、夏千亩漆。"这里交通便利，物产丰富，早在楚灵王时，已经"赋皆千乘"，至战国晚期，经济更加发展，这是选作新都的物质基础。

楚自惠王灭陈设县，这里一直是楚的军事重镇。"从陈的地理位置来看，东南部是楚的大后方，而西北有韩、魏作屏障。其西南又有召陵、上蔡这些楚的重要军事据点，加上汝水迂回其间，构成了一条较牢固的防线，既可阻止韩、魏袭击，也能抗拒秦兵进攻。"① 这也是楚顷襄王"东北保于陈城"的重要原因。

关于楚都陈的时间，向来说法不一。《史记·六国年表》云："考烈王十年，徙于钜阳。"《资治通鉴·秦纪》说："楚迁于钜阳。"胡三省注："赧王三十七年，楚自郢东北徙于陈，今自陈徙钜阳。至始皇六年，春申君以朱英之言，自陈徙寿春，则此时虽徙钜阳，未离陈地也。"童书业《中国疆域沿革略》说："楚在故国时屡次迁都，由郢迁陈，又迁钜阳，最后迁都寿春。"张正明《楚文化史》也说："考烈王十年（公元前 253 年），迁都于钜阳（今安徽阜阳县北）。考烈王二十二年（公元前 241 年），迁都于寿春（今安徽寿县）。"如此则楚都陈 26 年。学术界多主此说。据《史记·春申君列传》载，朱英曾经向春申君分析战国晚期的形势，指出魏国一旦将许和鄢陵割让给秦以后，陈城固有的战略优势逐渐丧失，将由楚之大后方变为前沿阵地，成为秦军觊觎的军事目标，为了保证王室的安全不得不再次迁都。"客有关津人朱英谓春申君曰：'人皆以楚为强而君用之弱……魏旦暮亡，不能爱许、鄢陵。其许、魏割以与秦，秦兵去陈百六十里，臣之所观也，见秦、楚之日斗也。'楚于是去陈徙寿春。"《大事记》据此而论："春申君用朱英策，自陈徙寿春，不云自钜阳也。"日本学者泷川资言在《史记会注考证》中也认为：

① 郭德维．试论由郢徙陈对楚国后期的影响［C］．中国先秦史学会第四届年会论文，1989．

“是时楚都于陈，无徙钜阳之事。”楚未徙都钜阳的说法是正确的。

或谓楚失郢后，旋又收复，仍以郢为都。《史记·秦始皇本纪》载：“荆王献青阳以西，已而畔约，击我南郡。”任乃强据此注《华阳国志·巴志》云：“但楚人不服。其明年沿江十五邑民众潜结顷襄王于陈。乘秦师去后，合十万众起逐秦之令长、守、尉，复为楚国。顷襄王还都郢，复有巫、黔中故地。”[①] 按照此说，顷襄王还居于郢，则陈非楚之都城，或者说楚都陈时间甚短。这种推测于史不符。实际情况是，前 278 年以后，从鄢、郢到安陆一带，有些地方可能一度被楚收复，但时间都较短，基本上都还在秦的控制之下。楚徙都陈后，没有再返回郢（江陵）。

从楚顷襄王二十一年“东北保于陈城”开始，到考烈王二十二年“去陈徙寿春”止，楚国在陈建都的时间共约 38 年。

楚国东徙陈城，国势由强转弱。后又迁都寿春，更加日益衰败，最终被秦灭亡。《史记索隐赞述·楚世家》：“顷襄、考烈，祚衰南土。”楚自顷襄王开始，结束了历史上的鼎盛期，依托淮水中游，呈每况愈下之势。《战国策·秦策四》：“王徙东，保于陈城。楚遂削弱，为秦所轻。”《史记·楚世家》说：“考烈王元年，纳州于秦以平，是时楚益弱。”《史记·春申君列传》：“楚顷襄王东徙治于陈县。……秦轻之，恐壹举兵而灭楚。”在这种生死存亡的关键时刻，楚顷襄王改变了过去那种淫逸侈靡、不顾国政的状况，采取措施，阻止秦师继续东进，“复取江南十五邑”“与举淮北之地十二诸侯”，使楚国获得了生机，除稍复故地外，并加速了对楚南部和东部地区的开发。

楚自东迁迄灭亡共五十余年，其间同秦、燕、鲁等国多次交兵，用兵多者一次十余万。进行两次迁都，先迁陈城，后迁寿春。《史记·楚世家》载，楚考烈王二十二年，“与诸侯共伐秦，不利而去。楚东徙寿春，命曰郢”。楚顷襄王徙陈，考烈王迁都寿春，皆为秦所逼。楚哀王即位不久，楚国还发生了一次宫廷政变：“哀王立二月余，哀王庶兄负

---

① 任乃强．华阳国志校补图注［M］．上海：上海古籍出版社，1987.

刍之徒袭杀哀王而立负刍为王。”战争、徙都和宫廷政变，标志着楚朝廷内忧外患，事变频生，说明当时政治和军事形势十分严峻。

秦军拔郢，楚之大片国土沦丧，昔日四通八达的商道一时为之阻塞，直接影响到经济的发展。1957 年和 1960 年安徽寿县邱家花园出土的鄂君启节 5 枚，有舟节和车节两种，分别为水路和陆路通行的凭证，从节铭“大司马卲（昭）阳败晋师于襄陵之岁”，可确知为楚怀王六年（前 323）之器。鄂君启是鄂（今湖北鄂州市）地一个名叫启的楚国封君。鄂为长江以南的古代水陆要冲，是郢之东部门户。此节规定了鄂君启经商的商车商船数量、行经路线、外出时间、所过关卡和免税物资范围。以舟节为例，规定鄂君启经商的四条水路：一、西北路从鄂州出发，经过今鄂州、武汉之间的吴塘、梁子、牛山等湖，自鲇鱼口穿过长江，溯汉水北上，经唐白河，到达南阳盆地。二、东路从鄂州出发，顺江而下，可抵松阳（今安徽枞阳），通过今青弋江，可达爰陵（今安徽陵阳）。三、西南路自长江入湘水，可达今广西全州和湖南郴州。四、西路由长江西行，溯荆江可达郢都。陆路仅有一线，用于不通水路之处。其路线为：从南阳盆地东北逾伏牛山口，折向东南经汝、颍下游平原，至居巢，接巢湖水系，沿流至江与水路汇合。由于秦师拔郢及楚之江南洞庭湖地区的失陷，致使鄂君启节提及的各条水路中，除东路外其余均被切断。陆路交通也受到一定的影响。商道不通，致使楚国商品经济的发展遭到摧残。

楚国向以资源丰富称著。《周礼·职方氏》称荆州“其谷宜稻”。《禹贡》载，荆州“厥贡羽毛齿革，惟金三品（金、银、铜）”。《山海经·中山经》：“荆山其阴多铁，其阳多赤金，其中多犛牛，多豹虎，其木多松柏，其草多竹，多橘柚。”《山海经·中山经》：“洞庭之山，其上多黄金，其下多银铁，其木多柤梨橘柚，其草多荔蘪芜芍药芎䓖。”《战国策·宋卫策》云：“荆有云梦，犀兕麋鹿盈之，江汉鱼鳖鼋鼍为天下饶。……荆有长松、文梓、楩、楠、豫樟。”楚人东徙之后，这些重要资源逐渐落入秦人之手。对楚国来说是巨大的经济损失。

楚国历史上最后一个都城是寿春。《汉书·地理志》云：“寿春、合肥受南北湖皮革、鲍、木之输，亦一都会也。”寿春附近兴建的芍陂，是淮南地区最著名的大型陂塘蓄水工程。《水经注·肥水》：“陂周百二十里许……陂有五门，吐纳川流。”沘水、肥水都通芍陂，可灌田万顷。寿春与陈虽然都是楚的经济中心，但其周围地区均不如郢都所在的江汉平原富庶，只因芍陂水利灌溉便利，才使得寿春周围地区农业经济发展起来，成为淮水中游的粮食基地，给蜂拥而来的楚王室提供了必备的食粮，使其免于饥馑。

在楚国手工业中，建筑、髹漆、丝织、冶铸、琢玉等都比较发达。随着楚国政治、军事、经济中心的东移，各类工匠也大都随之迁徙，因而楚国后期的手工业并未完全衰落，其中青铜铸造业仍然保持了一定的发展水平。如在楚幽王墓中出土的大批青铜器，“虽没有细巧的纹饰和镂孔构件，但操作严格，工艺精熟，而且形制不乏特色，如鼎足粗壮，鼎体雄伟等，犹存大国气派”①。但就丝织、髹漆而论，却是一落千丈，无法同昔日相提并论。

楚国后期大量铸造、发行金币，有的学者认为：“郢爰金币并不是楚国经济发展的产物，而是经济危机的产物。”② 此话不无道理。

文学作品是社会现实生活的反映，楚国诗人宋玉的《九辩》是战国晚期的作品。诗中写道：“悲哉！秋之为气也！萧瑟兮草木摇落而衰。憭慄兮若在远行，登山临水兮送将归。……怆怳懭悢兮去故而就新，坎廪兮贫士失职而志不平……去乡离家兮徕远客，超逍遥兮今焉薄。”宋玉的生卒年月不详，大体上为前 290 到前 223 年，主要生活于顷襄王时期，楚人东徙，他当随楚室而来到陈。《九辩》如果作于郢都失陷之后，那么诗中对于一片衰败秋景的描绘，表现了作者去国离家的悲愁，勾勒出当时楚东徙后那种衰败景象。朱熹在《楚辞集注》中发挥说：“秋者，

① 张正明．楚文化史［M］．上海：上海人民出版社，1987：305.

② 黄纲正．出土楚金与楚国晚期经济关系试析［M］// 楚史与楚文化研究．北京：求索杂志社，1987.

一岁之运盛极而衰，肃杀寒凉，阴气用事，草木零落百物凋悴之时，有似叔世危邦，主昏政乱，贤智屏拙，奸凶得志，民贫财匮，不复振起之象。”这里虽然系指政治，但经济与政治密切相关，因而《九辩》中所赋秋色，也可以说是当时楚国经济状况的真实写照。说其“不复振起”，未免有些绝对化。据《史记·春申君列传》载：“春申君相楚八年，为楚北伐灭鲁，以荀卿为兰陵令。当是时，楚复强。”但从当时大趋势来看，楚国处于萧瑟秋风之中，属于强弩之末了。

尽管在春申君执政期间“楚复强”，但是包括春申君在内的楚国贵族却日趋腐化。《史记·春申君列传》载：“赵平原君使人于春申君。春申君舍之于上舍。赵使欲夸楚，为瑇瑁簪，刀剑室以珠玉饰之，请命春申君客。春申君客三千余人，其上客皆蹑珠履以见赵使，赵使大惭。”楚、赵斗富，赵使自愧弗如。楚考烈王封春申君于江东后，春申君遂在今苏州大肆兴建都邑。至西汉时期，太史公司马迁东游至吴，见到宫室仍然十分富丽，不禁大为惊叹：“吾适楚，观春申君故城，宫室盛矣哉！”楚国贵族的奢侈，由此可见一斑！楚国上层统治阶级既没有因沦丧大片国土而感到羞辱，又缺乏秦师东侵的危机感，因而没有御秦的措施。楚在秦国大军压境的情况下仓促应战，必然一败涂地。《史记·楚世家》载：“（楚王负刍）五年，秦将王翦、蒙武遂破楚国，虏楚王负刍，灭楚名为郡云。”按贾谊《过秦论》的说法，秦王政“续六世之余烈，振长策而御宇内，吞二周而亡诸侯，履至尊而制六合，执捶拊以鞭笞天下，威振四海”。从此结束了列国纷争的局面。大一统秦王朝的出现，掀开了历史的崭新一页！

第二节　楚都陈郢的修筑及其布局

楚都陈郢即今河南淮阳县城，位于黄河冲积扇南沿的颍水中游。淮阳的得名，同横贯中国东部的淮水有关，古代山南水北称阳，因其在淮水之北，故名。《史记·高祖本纪》载：“汉高祖十一年夏，立子刘友为淮阳王。”《汉书・地理志》云:“淮阳国，高帝十一年置。”《水经注・渠水》也说:“汉高祖十一年，以(陈)为淮阳国。”此后，方志无不以淮阳之名为汉高帝刘邦所改，以前只称陈，不叫淮阳。揆之史籍，并非如此，据《史记・留侯世家》云:“良尝学礼淮阳。”《汉书・张良传》同。《正义》:“今陈州也。”由此可见，秦始皇时已有淮阳之名。1975 年，湖北云梦睡虎地 4 号秦墓出土的木牍家书，在黑夫和惊两人写的信内提及:“直佐淮阳，攻反城久，(死)伤未可知也。”据考证，此信写于秦王政二十四年二月辛巳，辛巳为十九日。秦王政二十四年为公元前 223 年，可知战国时期陈城又名淮阳。

淮阳本为陈国故都，前 478 年，楚灭陈国，设置陈县。前 278 年，秦将白起攻占郢都，楚顷襄王徙都于此，仍沿用“陈”的旧名，一般学者认为，淮阳历史上只称“陈”，未曾叫过“郢”。实际情况是淮阳确曾叫过郢。郢是楚国都城的通称。《越绝书・吴内传》:“郢者何?楚王治所也。”“郢”字作为都城的通称，和后代京城的“京”字义相近。楚的国君每到一处住下，此地即可称郢。“惟楚人自文王由丹阳徙郢后凡四迁，每迁新都，亦必以郢名。……古氏族社会时代，凡聚居一地之成员，必为同氏族或部族之人，则其迁居新地，仍以故地名之者，便于管理安排。楚人喜保其故习。”① 因而江陵纪南城谓之“郢”或“南郢”，亦称“纪郢”，宜城楚皇城谓之“鄢”或“鄢郢”，寿春称“郢”或“寿郢”。楚既迁都于陈，自当称“郢”。《史记・秦始皇本纪》:“二十三年，秦王复召王翦，强起之，使将击荆。取陈以南至平舆，虏荆王。秦王游至郢陈。”吴熙载《资治通鉴地理今释・秦纪二》:“郢，河南陈州府。”可见顷襄王东迁后，陈城亦称“郢”“郢陈”或“陈郢”。

《水经注・沙水》云:“(沙水)又东南迳陈城北，故陈国也。……后楚襄王为秦所灭，徙都于此，文颍曰西楚矣，三楚斯其一焉。”楚都陈郢的地望大体上在今淮阳县城关一带。关于陈郢的规模，《淮阳县志》

① 姜亮夫. 楚郢都考[C]// 楚辞学论文集. 上海：上海古籍出版社，1984.

说城周“九里十三步”。而《元和郡县图志》则云：“陈州州城枕蔡水，周回三十里。”前者指内城，后者指外郭。经考察实测，城址平面略呈方形，内城即今淮阳县城。周长 4 500 余米，外郭城周长 15 000 余米，采用东周时期习见的大圈套小圈形式，亦即内城外郭的格局。

1980 年 5—6 月，经对内城进行试掘，考古工作者获知最早的城墙叠压在最下层，高度在两米以上，夯土筑成，夯层厚约 10 厘米。始建于春秋时期，史书记载，楚于前 534—前 530 年，曾派公子弃疾率师灭陈，以陈为楚之别都，为了北图中原，在方城之外设立了陈、蔡、东西不羹等重要军事据点，称为“四国”，据《左传・昭公十二年》载，楚灵王曾对右尹子革说：“昔诸侯远我而畏晋，今我大城陈、蔡、不羹，赋皆千乘，子与有劳焉。诸侯其畏我乎？”子革对曰：“畏君王哉，是四国者，专足畏也。又加之以楚，敢不畏君王哉！”关于此次对陈城修筑的具体情况，尚不得而知。不久，陈又复国。楚灭陈后，曾对陈城进行了两次大规模的修葺。第一次是在前 478 年—前 467 年，楚惠王灭陈之后。《左传・哀公十七年》：“楚白公之乱，陈人恃其聚而侵楚。楚既宁。将取陈麦。……王卜之，武城尹吉。使帅师取陈麦。陈人御之，败，遂围陈。秋七月乙卯，楚公孙朝灭陈。”楚灭陈后，改陈为县。《太平寰宇记》载楚惠王曾筑陈城。这次是从城垣外侧对城墙进行修筑，增宽 1.5—2 米，加高 1.5 米。夯层厚 10—15 厘米，夯土中夹有板瓦、筒瓦、鬲、豆等残片，还有铁器和蚁鼻钱等。

第二次修复的时间在战国晚期楚都陈城之时，于前 278 年—前 241 年。这次仍从外侧对城墙进行加固。城垣增宽 4.4 米，加高 1 米多。夯层厚 12—17 厘米。由于夯筑的时候，两旁需要夹板，两板之间要穿上木棍，以便从中间填土夯打，所以在夯土墙的侧面常常留下夯筑时所使用的木板痕迹和一排排的木棍洞，从木棍洞中留有的木炭痕迹来看，在夯筑墙体以后，并未将木棍抽出。这种夯筑技术与洛阳东周王城城垣的做法相同，应是中原城市文化的特征之一。从陈郢城垣夯土保留的木棍洞来看，可知木棍直径 16—31 厘米，横木分四层，上下两层的间距为

5—10 厘米，左右相邻的两根间距为 4—6 厘米，同东周王城相比，木棍较粗，间距较密，因而所筑墙体更加坚固，这次附加的夯土中，发现有板瓦、筒瓦、盆、釜、盂、豆残片和蚁鼻钱。[1]

考古资料表明，楚惠王城陈的工程质量较差，原因在于它只不过是东北边境的一座县城。楚顷襄王东迁之后。鉴于旧都的沦陷，不得不改进新都的城垣夯筑工艺，倾全国之力重修陈城。

今淮阳县城内东北部的老衙门一带，迄今仍保留着一座大型夯土台基，东西长约 200 米，南北宽约 100 米，高约 5 米，气势十分宏伟，大约是楚宫室遗存。

楚贵族墓地在淮阳县城东南 5 千米的大连乡大吕村一带，这里除了出土过越王剑、巴蜀剑和楚式陶器外，并发掘了规模巨大的马鞍冢。该冢高 2—4 米，南北二冢相连，状若马鞍，冢西 50 米处，发现两座陪葬的车马坑。冢与车马坑内出土一批重要文物。从其埋葬的规格来看，马鞍冢应是楚顷襄王及其夫人的陵墓。

楚顷襄王东迁后，除了整修陈城之外，还在陈郢西南约 35 千米处，即今商水县城关附近，兴修了章华台与丛台。《河南志》载：“河南开封府商水县西北三里，有章华台。初，灵王筑章华于华容城内，襄王为秦将白起所迫，东北保于陈，更筑此台。”章华台是楚灵王于公元前 535 年修建的离宫，位于今湖北潜江市龙湾镇。《国语 · 楚语》：“土木之崇高，彤楼为美，而以金石匏竹之昌大，嚣庶为乐。”被誉为当时的“天下第一台”。楚顷襄王在商水所筑之台，则是按潜江原台规则所建，可知其规模之巨大宏伟。章华台遗址北十余里，有丛台遗址。《读史方舆纪要》载：“（商水县）又有丛台，在县北二十里。《陈州图经》：故楚时有嘉禾丛生，故名。”章华台与丛台，都是陈城的附属建筑，为楚王的离宫别馆。

楚顷襄王都陈后，又修筑了别都。《水经注 · 颍水》：“（颍水）又

① 曹桂岑．楚都陈城考［J］．中原文物，1981 年特刊．

东迳项城中，楚襄王所郭以为别都。"《元和郡县图志》："项城县，汉项县，古项子国。《春秋》：'齐师灭项。'至楚襄王徙都陈，以项为别都。此城即楚筑。"项城在陈郢以南约 24 千米处，是距楚新都不远的军事重镇，与陈郢和章华诸宫呈鼎足之势，可能属于陈郢防御体系中的一部分，与新都的安全有密切的关系，也表明直到战国晚期，楚国仍然保留着别都制度。

第三节　淮阳马鞍冢与平粮台楚墓

马鞍冢位于淮阳城东南的大连乡瓦房村西，两冢南北相连，状若"马鞍"，故而得名。1981—1983 年间，对马鞍冢进行了考古发掘。北冢为 2 号墓，封土高约 4 米，平面为"甲"字形，墓向东，墓口东西长 16.6 米，南北长 15.3 米。墓圹四壁有 7 层台阶，墓室系夯筑而成，室内棺椁已朽，随葬品都已被盗，东部有一残长 9 米的斜坡墓道，墓道两壁镶有壶形铜片，并插有旗杆。冢西的 1 号车马坑，南北长 35 米，东西宽 4.72 米，西部正中有两个斜坡形通道，坑内随葬车 8 辆，马 24 匹，狗 2 只。马头朝西，多数放在车前，腿北脊南，排列有序。车靠东壁，马是杀死后有意摆放的。坑南部有肩舆及成排的泥塑马。西北隅置有鼎、敦、壶、钫、盒、簠、簋、豆、高足壶、匜、箕等陶器。这批陶器全为泥质，以灰陶居多，少数为棕陶。烧造火候较低，松软易碎，均非实用器物，部分器表涂有朱绘或褐彩。陶器中以鼎最多，有的带盖，有的无盖，有的圜底，有的平底，但多为兽面蹄形足，足较高，有的鼎足有刀削痕迹。敦状如圆球，上下部分形制相同，均有三个纽，只是上部的纽较小而已。盒的上部如鼓球，子母口，矮圈足。壶有弧形盖，侈口，束颈，鼓腹，腹部有两周凹弦纹及一周带状朱绘。钫有方形盖，方口，鼓腹，圈足外侈，下腹部有带状朱绘一周。簠，折腹较浅，曲尺形四足微侈。簋有两种，一为圆座，一为方座。豆为浅盘细高柄，喇叭足。高足壶为高直颈，球腹，细高柄，喇叭状圈足。

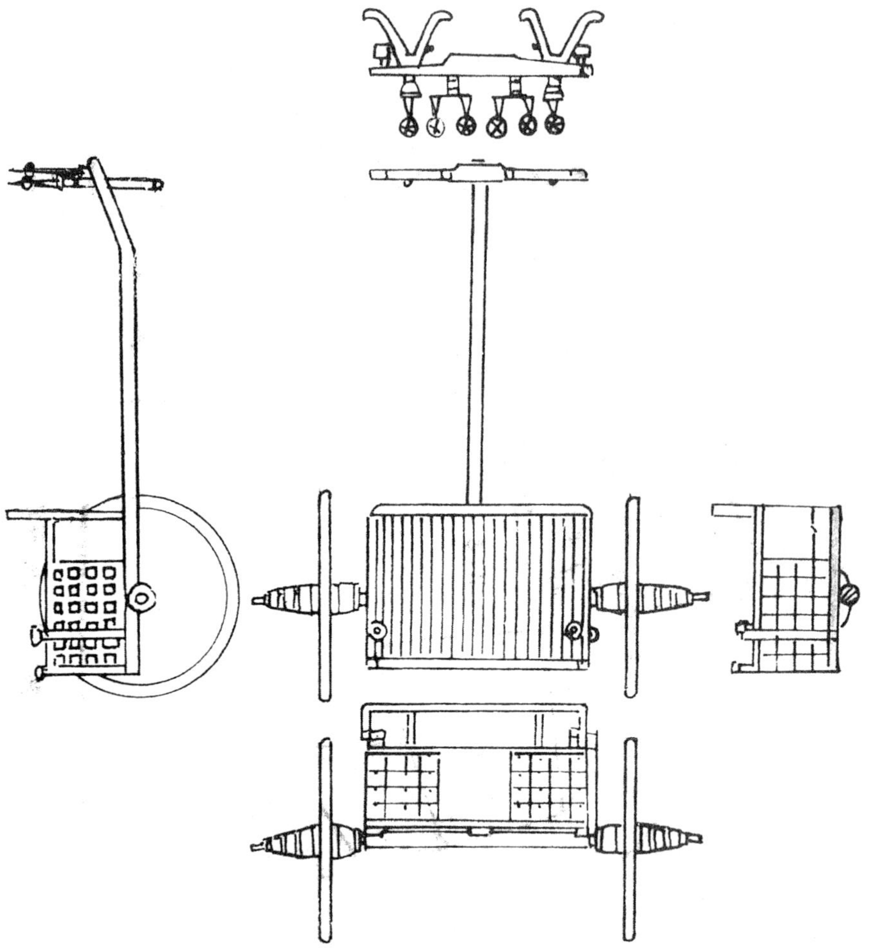

图 6–1　淮阳马鞍冢出土战车摹绘图

南冢即 1 号墓，封土高约 2 米，墓向东，平面为“中”字形。墓室东西长 14.5 米，南北宽 13.48 米，墓四壁有五层台阶逐层收缩，为夯土筑成。墓室东西两面各有一斜坡墓道，东墓道残长约 6.5 米，宽约 4.2 米，两壁上镶有壶形铜片，地上铺编织物，应是主墓道；西墓道较窄，残长约 8.6 米，宽约 3.6 米，地上也铺编织物，但壁上未见壶形铜片。南冢的 2 号车马坑，南北长 40 米，东西宽 3.7 米，东壁偏北有一长 4.6

米的斜坡通道。坑内随葬车 23 辆，泥马 20 多匹，旌旗 6 面。泥塑马的高度约为真马的二分之一。身上或涂白色，或涂黑色。没有按照驾车的马数摆在车前，而是分置于坑北部的两侧。有的站立，有的伏卧，有的奔跑，姿态各异。旌旗发现于坑的南半部，旗杆清晰，下有旗墩，顺车马坑方向放置，旌旗均压在车辕上，原来竖插在 23 号战车上的红色旌旗，旗的两面均有用海贝缀成的多组梅花饰，一面每组 8 枚，另一面每组 4 枚，排列整齐，颇为罕见。车的木质构件虽朽，但象牙、骨、铜、铁质饰件齐全。由于坑窄车多，车的排列较为拥挤，南部 12 辆分为 2 排 6 组，车箱紧靠坑壁，两辕多相互交叉置于对方箱上。其余的车置于坑的中间，辕向南北或西南。

两座车马坑共随葬车 31 辆，大多为单辕车，也有双辕车。除双辕车服马 1 匹外，单辕车多为 1 衡 2 轭，驾车马数有 2 匹、4 匹、6 匹三种。从用途上看，有战车、安车，还有供乘坐游戏的小轮车。战车的车厢不太高，长方形，有的有后门，有的无后门。安车车身较长，有的分前后室，均有车盖、车耳。轮在车耳下，不暴露于外，车盖形制各异。①

马鞍冢是一座合葬墓，在时间上虽有先后之分，但相差无几，应为同一时代的墓葬。据出土器物判断，晚于湖北江陵望山 1 号墓，而早于安徽长丰杨公楚墓，应是战国晚期楚都陈时的墓葬。

马鞍冢南冢（1 号墓）为“中”字形大墓，附属该冢的 2 号车马坑随葬 23 辆车，而淅川下寺楚令尹王子午墓车马坑仅随葬 7 辆，前者几乎是后者的三倍半。坑内除出土 6 面旌旗外，还发现错金银龙首辕头，表明墓主人的身份是相当高的。根据河北平山县中山国王墓、陕西凤翔秦公墓、辉县固围村魏国王公墓等均为“中”字形墓来看，马鞍冢 1 号墓的墓主应是楚的国君。根据文献记载，楚顷襄王于前 278 年徙都于

① 河南省文物研究所，周口地区文化局文物科．河南淮阳马鞍冢楚墓发掘简报［J］．文物，1984（10）．

陈，卒于前263年秋，时间正好吻合。当时郢都为秦军占领，没有“归宗”条件。前241年，考烈王避秦而迁都寿春，讫楚灭亡仅18年，时间短暂，内乱不止，又无迁陵的可能，因而只有埋葬在陈郢附近。因而南冢墓主可能就是楚顷襄王。[①]

北冢为“甲”字形大墓，从其形制及随葬车数来看，墓主人身份当低于南冢墓主，因而北冢当为南冢的陪葬墓，死者可能为楚顷襄王的夫人。

平粮台位于淮阳城东南的大连乡大朱村西南，台高约5米，面积百余亩，东濒新蔡河。《淮阳县志》称之为“贮粮台”或“平粮冢”。1979—1985年间，在此发掘中、小型楚墓30多座。其中平面呈甲字形的7座，墓道向东，墓室平面呈长方形。

位于平粮台东部的4号墓，墓口东西长3.64米，南北宽2.32米，墓圹四周有活土二层台。墓室东部有斜坡墓道，长6.94米。棺椁痕迹不清。死者头向东，为仰身直肢葬，随葬品放置在死者头部和骨架两侧。出土陶器10件，鼎盖隆起，方耳，腹微鼓，兽面马蹄形高足。壶带盖，小口，高颈，鼓腹。高足壶为小口，高颈，鼓腹，圈足。铜器26件，除镞19枚外，尚有鼎、镜、带钩、环饰、蚁鼻钱等。其中最珍贵的是一把越王剑，柄已残，扁茎，首作圆形，上有错银鸟篆铭文9字：“工人工口工人工人门。”剑格正面4字“王越越王”，背面字为“惟匠门”。“门”为制剑工匠名，文字书体与上海博物馆馆藏“越王盲姑剑”相近。出土的铜鼎、陶壶、高足壶，均与湖北江陵望山1号墓出土的同类器物相似。[②]

平粮台东北部的16号墓，墓口东西长14.2米，南北宽10.32米，墓圹四壁有6层台阶。东部有残长10.70米、底宽2.60米的斜坡墓道，棺位于椁室正中，平面呈梯形，头向东，死者为老年男性。随葬品分别置于椁室的东部和棺的南北两侧，玉器皆佩戴在墓主人身上。出土的陶

① 马全．马鞍冢楚墓墓主考［C］// 楚文化研究论集：第一集．武汉：荆楚书社，1987．

② 曹桂岑，骆崇礼，张志华．淮阳平粮台四号墓发掘简报［J］．河南文博通讯，1980（1）．

器，有鼎9件，可分为盆形鼎、带盖鼎、罐形鼎、钵形鼎等，但多作长方形附耳，蹄形高足，足上有刀削痕。壶为敛颈，鼓腹，圈足。簠如扣合的两个长方形盒，平底，上下均有4个曲尺形足。豆6件，分细柄、高柄、矮圈足三种。还有编钟、编磬、盆、罐等。铜器有削、钘、镜和卮足。玉器35件，有璧、璜、珮、带钩、环、管、匕等。这批玉器普遍饰谷纹，其次是卷云纹，采用了减地、线刻、圆雕等不同方法，制作比较精致。此外，还有琉璃珠与骨簪等。根据墓葬的规模、形制和随葬器物来看，墓主人生前的身份不低。出土的玉璜、玉龙与辉县琉璃阁60号墓的玉璜、1号墓的玉龙相近，表明战国晚期的葬俗受到中原文化的影响。①

小型墓为长方形土坑竖穴墓，已发掘20多座，多数头向东，少数头向南，墓内随葬品多为陶器，并有少量铜器和玉器。其中铜器有剑、矛、镞、镜、带钩、蚁鼻钱等，玉器有璧、璜、佩等。陶器以鼎、壶、敦、高柄壶比较普遍，有的墓有盒无敦，罐、盘、盆、罍、尊等也有发现。随葬品多放置在死者头部，个别的置于一侧或头龛内。

据调查，在淮阳县城东南部还有许多土冢，有的已被平掉，尚可看到的有马鞍冢、貊黄冢、双冢等，这些都是楚国王室贵族的大墓，距离当时楚都陈郢稍远。而无封土的下级官吏和士的墓地，大都在平粮台，相应距陈郢较近。②这种情况同江陵楚墓分布情况相似，所不同的是江陵的楚国大墓分布于纪南城的西北郊，淮阳则位于陈城的东南郊。

第四节 曲洧故城与楚金银币

曲洧故城位于河南扶沟县城西南的古城村。该城址西靠大浪沟，东

① 河南省文物研究所，淮阳县文物保管所．河南淮阳平粮台十六号楚墓发掘简报［J］．文物，1984（10）．

② 曹桂岑．战国晚期楚国的埋葬习俗［M］// 楚文化觅踪．郑州：中州古籍出版社，1986．

临贾鲁河，南望鸭子陂，北有凤凰岗。平面略呈长方形，南北长 800 余米，东西宽 480 余米，城内总面积 40 余万平方米。城垣残高 8 米，西南城角与东北城角保存较完整，城外有城壕遗迹，宽 20—40 米。城的四门轮廓清楚，遥遥相对，门道宽约 5 米。城内西南部有一大型夯土建筑基地，其平面呈长方形，南北长 24 米，东西宽约 12 米，残高约 3.5 米。城内地面散布着许多春秋战国时期的陶豆、陶盆、筒瓦、板瓦残片。据此判断，这是一座春秋战国古城。[①] 今双洎河在城北处流过。双洎河即古洧水，其故道在城北环绕经过，因而得名。曲洧城在春秋时为郑地，直到汉代仍沿用此名。《左传・成公十七年》载，晋、齐、鲁、宋、卫等诸侯联军伐郑，“自戏童至于曲洧”。《水经注・洧水》谓：“洧水又东迳新汲县故城北，汉宣帝神雀二年，置于许之汲乡曲洧城，以河内有汲县，故加新也。……城在洧水南堤上。”诸侯伐郑攻占曲洧，表明这是一处古代兵家必争之地。从地理形势来看，淮阳位居东南，鄢陵在其西北。战国时淮阳称陈郢，曾为楚的国都。鄢陵故城在今鄢陵县城西北的前步村。战国时期鄢陵属楚，楚有鄢陵君。地处淮阳、鄢陵之间的扶沟古城——曲洧城，战国时为楚的北部要邑。

1974 年 8 月，在曲洧城内中部偏西处，发现一处楚金银币窖藏，有两件锈结在一起的铜器，上有铜鼎，内盛银币 18 块，重 3 072.9 克；下为铜壶，内藏金币 392 块，重 8 183.3 克。[②]

内装银币的铜鼎，敛口鼓腹，附两个方形耳。隆盖环纽，蹄足，腹饰弦纹一周，口径 14.2 厘米，通高 15.8 厘米，鼎内所藏银币，皆为布币，依据布身可分长中短三型。

短型布 6 件，一般通长 10—11 厘米，身宽 5.8 厘米。其中空首布 1 件，实首布 5 件，均呈长方形铲子状。

中型布 10 件，一般通长 14 厘米，身宽 6.4 厘米，均为实首，形状

①② 河南省博物馆，扶沟县文化馆. 河南扶沟古城村出土的楚金银币［J］. 文物，1980（10）.

与短型实首布相近，布身较长，布首已不像铲柄，为较短的柱状，其中一件布首较长，背面有一刻文“×”，为古文“五”字。

长型布 2 件，通长 13.7—15.7 厘米，身宽 5.8 厘米，均为实首。形状与中型实首布相近，而布身更长，布身宽度较中型布狭，与短型布相同。背面均刻“×”。

内装金币的铜壶，出土时已被打碎，圈足较高。壶内所盛金币，有金版与金饼两种。

金版共 195 块，依据金版上钤印文字的不同，可以分为 6 种：一为郢爰，共 170 块，均为被切割的碎块。其中最大的一块，在金版的一面钤“郢爰”二字，阴文方印，四整二半印，重 74 克。郢爰背面与侧切面往往有刻文，多为数目字。关于郢爰的名称，北宋沈括《梦溪笔谈》中称为“印子金”，将其上印记误读为刘主。清末金文学家方濬益父子称为“郢爰”。“郢”指楚国首都，“爰”系楚国金印的专用名称。二为陈爰，共 17 块，均为碎块。其中最大的一块留有“陈爰”方印三整印和三半印，重 54.8 克。有些陈爰的背面有刻文。陈原为陈国的都城，后并入楚。公元前 278 年，楚顷襄王徙都陈城，在此所铸金币乃命名为陈爰。三为鄗爰，7 块，不完整。在被切割成方形的金版正面，保存着三整印和二半印。方印中的“爰”字与“郢爰”“陈爰”的“爰”字大同小异。另一字作“[illegible]”，即鄗字。“鄗”为“历”的假借字，“鄗爰”是战国时期楚国历阳铸造的货币。历阳为先秦古邑，其地在今安徽和县西。扶沟古城所出“鄗爰”金版乃是首次发现。四为“卣”字金版，2 块。其中一块仅存一整印和一半印。另一块仅存半印。“卣”字旧释“颍”，不确。应释为“鄐”，殆为蔡的通假字。昭侯时迁州来，为下蔡，故城在今安徽寿春，前 447 年为楚所灭，“卣”字金版必为蔡入楚以后所铸。五为□字金版，1 块，仅存半印，字迹已不清，该字从口，又非“郢”“爰”等字，说明存在着这样一种金版。六为无印金版，2 块。均系较小残块，未见有钤印。

金饼共 197 块。依其形制可分四式：一为扁平圆饼，14 块，有些饼的中央部分稍微鼓起，切割面上有刻文。二为球面平底圆饼，5 块。三为突面平底圆饼，167 块。圆饼的底面平，有些微凹。上面突起，表面凹凸不平，有不少是扇形金碎块，有的底面与切割面有铭文。四为马蹄金，11 块。底面内凹，周壁向上收缩，上口稍小。内空，呈马蹄形。底面往往有刻文和凿文，如“上”“大吉”“木”“六半”等。

曲洧故城出土楚银币的时代，短型空首布为春秋中期，短型实首布为春秋晚期，中型与长型布为战国初期。金币的情况较为复杂，春秋时，凡言财富多以粟、马匹、宝器计之，虽然也有用“金”事例，但仍是指铜而非黄金，到了战国，财富乃以黄金计算，它遂成了财富的物质代表。大体而言，金饼和零散金块始用于春秋晚期，郢爰则出现于战国中期，而陈爰则始铸于战国晚期。扶沟出土的鄗爰金版和银布币均属首次被发现。这些银布币是迄今所知最早的银币实物，可以证实我国先秦时代确实使用过白金货币。

战国晚期，楚国突然大量开采黄金白银，应与缓解财政危机有关。《史记·货殖列传》说：“陈在楚夏之交，通鱼盐之货，其民多贾。”楚都迁陈之后，货币发行量大幅度增加，表明楚国虽然处于风雨飘摇之中，商业却在中原地区以陈郢为经济中心，呈现出繁荣发达之势。

第七章　中原楚文化的发展阶段及其特征

楚文化是在我国黄河流域与长江流域两大文化系统交流融合、相互影响的基础上所形成的一支地域文化。众所周知，“任何文化，只要发展到其活动能力已达到可以比较广泛地同其他文化相接触并相互发生影响的程度，每一个文化内部，都不会只有一种属于自身文化传统的因素，而且这种相互联系所产生的彼此影响，不会只发生一次”①。楚文化也不例外，在其形成和发展过程中，曾同中原、巴蜀、吴越、濮僚、苗蛮、戎狄诸种文化进行广泛交流，其中最具代表性的莫过于中原文化。从楚文化的起源、发生、发展、衰退，始终受到中原文化的影响。不过这种影响呈由强变弱的趋势。从中原楚文化的发展阶段及其特征来看，可以充分揭示这一历史现象。

第一节　中原楚文化的发展阶段

楚文化的发展经过了一个漫长的历史时期。对于这个时期的划分，学术界存在着大体近似而又不尽相同的意见。一种观点将它分作四个阶段：第一阶段是楚文化正式形成以前的阶段。主要是新石器时代，也可能包括铜石并用时代或青铜时代之初。第二阶段是青铜时代。楚人在这个阶段进入文明时代，建立起国家，从楚祖鬻熊“事文王”和熊绎建都丹阳开始，到前 689 年楚文王自丹阳迁都于郢。亦即西周至春秋早期。第三阶段是早期铁器时代。大体上讲，就是前 689 年楚人迁郢以后，至

① 俞伟超．楚文化的研究与文化因素的分析［C］//楚文化研究论集：第一集．武汉：荆楚书社，1987．

前 223 年秦灭楚以前，即从春秋中期至战国晚期。这个阶段的主体是楚人建都于郢，因此可以说，楚文化青铜时代主要是丹阳期，楚文化的铁器时代则主要是郢都期。第四阶段是楚文化的延伸时期。秦灭楚后，广大地区的楚文化就和秦文化以及其他文化混杂相处。到了汉代，具有原先那种自身特征的楚文化的各种因素，又和逐步形成的汉代文化交互影响。具有自身传统的楚文化，终于慢慢消失了。但在秦代的长沙郡、汉初的长沙国，特别是洞庭湖以东的长沙一带，当时仍保留着许多楚文化的传统。对于这样一个具有许多楚文化传统的汉初的区域性文化，尽管早就渗入了秦文化因素，后来又出现了越来越多的汉代文化因素，作为一个整体来看，似乎还应作为楚文化的延续部分。楚文化这个最后的延伸阶段，大体到汉武帝左右就终止了。①

另一种意见将楚文化发展过程归纳为四个历史时期：一是孕育期。始自鬻熊之时，迄至楚武王熊通时期，楚国家文明的形成，约合前 11 世纪至前 8 世纪末叶，包括整个西周时期。此时期的楚文化，应以陶器文化为主，青铜文化尚处于萌芽状态。二是成熟期。始自楚武王时期，迄至春秋中晚期，约合前 8 世纪末叶至前 6 世纪前半叶。进入这一历史时期的界标，即春秋早期楚贵族鼎、簠对青铜文化习俗的形成。三是繁荣期。始自春秋中晚期，迄至楚顷襄王东北保于陈城，约合前 6 世纪前半叶至前 3 世纪前叶。此时楚文化取得了飞速发展，盛极一时，其内涵也更加富有特色，无论陶器文化抑或铜器文化皆是如此。四是衰退期。始自楚顷襄王东北迁于陈城迄至楚的灭亡，相当于前 278 年至前 223 年，约合半个世纪。此时楚国历史已成颓势，楚的文化也随之凋敝。楚器制作已至简陋粗糙，尤以青铜礼器为甚。②

以上两种分期，均为楚文化的四分法。还有将楚文化分作五期的。这种五分法是将周成王封楚以前的历史，划入楚文化的渊源阶段。楚人

① 俞伟超. 关于当前楚文化的考古学研究问题［M］// 湖南考古辑刊：第一集. 长沙：岳麓书社，1982.

② 王光镐. 楚文化源流新证［M］. 武汉：武汉大学出版社，1988：272-273.

建国以来，可分为五个历史阶段：一是滥觞期。始自西周早期，迄于两周之交楚国将盛之际，历时近三个世纪。这期出土的楚遗物，就种类、形制而言，与同期中原器物大同小异。二是茁长期。始于熊通继位，时当春秋晚期的中叶，自始至终，约历二又三分之一个世纪。楚文化重新有重大成就，都是师夷夏之长技而力求创新的结果。三是鼎盛期。从楚昭王南迁纪郢至顷襄王东迁（前 278），楚以纪南城为首都，历时 220 年左右。这个时期铜器的生产已至登峰造极，同时还促进了铁器的改善和推广。其他各行各业，如丝织、刺绣、髹漆、城市建设等，也欣欣向荣。楚国历史达到了最繁荣、最光辉的阶段。四是滞缓期。楚都迁陈之后，国势江河日下。顷襄王四传至负刍，约历半个世纪，这是楚文化的滞缓期。五是转化期。负刍五年（前 223），秦灭楚，从这时起，到汉武帝前期止，历一个世纪有余，是楚文化向汉文化的转化期。① 这里所说的渊源阶段，是楚文化形成以前的历史时期，亦即通常所谓的“先楚文化”阶段。转化期与延伸期为同义语，是指楚亡国以后的历史时期。

楚文化在中原地区的发展历程，同整体楚文化的发展阶段大体相似而又有一定差异，从而决定了其在发展阶段上的特殊性。

从楚文化的渊源来说，它可以追溯到颛顼、祝融之世和中原史前文化时期。但就物质文化遗存而言，形成独特的考古学楚文化体系的上限，却难以追溯到夏商时期。“历史上，包括楚文化在内的任何一种可以独立存在的文化，都因自身特征已达到跟同期的其他文化可以区别开的程度。换句话说，历史上一定时间一定空间里面的共同体，往往创造出一种不同于其他人们共同体的文化。” ② 目前，学术界一般将考古学楚文化的正式形成的时间定在春秋时期，如果考虑到任何一种文化的形成都有一个孕育的过程，结合楚国的具体历史情况，似可将其上限定于西周初期，尽管由于资料的缺乏，很难把它同中原文化区分开来，但已经

① 张正明. 楚文化史［M］. 上海：上海人民出版社，1987.

② 俞伟超. 关于当前楚文化的考古学研究问题［M］// 湖南考古辑刊：第一集. 长沙：岳麓书社，1982.

建立起国家的楚人不能没有自己的文化。至于它的下限，许多学者都把它定在西汉武帝时期。我们认为楚国灭亡的前223年，似应以此作为楚文化下限的界标。如果说江南个别地方在秦汉时期仍然可以窥见某些楚文化传统的话，这种情况在中原地区是看不到的。也就是说中原楚文化不存在延伸期或转化期。

楚文化考古的重要发现，是中华人民共和国成立以来在全国各地发掘了6 000余座楚墓，这些楚墓主要分布在湖北、湖南两省，仅长沙、江陵二地即各有2 000余座。中原地区发掘楚墓200余座，加上属于楚文化系统的他国墓葬，也不过300余座，约占楚墓总数的5%左右。据统计，楚有城邑277座，其中楚都与别都15座，楚本部城邑75座，前期灭国城邑81座，共156座。后期灭国城邑106座，但是，楚国后期灭国的城邑分别具有吴、越、齐、鲁文化之渊源和各该区域文化之代表性，不宜通纳入楚文化范畴。[①] 迄今已发现的楚国城址40余座，其中有17座分布在中原地区，约占楚墓总数的40%。根据历史文献和考古资料，大体上可将中原楚文化的历史分为渊源、滥觞、成长、繁荣和衰落五个阶段。

渊源期。自古史传说时代的颛顼开始，迄鬻熊“事文王”的商代末叶。楚族先民活动于黄河流域中原地区的腹心地带。从仰韶和龙山文化的某些类型中，可以觅到“先楚文化”的某些踪迹。文献记载与考古资料表明：“江汉地区是楚文化生长的温床，却并非其主源所在。……江汉地区新石器时代先后诞生的大溪文化、屈家岭文化和石家河文化，似可以三苗的遗迹视之，却无由窥见它们与后来生长在江汉地区的楚文化之间的内在联系。”[②] 楚文化之渊源所在非中原莫属。

滥觞期。始自西周初年楚国始封时期，迄于春秋早期楚国开始兴盛之际。芈姓楚人在中原西南边陲——丹淅流域建都立国，筚路蓝缕，以处草莽。荆山楚水一带虽然偏僻，似彼时楚族已正式进入农耕文化阶

①② 张正明．楚文化志［M］．武汉：湖北人民出版社，1988：122，1．

段。楚都丹阳远离文化发达地区，但其地并不闭塞，楚人挟华夏先进文明因素而来，为楚文化的成长奠定了良好的基础。“那时，楚国的社会发展比较缓慢，楚人还缺乏跻身于周代民族之林的勇气和信心。对华夏文化，他们的欣羡之情和模仿之心依然如故，对蛮夷文化，他们的生疏之感和菲薄之志未尽消失。”[①]从淅川下王岗遗址西周文化层及春秋早期墓葬出土文物来看，当时的中原楚文化还处于中原文化的襁褓之中，没有形成自己独特的文化体系，未能与中原文化完全分开。

成长期。这一历史阶段比较短暂，约从春秋中期开始，迄于春秋末叶，楚国多次北伐，在以武力兼并中原南部诸国的同时，也使楚文化在这一地区成长起来，逐渐改变了当地原有的文化序列，从淅川毛坪和下寺楚墓出土文物来看，可知当时中原楚文化虽然已经具备了楚文化的特征，但某些方面仍保留着浓厚的中原文化因素。

繁荣期。自战国早期迄中期，楚国势力继续向北方发展，翦灭陈、蔡，讨伐韩、魏，饮马大河，逐鹿中原。车千乘，骑万匹，地方五千里，号称“天下之强国”。这个时期，楚国进行了政治改革，在冶金、丝绸、刺绣、髹漆和城市建设方面，都取得了巨大成就，经济昌盛，文赋纷华，从而把楚文化推进到最光辉的阶段。从考古发现来看，这个时期也正是中原楚文化的鼎盛期。固始白狮子地、信阳长台关、正阳苏庄等地楚墓出土的文物，可以代表当时中原楚文化的发展水平。这时期有关墓葬的中原文化因素大大地减少，而楚文化的特征异常明显。

衰落期。楚都东迁直至灭亡的历史时期，大体上相当于战国晚期。前278年，秦军攻占郢都，楚顷襄王兵败，仓皇出走，徙都陈郢。前241年，迫于秦军的威胁，楚考烈王迁都寿春。迄前223年，楚为秦所灭，共历半个世纪。这期间，楚王室依托淮水中游地区，国势一蹶不振，大有江河日下之势。陈郢故城、淮阳平粮台、马鞍冢的考古发掘资料，充分反映出当时那种经济凋敝、文化衰颓的景象。这时期的城址和

① 张正明．楚文化志［M］．武汉：湖北人民出版社，1988：6.

墓葬虽属典型的楚文化遗存，但我们从中仍然可以窥见古老中原文化的印痕。

中原楚文化的发展历程，为我们展示出一幅幅光彩夺目的历史画卷。它有别于江汉地区楚文化之处，在于自始至终受到中原文化的影响。随着楚之灭亡，其文化也在中原地区迅速销声匿迹，代之而起的是影响深远的秦汉文化。

第二节　中原楚文化的特征

黄河流域的中原地区，是楚之主体民族——芈姓楚人最早的历史舞台，也是鬻子、熊绎受封和建都丹阳之处。无论是楚源流史或楚文明史，均须从中原写起。春秋以降，楚师北伐，争霸称雄，逐鹿中原，南阳盆地和淮水流域广大地区，纷纷被并入楚之版图，楚灭东周列国，以中原最多。彼时楚国经济繁荣，文化昌盛，老子、庄子等东方智慧之星一个接一个从中原升起。战国末年，楚都东徙，中原地区继江汉平原成为楚国的政治、经济和文化中心。楚人在淮汝流域筑起抗击强秦的坚固堡垒，时间虽然比较短暂，却写下了不可磨灭的篇章。中原地区在楚国历史上所占的重要地位，决定了中原楚文化的诸种特征。

一、源远而流不长

楚人自称“帝高阳之苗裔”，其族谱可以远溯到颛顼、祝融之世。从考古学文化来看，中原地区的仰韶文化和龙山文化，同先楚文化有着密不可分的关系。试以仰韶文化大河村类型第三期为例，距今已有5000余年的历史，若说中原楚文化之源甚远，实属有迹可寻。同两湖相比，中原地区不存在楚文化的延伸或转化期。据现有考古资料，楚亡以后，秦代的长沙郡、汉初的长沙国，特别是洞庭湖以东的长沙一带，仍然保留着许多楚文化传统。例如马王堆1号墓和3号墓、砂子塘1号墓等，基本上保持着楚国的棺椁制度、衣衾制度和随葬品制度。马王堆2号墓的遣册中，可以看到汉代、长沙的某些服饰和乐舞，仍称“楚服”“楚舞”。“对于这样一种具有许多楚文化传统的汉初的区域性文化，尽管早就渗入了秦文化因素，后来又出现了越来越多的汉代文化因素，作为一个整体来看，似乎还应作为楚文化的延续部分。”[①] 这个延伸阶段一直延续到汉武帝之世。相比之下，楚亡之后，中原地区楚文化色彩迅速消失，在中原秦汉墓中没有发现楚文化的踪迹。

二、受中原文化的影响明显

楚文化是一种多元性的地域文化，除自身的主体因素外，还承袭了中原文化因素和吸收了南方诸土著文化因素。楚文化形成和发展的过程，也就是熔各种文化于一炉的过程。中原楚文化的特征之一，就是中原文化的因素与影响特别明显。西周时期，整个楚文化面貌还不十分清楚，我们还只能作一些蠡测。河南淅川下王岗，地近楚都丹阳，当时在楚国的版图内，考古发现的下王岗遗址西周文化遗存，似可定为楚之物质文化。这里出土的鬲、盆、豆等陶器以及斧、锛、铲、镰、刀等石器，分别与张家坡出土的同类器物相似。表明西周时期的楚文化与中原文化几乎没有什么区别，很难在二者之间划出一道鸿沟。

逮至春秋早期，中原地区仍未发现典型的楚文化遗存。

在楚墓的葬制上，仍然保留着浓郁的中原文化因素。淅川毛坪楚墓，包括东西相邻的两个墓葬群，西部 8 座，东部 19 座，分排埋葬，集中整齐。这批楚墓在同一个山坡上分布在相距较近的两个区域，可能为同一宗族的两个相近支族的墓地。中国古代族葬之墓有两种：一种为“公墓”，系国君、王室等贵族墓地；另一种为“邦墓”，是一般“国人”的墓地。“邦墓”内也有个别卿、大夫之墓。《周礼·春官》云：“墓大夫掌凡邦墓之域，为之图。令国民族葬，而掌其禁令，正其位，掌其度数，使皆有私地域。”所谓“度数”，是指其爵位之高低。贾公彦疏曰：

① 俞伟超．关于当前楚文化的考古学研究问题［M］// 湖南考古辑刊：第一集．长沙：岳麓书社，1982.

“见有爵者，谓本为庶人设墓，其有子孙为卿大夫士，其葬不离父祖，故兼见卿大夫士也。”毛坪楚墓是典型的平民墓地，多为中小型陶器墓，虽然也有少数显贵者的铜器墓，但该墓地仍应属于“邦墓”。中原地区自西周以来，族墓群开始出现，往往同宗同族死后，皆葬在同一墓地，这种聚族而葬的习俗，一直盛行到春秋战国时期。毛坪楚墓在族葬制度方面同中原各国完全一致。

淅川下寺墓地是一个比较完整的春秋中晚期楚贵族家族墓地，分布密集，规划严整。其大型墓多为夫妇异穴合葬墓。在椁室内往往有殉人。这种葬俗与陕西宝鸡西周強伯墓和井姬墓相同。大型墓葬多陪葬有车马坑。坑呈横长方形，车横列放置，马分置于车辕两侧。车马上的金属构件多另置于主墓之中。这与陕西长安张家坡西周墓地的 2 号、4 号、55 号车马坑，以及长安客省庄的车马坑相同。表明楚在中原地区的埋葬制度和车马坑埋葬方式一直承袭着西周旧制。在出土器物的器形方面，不少器类具有中原文化特征。如食器中的簠，烹饪器中的带盖矮足鼎、宽折沿近平裆的鬲，水器中的浴缶，酒器中的钘，乐器中的石磬、甬钟、钮钟，兵器中的戈、矛、镞，工具中的锛镬，车马器中的车軎、马衔、马镳等，均与中原腹地出土的同类器物无多大差别。下寺 7 号墓出土的铜簠、附耳蹄足盘和铜盏，与洛阳中州路第二期墓葬出土的同类器物颇为接近，下寺 1 号墓出土的龙耳虎足方壶与新郑李家楼郑公大墓出土的莲鹤方壶风格相同，下寺 2 号墓出土的长方形铜禁，与中华人民共和国成立前陕西宝鸡出土的铜禁形制一样。在纹饰方面，也深受中原文化的影响，如下寺楚墓出土青铜器上的纹饰以蟠螭纹和蟠虺纹为主，多饰于器盖或肩、腹、耳上。常见的纹样还有窃曲纹、垂鳞纹、重环纹、绹索纹、云纹、涡纹、龙凤纹等。各种纹样往往组成纹带，表现形式一般为双层平面花纹，也有少量采用浮雕、半浮雕、透雕镂孔、镶嵌红铜与绿松石等手法。这些花纹都与中原腹地出土的青铜器没有多大区别。上述情况表明：“以下寺春秋楚墓为代表的楚文化与中原文化有共同的一面，既反映了楚文化与中原文化有密切的关系，也反映了楚文化在其发展过程中，仍不断吸收中原文化的因素。”[①]

战国早中期是中原楚文化的繁荣期，从固始白狮子地、信阳长台关和正阳苏庄楚墓出土的遗物来看，表明当时楚文化在中原地区的发展，已臻光辉灿烂的阶段。长台关楚墓出土的错金银铁带钩，精美异常，与三晋地区出土的同类器物形制基本一致。苏庄楚墓随葬陶器的组合为鼎、敦、壶、钫、豆，这种形式，有别于湖北楚墓，而与中原腹地战国墓的陶器组合大致相同。

战国末期，楚文化呈现出明显的衰颓景象，昔日的繁华早已不复存在。当时，淮阳马鞍冢的埋葬制度及其车马坑的埋葬形式，均承袭中原文化的衣钵。淮阳楚墓中普遍随葬玉器，其中所出龙形玉佩等，同辉县战国墓随葬的同类器物十分相似，是受中原埋玉习俗的影响。通过考古学的研究发现：“构成楚文化的各种因素是不均衡的，它们主次有别，地位不同，在不同的时期不同的区域，构成楚文化的各种因素也不尽相同，楚文化自身特征亦在不断地变化。自西周至春秋，中原文化因素在楚文化中较之于南方土著因素比重要大，但却呈现了由强到弱的趋势，而自春秋晚期开始，南方土著因素由偶尔出现渐被融合于楚文化之中，特别是战国一段，楚文化中南方土著因素骤然加强，直至楚文化作为一个整体消失，各种因素仍然在极力保留着自身的传统，共同汇入全国统一的秦汉文化的巨流。”[②]这种分析法大体上符合楚文化的发展情形，但对中原地区的楚文化来说，自始至终，一直深受中原文化的影响。即使处于衰落阶段，中原文化因素较前有所减弱，依然极力保留着自身的传统。此种文化现象与两湖一带迥然不同。

三、漆木器发现较少

早在商代和西周时期，中原地区已掌握了制漆工艺，在有的墓葬

① 河南省文物研究所等．淅川下寺春秋楚墓［M］．北京：文物出版社，1991．

② 郭胜斌．论考古学楚文化的文化构成［C］// 湖南博物馆文集．长沙：岳麓书社，1991．

中曾发现一些棺或其他器物上的漆皮。楚人在制漆技术上是师法周人而又后来居上，真可谓“青出于蓝而胜于蓝”。从现代有关的资源勘查资料得知，我国漆树分布的中心区，主要包括秦岭、大巴山、武当山、巫山、武陵山等地。在东周时期，这些地域大都属于楚国的管辖范围，因而楚人拥有丰富的生漆资源，楚人在各个领域广泛使用漆器。在两湖地区的大、中型楚墓中，常常随葬有大批漆木器。湖北江陵望山 1 号墓出土漆木器 200 余件，湖南长沙浏城桥 1 号墓出土漆木器 60 多件，同时，在一些小型楚墓中，也往往有几件或几十件漆木器出土。湖北江陵雨台山的 558 座小型楚墓中，就有 224 座出土漆器近千件。漆木器种类齐全，包括日常生活用的杯、盘、豆、俎、勺、奁、盒、几、床、衣箱，武器类的盾、甲胄及各种兵器的杆、柄，乐器中的笙、琴、鼓、瑟，生产工具中的工具箱、工具鞘，葬具中的棺、镇墓兽等。江陵望山 1 号楚墓出土的彩绘木雕座屏，通高 15 厘米，宽 51.8 厘米，屏面仅厚 3 厘米，屏上雕刻着鹿、凤、鸟、蛇、蛙等共计 54 个动物。每个动物栩栩如生，其工艺水平堪称巧夺天工。同鄂湘等地相比，中原楚墓出土漆木器相对较少。信阳长台关 1、2 号楚墓中出土有羽觞、盒、豆、俎、虎座凤鸟鼓架和镇墓兽等，令人赞叹不已。但这种墓毕竟为数不多。大多数中原楚墓中很少甚至没有漆木器。这种情况同江陵、长沙等地的楚墓相比，显得黯然失色。

四、随葬兵器不多

楚是一个军事大国，为了满足其不断对外用兵的需求，楚国的兵器制造业十分发达。在东周列国中，楚的武库是当时最庞大而且最先进的。论质地可分为铁、青铜、木、竹、皮等制品。铁兵器有剑、匕首、戈、矛、镞，青铜兵器有剑、匕首、戈、戟、镞、弩，竹木质兵器有弓、殳、甲、胄、盾。屈原在《楚辞·国殇》中描写一场气壮山河的车战时说：“操吴戈兮披犀甲，车错毂兮短兵接。……带长剑兮挟秦弓，身首离兮心不惩。”这里提到的兵器就有戈、长剑、弓、甲等。在两湖楚墓中，随葬兵器乃司空见惯之事，以江陵雨台山楚墓为例，出土兵器不仅种类多、数量多，还制作精良，保存良好。在 588 座墓中，有 216 座墓出土兵器 518 件。江陵拍马山有 17 座小墓，凡随葬铜器的墓中，几乎都有兵器。剑在各类青铜兵器中数量最大，据不完全统计，已有报告发表的 3 000 余座楚墓中，出土剑 600 余件，其中江陵天星观 1 号墓出土剑 32 件。雨台山楚墓出土剑 172 件，湖南长沙、汨罗楚墓各出铜剑数十件。一般套有木质剑鞘，装在剑盒中。楚墓中出土戈的数量仅次于剑，已知有 400 余件，有的戈上还刻铸铭文。中原楚墓中随葬兵器的数量则大大减少，如淅川毛坪 27 座墓中，只有 4 座出土剑、戈、镞等兵器；下寺 25 座墓中，仅有 6 座大、中型墓中出土兵器，但种类较少，且无剑随葬。信阳长台关 1 号墓仅出土铜戈 4 件，2 号墓仅出土漆木戈 1 件。中原楚墓这种随葬兵器的情况，无论数量和种类，都不能同两湖楚墓相提并论。

中国的黄河与长江各自东流，并不交汇。但这两河流域的两大文化系统，却总是在交流、渗透、融会、借鉴和促进，中原楚文化正是这两大文化系统相互影响下的产物。

中原楚文化的发展历程，为我们揭示出一幅光彩夺目的历史画卷。从考古学范畴来讲，中原楚文化似可分为三个主要文化区：一是丹淅区，包括龙城城址和毛坪、下寺、和尚岭及徐家岭墓地；二是城阳区，包括城阳城址与长台关墓地；三是陈郢区，包括陈郢城址与淮阳马鞍冢墓地。中原楚文化是楚文化宝库中不可缺少的一部分，对于它的研究，仅仅是个开头，还只是“小荷才露尖尖角”。随着今后工作的深入开展，一定会有更加惊人的发现，楚文化的研究工作也将进入一个新阶段。